法藏知津

七 編

杜潔祥 主編

第 2 冊

蕅益智旭《靈峰宗論》研究（上）

黃家樺 著

花木蘭文化事業有限公司

國家圖書館出版品預行編目資料

蕅益智旭《靈峰宗論》研究(上)／黃家樺 著 -- 初版 -- 新北市：
花木蘭文化事業有限公司，2021〔民110〕
目 8+188 面；19×26 公分
（法藏知津七編 第 2 冊）
ISBN 978-986-518-441-4（精裝）
1.（明）釋智旭 2.淨土宗
030.8   110000658

ISBN-978-986-518-441-4

9 789865 184414

法藏知津七編
第 二 冊   ISBN：978-986-518-441-4

蕅益智旭《靈峰宗論》研究(上)

作　　者　黃家樺
主　　編　杜潔祥
副總編輯　楊嘉樂
編　　輯　許郁翎、張雅淋　美術編輯　陳逸婷
出　　版　花木蘭文化事業有限公司
發 行 人　高小娟
聯絡地址　235 新北市中和區中安街七二號十三樓
　　　　　電話：02-2923-1455／傳真：02-2923-1452
網　　址　http://www.huamulan.tw 信箱 service@huamulans.com
印　　刷　普羅文化出版廣告事業
初　　版　2021 年 3 月
定　　價　七編 29 冊（精裝）新台幣 86,000 元

蕅益智旭《靈峰宗論》研究（上）

黃家樺　著

作者簡介

黃家樺，高雄人，國立高雄師範大學文學博士，研究方向為佛學思想、佛教文學等。現任高雄市立中山國中人事主任，高雄高工進修學校兼任國文教師。著有《蕅益智旭《靈峰宗論》研究》及單篇論文〈蕅益智旭〈一筆勾〉曲調研究〉、〈靈峰片石，不讓東林——蕅益智旭持守靈峰山的道念〉（收入宗教文化出版社《蕅益大師與淨土法門研究》論文集）、〈雲門宗旨及五家宗風禪法蘊合的雪竇禪〉等。

提　要

本文研究目的可歸納為二：補闕救殘，釐正學風。

因歷來未有以《靈峰宗論》為主題之研究，復因發現之文本《淨信堂初集》原稿可補《靈峰宗論》之闕，爰本文在「智旭著作中一以貫之思想為何」的問題意識脈絡下，以筆者對智旭著作反覆研讀、製表整理所得到的結果，作為重新思考和探討之基礎，在遵循智旭對佛法和文字關係為理路來梳理文本，以此對其思想作根本之建構研究，並期能使若干疑點得到澄清。本文試圖以《靈峰宗論》等對其作思想、實踐、文學全面的探討，來達到筆者研究的一點心願。

在補闕救殘方面，因《淨信堂初集》、《絕餘編》二本原稿，提供明崇禎戊寅年，智旭在四十歲是年秋天之前的史料。又，此二本文集的原稿資料，不但能讓本文重新探討其思想，也在各章釐清其儒釋道三教融通、禪淨思想等疑竇。復因尋得智旭手跡等實物文本，完成三篇文稿補遺。

本文首次對智旭原稿詩偈作初探，提出其創作觀「心影說」可作為解釋所有文學之究竟理論，並分析法書「筆端三昧」感人之因。在詩偈用韻研究，發現智旭用韻本色是「任運自然、左右逢源用韻而不被韻用」。又首次論證其詩偈用韻密度高卻未具易於傳播功能之議題，並總結智旭文學特色是「借詩說法」、「以佛法為詩文」；他以自身所示之文學藝術境界所說的是「以實相介爾心行世法、出世法」，則行佛法於世間，亦不壞世法，且所行世法會有佛法味。

因末世佛法修學「錯認源流，倒置本末」，學人誤認法門手段為修行究竟目的，於門庭工夫評論不休，以葛藤解葛藤，忘失歸家了生死才是佛法修學目的。所以智旭提出「圓解之人，既達如來藏性」，能歸根得旨，故能「即流是源」、左右逢「源」，可解末世「競逐枝葉，罕達本源」之弊。是以，對智旭「釐正學風」的根本思想及修學法要，本文建構為「重本源心地」、「重因地發心」、「圓門漸修之說」、「嘗徧神農百草丸，彌陀一句成安宅」、「為末法持戒修淨土者擇占察及持名二門」。

對本文第陸章結論的研究心印，以一段話為代表：不論對在家出家、世法出世法，「舉世不知真，吾獨不愛假」之智旭皆一以貫之教人「應先開圓解，依解起行，以此方便入三摩地」之法，一以貫之依佛知佛見的「佛說法本源、取法乎上」說法，且以其所發明「真妄同源」之「介爾一心」為圓融絕待佛法之根本，使各宗各教互攝互融，讓千經萬論同條共貫。

本文研究結果，所見的是「圓融各宗而會歸淨土」之智旭，常言佛法非是談玄說妙，且出世要法實無奇特，「正在平常用之間」，不可離事覓理。是以本文將「佛學」和「學佛」作結合，嘗試以佛法的解行相應來作新的研究進路和學術價值。最後，再以「將佛法善用於世法」、「三教門庭融通之法：『五句融會法』」、「《淨信堂初集》、《絕餘編》之詩偈箋證研究」等三點作為研究限制及未來展望。

目

次

表　次

圖　次

第壹章 緒 論

　　印光大師（1861～1940）〔註1〕言「靈峯老人，乃末法絕無而僅有者。其言句理事具足，利益叵測，隨人分量，各受其益」〔註2〕。又古云「要知山下路，須問過來人」〔註3〕，意即世出世法要在某領域有所成就，須向有經驗之人請益。而明末四大高僧蕅益智旭（1599～1655）所處明末清初時代距今三百多年，與現今世代都屬末法〔註4〕，研究其「理事具足，利益叵測」著作之

〔註1〕後世尊印光大師為淨土宗第十三代祖師。

〔註2〕釋印光：〈復永嘉某居士書七〉《印光法師文鈔上冊》卷二，（臺北：華藏淨宗學會，2008年），頁283。

〔註3〕〔宋〕無門慧開：「不見道要知山下路，須問去來人」。《無門開和尚語錄》卷下《卍新續藏》第69冊，CBETA, X69, no1355, p.0361c16。〔元〕柯丹丘《荊釵記・第二十四出》：「什麼守節？要知山下路，須問過來人。我當時若守得定時，為何又嫁你老子？」。黃仕忠、（日）金文京、（日）喬秀岩編：《日本所藏稀見中國戲曲文獻叢刊・第一輯》第十二冊、第十三冊（桂林市：廣西師範大學出版社，2006年），頁201。〔明〕蕅益智旭：「垂詢聖眾，其故有二。一者正顯方便多門，二者正顯門門各有成驗。所謂要知山下路，須問過來人也。」〔明〕蕅益智旭：《大佛頂萬行首楞嚴經文句》卷第五，《蕅益大師全集》第七冊，（臺北：佛教出版社，2014年），頁4270。《大佛頂如來密因修證了義諸菩薩萬行首楞嚴經》，本文行文簡稱《大佛頂萬行首楞嚴經》。

〔註4〕本文對「末法」的分期，在南嶽慧思（515～77）所作〈南嶽思大禪師立誓願文〉有言：「釋迦牟尼佛悲門三昧觀眾生品本起經中說，佛從癸丑年七月七日入胎，至甲寅年四月八日生。至壬申年年十九，二月八日出家。至癸未年年三十，是臘月月八日得成道。至癸酉年年八十，二月十五日方便入涅槃。正法從甲戌年至癸巳年，足滿五百歲止住。像法從甲午年至癸酉年足滿一千歲止住，末法從甲戌年至癸丑年足滿一萬歲止住」。願文又說「我慧思即是末法八十二年，太歲在乙未十一月十一日」出生，依上述所引願文記載推算，大約在北魏太武帝延和三年，是年為甲戌年（434）進入末法時代。〔南北朝〕南嶽慧思：〈南嶽思大禪師立誓願文〉《大正藏》第46冊，CBETA, T46, no1933, p.0786b27、0786c04。

佛法思想、修學法要以及蘊含之文學觀，實可作為學人在世出世法之明燈。

智旭於五十六歲歸臥靈峰山所作〈儒釋宗傳竊議（有序）〉有言「苟得其道，匹夫而竟開大統矣」〔註5〕，由此句，可看到他對傳承的獨特見地，以及從其「名字位中真佛眼」所流露出自成一家之思想宗風。

不論是思想或文學的開始和發展，都是「智者創物，能者述焉」，非一人而成。而在時代洪流和人類智慧的開展下，則是由簡到繁逐漸成熟的歷史過程。在文學的發展歷程，於到達顛峰時，若能博採眾家之長再加上自己獨創風格，即達到「古今之變，天下之能事畢矣」，就是「集大成」者。〔註6〕

而對於佛法流傳，「集大成」尤其重要。因為，在佛法思想闡發的過程，因應當代各宗派修學法門的說法不斷形成並繁衍，但在各人因解悟行證程度深淺不同，不免會有引經論述之誤，以及各種雜說和邪說紛陳，此情形即智旭文稿所言「後人尋章逐句，入海算沙，全墮葛藤窠臼」〔註7〕之流弊。

所以，當一時代出現具正法眼且能通宗通教之人，便會有闢邪說闡正法之「集大成」者，前有法眼宗三祖之唐末五代的永明延壽，淨土宗又尊其為八祖，永明大師著《宗鏡錄》綜合禪宗、天台、賢首、慈恩等各宗派學說。繼其後之集禪律淨及各宗大成而為發明者，即是明末四大高僧之一的蕅益智旭。

佛教自傳入中國，其大乘思想在震旦中土得到完整而發揚光大的體系建構，更發展出中國特有的禪宗。到明代，各宗派學說已從枝葉繁茂衍變葛藤，逐流忘源，以葛藤掃葛藤，同時也產生各種流弊，而流弊之深，讓智旭深痛而言：「今也見律師之徒，遂廢戒於不持。見法師之流，遂棄教於不學。見宗師之妄，遂置禪於不參」〔註8〕，又言「末世之中，法門衰敗，良以邪正不分，故令宗教掃地」〔註9〕，並指出當今之世，「佛法名雖大盛，實則大壞，以正

〔註5〕〔明〕蕅益智旭：〈儒釋宗傳竊議（有序）〉《靈峰宗論》卷九之四，《蕅益大師全集》第十七冊（臺北：佛教出版社，2014年），頁11036。

〔註6〕本段引文出自「智者創物，能者述焉。君子之於學，百工之於技，自三代歷漢至唐而備矣。故詩至於杜子美，文至於韓退之，書至於顏魯公，畫至於吳道子，而古今之變，天下之能事畢矣」。〔宋〕蘇軾：〈書吳道子畫後〉，王文龍編撰：《東坡詩話全編箋評》（重慶：西南師範大學出版社，1996年），頁34。

〔註7〕〔明〕蕅益智旭：〈擬答劉心城又門博山四條〉《淨信堂初集》卷四，明學主編：《蕅益大師全集》第七冊，（四川：巴蜀書社，2018年），頁363。

〔註8〕〔明〕蕅益智旭：《梵室偶談》第三條，明學主編：《蕅益大師全集》第九冊（四川：巴蜀書社，2018年），頁356。

〔註9〕〔明〕蕅益智旭：《梵室偶談》第十五條，頁358。

法之眼已滅，徒有門庭設施」〔註10〕，又引雲棲袾宏亦言「人以為佛法復興，吾以為宗風大壞也」〔註11〕證之。故而，他出家數十年來徧閱大藏在研窮教眼及戒律，期以「戒」和「教」力挽明末佛法衰微之狂瀾，令正法之眼重興。

所以，智旭對於闡佛正法著述的「集大成」之義，要求更為嚴謹，可見於其所作〈復錢牧齋〉書。有關智旭與錢謙益（1582～1664），在壬辰年（1652）年夏，五十四歲之智旭結夏晟谿，而當時七十一歲之錢謙益正遊長水，「聞藕益旭公演法苕溪之晟舍，扁舟造焉」〔註12〕。此是否為他與智旭之因法第一次結緣，目前尚無其他佐證資料，但由智旭於五十六歲書〈復錢牧齋〉所記「《宗鏡》對畢，乞寄還山中，所許《通翼》，亦乞慨付」〔註13〕，可知二人因佛法而有書信聯繫。

因錢謙益自辛卯年（1651）開始編述《楞嚴經疏解蒙鈔》，甲午年（1654）他在〈與素華禪師〉書談及「首楞蒙鈔三易其稿，今秋輟筆少有端緒」，並言其多年研究著述為「補闕正訛」等事。〔註14〕智旭於〈復錢牧齋〉書信則提出對「集大成」的看法，比之前所引東坡之定義更加嚴格：

> 著述須實從自己胸中流出，方可光前絕後。設非居安資深，左右逢源，縱博極群書，徧採眾長，終是義襲而取，不可謂集大成也。大菩薩乘願力闡正法，須如馬鳴龍樹、智者清涼，立極千古。若圭峰長水輩，雖各有所得，猶未免為明眼簡點，況其餘哉。〔註15〕

由此可看出智旭對自己著作闡正法的要求是「著述須實從自己胸中流出，方可光前絕後」，須如著《大乘起信論》之馬鳴菩薩、《中論》及《大智度論》作者龍樹菩薩、天台宗創始人智者大師和著有《華嚴經疏》之清涼澄觀國師等祖師，悟證三昧，貫通諸宗，字字皆從祕藏中流出，字字皆能含攝祕藏，才能

〔註10〕〔明〕蕅益智旭：〈示象巖〉《淨信堂初集》，明學主編：《蕅益大師全集》第七冊（四川：巴蜀書社，2018 年），頁 340。

〔註11〕〔明〕蕅益智旭：《梵室偶談》第十九條，頁 360。

〔註12〕葉萬里編：《清錢牧齋先生謙益年譜》，王雲五主編：《新編中國名人年譜集成》（臺北：臺灣商務印書館，1981 年），頁 12。

〔註13〕〔明〕蕅益智旭：〈復錢牧齋〉《靈峰宗論》卷九之四，《蕅益大師全集》第十七冊（臺北：佛教出版社，2014 年），頁 10999。

〔註14〕〔明〕錢謙益：〈與素華禪師〉，《有學集》卷四十，《續修四庫全書》第 1391 冊（據民國 8 年上海商務印書館四部叢刊本影印原書版框）（上海：上海古籍出版社，1995 年），頁 400 上。

〔註15〕〔明〕蕅益智旭：〈復錢牧齋〉《靈峰宗論》卷九之四，頁 10998。

「立極千古」，而東坡和世間所謂「博極群書，徧採眾長」之「集大成」標準，智旭認為終是「義襲而取」，不可謂「集大成」。

在此舉智旭於四十一歲述《大佛頂玄義文句》之例說明引文之意，他在〈重刻大佛頂經玄文序〉〔註16〕和〈大佛頂經玄文後自序〉〔註17〕詳說註解《大佛頂萬行首楞嚴經》〔註18〕是因「幾番會心，重拈妙義，加倍精明」而成，並非「徧採眾長」。二篇序文談及於二十五歲（1623）時在雙徑坐禪之悟，始解性相二宗舊註文字之縛，故能「並探二宗，融以心鏡」〔註19〕。復於乙丑（1625）、丙寅（1626）兩夏，為二三道友所逼，頻講演此經二徧，進而深理葛藤之根，實多會心，即願著述闡發。但他當時因志在宗乘，未暇筆述。〔註20〕

直至己巳年（1629）春因深痛末世禪病，其方乃一意研窮教眼，用以補末世禪病之偏。在徧閱大藏後，發覺「會歸處不出梵網、佛頂二經」。〔註21〕越七年丙子（1636），智旭抱病隱居九華山，不意誦帚昉師蹈冰遠至山中，以《梵網合註》請智旭演法，智旭遂力成之。次年續有志同道友數人，因樂聞《大佛頂萬行首楞嚴經》要旨，道友間經一番商究，會心之處更多。戊寅年（1638）自言幻遊新安，結夏休邑時重拈此經妙義，加倍精明。〔註22〕己卯年（1639）夏弘法溫陵，誦帚昉師及道友知己，堅請智旭為此經作疏解，「以發前人之所未發」，其謂「此經舊解多矣。利根者，一指便可見月。鈍根者，多指益復眩眼耳」〔註23〕而辭。然如是昉師勸智旭而言：

〔註16〕《宗論》有收〈重刻大佛頂經玄文序〉，在本文第貳章將探討《宗論》所收錄文稿多被編輯者堅密成時所刪減之未了公案。為文本之完整性，爰以《首楞嚴經玄義》所載原序為引文。本文以下所引智旭釋論之序、跋如在釋論經典有收錄，皆是與本註同樣情形，不再逐筆說明。〔明〕蕅益智旭：〈重刻大佛頂經玄文序〉《大佛頂萬行首楞嚴經玄義》，《蕅益大師全集》第六冊（臺北：佛教出版社，2014年），頁3495～3497。

〔註17〕〔明〕蕅益智旭：〈大佛頂經玄文後自序〉《大佛頂如來密因修證了義諸菩薩萬行首楞嚴經玄義》，《蕅益大師全集》第七冊（臺北：佛教出版社，2014年），頁4863～4866。

〔註18〕《大佛頂萬行首楞嚴經》全名為《大佛頂如來密因修證了義諸菩薩萬行首楞嚴經》，本文行文簡稱《大佛頂萬行首楞嚴經》。

〔註19〕〔明〕蕅益智旭：〈重刻大佛頂經玄文序〉，頁3497。

〔註20〕〔明〕蕅益智旭：〈大佛頂經玄文後自序〉《大佛頂萬行首楞嚴經玄義》，《蕅益大師全集》第七冊（臺北：佛教出版社，2014年），頁4863～4866。

〔註21〕〔明〕蕅益智旭：〈大佛頂經玄文後自序〉，頁4864。

〔註22〕〔明〕蕅益智旭：〈大佛頂經玄文後自序〉，頁4863～4866。

〔註23〕〔明〕蕅益智旭：〈大佛頂經玄文後自序〉，頁4865。

不然。藥無貴賤，起病者良。法無精粗，救時為要。痛茲末世，宗教分河，盡謂別傳實在教外，孰知教內自有真傳。縱令截去指頭，依舊不曾見月。每聆吾師暨義，快痛直捷，實與本分宗旨相應，並不蹈襲前人窠臼，始信不離文字而說解脫，非欺我也。何忍祕此妙悟，不以全體示人，吾師於法有慳心乎！〔註24〕

因當於時復有修白慕公和若水輪公，亦極力勸成。智旭感於眾人之意，兼理夙願。然而，從癸亥年（1623），其雙徑坐禪之悟以「並探二宗，融以心鏡」，又過了十五年，智旭方於己卯年（1639），四十一歲時才著述《大佛頂萬行首楞嚴經》為「玄義二卷，文句十卷」。並自言述此經「固不敢矯古人而立異，亦不敢殉古人而強同。知我罪我，聽諸高明而已」〔註25〕。而從前述引文如是昉師所形容智旭講《大佛頂萬行首楞嚴經》之義，是「快痛直捷，實與本分宗旨相應」，「何忍祕此妙悟，不以全體示人」，可知智旭著述確是如其所言「須實從自己胸中流出」，非「博極群書，偏採眾長」之「義襲而取」。

第一節　前人研究成果及研究問題的提出

有關智旭著作，依其弟子成時著〈蕅益大師宗論序〉及〈續傳鈔錄〉所載，除「宗論」十卷外，「釋論」有四十七種，另外在〈補記〉中記載未及成書者二十一種。台北佛教出版社所出《蕅益大師全集》，收有五十種「釋論」，另有七種失傳未收。聖嚴法師整理智旭「釋論」著作數量計五十八種，八種闕本，現存約五十種，一百九十卷。「釋論」範圍包含法藏指要（《閱藏知津》、《法海觀瀾》）、釋經、釋律、釋論、懺儀、雜著等，後世研究智旭之論著，通常是就其釋論著作為中心為開展。

一、前人研究成果

有關前人對智旭的研究，本文依所收集之專著、碩博論文、期刊論文等，以文獻研究方法依十六種研究領域類別和發表年代整理如【附錄一】「蕅益智旭著述前人研究成果分類統計表」，行文僅列出分類統計簡表：

〔註24〕〔明〕蕅益智旭：〈大佛頂經玄文後自序〉，頁4865。
〔註25〕〔明〕蕅益智旭：〈大佛頂經玄文後自序〉《大佛頂萬行首楞嚴經玄義》，《蕅益大師全集》第七冊（臺北：佛教出版社，2014年），頁4863～4866。

【表一】蕅益智旭著述前人研究成果分類統計簡表

編號	研究典籍或主題	數量
1	地藏經、地藏信仰、占察經、卜筮	9
2	法性宗、《楞嚴經玄義》、《楞嚴經文句》、《起信論裂網疏》	16
3	法相宗、《成唯識論觀心法要》、《相宗八要直解》、《楞伽經玄義》、《楞伽經義疏》	5
4	天台宗、《法華經綸貫》、《法華會義》、《妙玄節要》、《教觀綱宗》《教觀綱宗釋義》	14
5	淨土宗、《佛說阿彌陀經要解》	13
6	戒律	9
7	般若，《金剛經破空論》、《般若心經釋要》、《金剛經觀心釋》	1
8	一念心	2
9	三學一源	2
10	性相融會	3
11	《周易禪解》	28
12	《四書蕅益解》	22
13	「三教合一」、「儒佛會通」、「易佛會通」	17
14	明末四大高僧	5
15	《閱藏知津》、《法海觀瀾》	6
16	其他（不屬上述書籍研究及主題者）	40
總計		192

　　在上表「第 16 項」所收研究成果，有二本論文集，為 2011 年黃公元主編《靈峰蕅益大師研究》，和 2019 年釋慈滿、黃公元主編《蕅益大師與靈峰派研究》，分別收有智旭根本道場浙江安吉靈峰寺所舉辦之紀念蕅益大師研討會論文 54 篇和 49 篇論文，若加上二本論文集所收論文，研究之期刊論文數量為 295 篇。但為本文統計之一致性，係以單本論文集 1 本計算數量。

　　據附件表「蕅益智旭著述前人研究成果」及上開簡表，觀前人對蕅益智旭著作研究成果，大略可以分為「佛法和宗派思想之研究」及「論儒和佛之關係研究」來分類。在「佛法和宗派思想之研究方面」：或取智旭釋論專著研究其某宗派思想、或與明末其他三位高僧比較思想傳承、禪淨律三學關係或性相融會、或論某佛法思想之歷史源流時論及智旭之思想，這類論文在以智旭為主題的 192 篇論文或著作中，佔有 79 篇、約 41%。

　　在論儒和佛之關係研究，是以智旭所著《周易禪解》和《四書蕅益解》一再闡述「儒佛」如何「會通」之主題，所以《周易禪解》、《四書蕅益解》和「儒佛會通」研究就佔有 67 篇、約 35%，67 篇中研究《周易禪解》28 篇，研究《四書蕅益解》22 篇，研究蕅益「三教合一」、「儒佛會通」、「易佛會通」主題者有 17 篇，且在 192 篇論文中，此類研究主題之數量是前三名。智旭在「周易禪解序」說得明白：「吾所由解易者無他」，很單純沒有其他目的，就僅是「以禪入儒，誘儒知禪耳」。其「誘儒知禪」之目的達到否，未可驗證，但，的確引起後世讀書人的注意和研究。

　　綜論前人研究成果，以智旭釋論及儒學著述領域為主，而《閱藏知津》、《法海觀瀾》及其他文集和主題，在 192 篇研究論文中佔 46 篇，但在《閱藏知津》、《法海觀瀾》、《闢邪集》、《選佛譜》等著作，亦皆有專文研究，惟未有以《靈峰宗論》（本文行文簡稱《宗論》）為題目做研究者，爰本文擬就《宗論》做一完整研究。

　　因筆者在反覆精讀智旭著述所見之智旭思想，與歷來先進諸賢所發表之成果有顯著的不同，爰對於上述所收集整理之前人研究成果，本文並未參酌引用，在此僅表誠摯之敬意，且在此不對前人研究成果逐一提出評論，而是在以下「研究問題的提出」，就筆者閱讀智旭文本和前人研究成果所產生之問題意識，提出研究目的。

二、研究問題的提出

　　印光大師曾讚智旭所著《彌陀要解》為「自佛說此經以來第一注解，妙極確極。縱令古佛再出於世，重注此經，亦不能高出其上矣」〔註 26〕，除此書，智旭其他著作莫不是從自己解行所得而述。是以，太虛大師在言及晚明佛學復興，特別提及智旭的著作成「一家之言」：

> 然晚明之世，儒者講學大盛，佛教亦並時興起，教有雪浪、交光、雲棲、幽溪、明昱諸師，禪有紫柏、憨山、博山、永覺、三峰諸師，復有周海門、袁中郎、曾鳳儀、錢牧齋諸居士，皆宗說兩通，道觀雙流，各就所得著書立說，法運之盛，唐以來未有也。逮靈峰蕅益師，尤在後起，所託既高，契悟深遠，生平勤於著作，其說深入顯

〔註 26〕釋印光：〈與徐福賢女士書〉，《印光法師文鈔上冊》卷一（臺北：華藏淨宗學會，2008 年），頁 142。

出，明白精審，凡一百餘種，燦然成一家言；禪、教、律、淨、密，無不賅括，教義宜可復唐代之盛矣！〔註27〕

智旭發大菩提心一意宗乘，成「一家之言」之明末佛法集大成者，其著作體系的思想對其後世的佛學影響很大，觀近代佛學思想研究，大抵是圍繞著其著述來研究闡發的。但，太虛大師也提及「其道今雖盛宏，依文解義，執其一端」之弊，太虛大師所言，實是後世研究智旭著作所面臨的問題，倘因畏繁而廢棄教理，自身又無證得自性真如，只能對智旭著作做世間學問文字會而「依文解義」，研究僅「執其一端」，不免也是攀枝忘幹，流於末端瑣碎。

而隨著閱讀文本原稿和前人研究成果之際，本文也形成研究方向。綜理前人研究智旭釋論之成果，對於他在天台、法性、法相各宗之思想，及地藏懺法、戒律修持等加行，已一再以人、時、地、事、物等不同縱橫之端闡釋論證。因此，對智旭之釋論宗派思想，本文便不再做繁枝節、遠教理之添足研究。

而對歷來在智旭「三學一源或性相融會」研究成果領域，嘗讀明代雲棲袾宏在〈答朱白民居士〉這段公案：

問：參禪念佛可用融通否？

答：若然是兩物，用得融通著。〔註28〕

因讀上開「若待融通是兩物」這則公案，並在反覆研讀智旭著作後，明白禪淨律三學（教）本非兩物，何須用得著「融通」，故而也不再於此類議題中糾纏。而本文在此先對前賢學者在智旭思想研究之眾多成果表示敬佩之意，並說明本文的研究，主要以筆者對智旭著作反覆細讀及精查心得，並對前人研究成果，提出一些問題意識，就智旭文本來重新探討並建構研究目的。

本文所提出之問題意識及研究心願，論述如下：

（一）著作中一以貫之思想為何

第一個問題意識源於在歷來研究成果之中，有提出智旭思特色在天台判教系統下歸納於別教。但，智旭在五十六歲撰願文有言「本為生死大事，二十四歲出家」，於四十九歲除夕普說亦談其當初出家之志即非隨流俗要成為法

〔註27〕太虛：〈震旦佛教衰落之原因〉，《太虛大書全書》第十九編「文叢」（臺北：善導寺佛經流通處，1980年），頁25～26。
〔註28〕〔明〕雲棲袾宏：《雲棲法彙》卷三《嘉興藏》第33冊，CBETA, J33, noB277, p.0143b18～0143b19。

師、或做善知識，爰母舅問曰：「即爾何用出家？」他回曰：「只要復我本來面目。」其甫出家時之原稿也提及自己「每念出家一點初心，直欲頓超佛祖」、「但以發覺初心，志齊佛祖，本與時流相反」。

復觀其原稿及《宗論》文稿亦言「如來出世本懷、惟為一乘」〔註29〕、「如來說法本意，祇要吾人超生脫死」〔註30〕，且不論是何類文章，他所作文稿內容皆以其出家志和如來出世本懷之「一乘佛法」及「生死本分事」為要旨，一以貫之的論述。自度度人之大菩提心，未曾稍止。

另外，智旭在文稿多次以其發明之「圓教行人，始自名字初心，便用佛知佛見修行」〔註31〕作為提點學人之旨，因圓教行人「初心便觀諸法實相」〔註32〕，而此思想亦源自《華嚴經》「十住初心即同諸佛」、「一位一切位」之理。並談及「梵網全經以求圓解為起行之本」〔註33〕，復言學佛之道與儒門相似，總以「解行雙到為宗趣」，「非開解，則無以趨道。非力行，則無以證道」，又提出「而開解與力行，又自有小大漸頓之不同」，〔註34〕但其亦言倘為圓頓行人，則「通達萬法，圓悟一心。自行則無惑不破，化他則無機不接」：

> 夫任大將、作大醫者，必善知一切韜略，徧達一切方味，然後所向無不克，所治無不差。圓頓行人，亦復如是。通達萬法，圓悟一心。自行則無惑不破，化他則無機不接。是之謂奇特男子、出世丈夫。今欲徧通一切法門，雖三藏十二部，言言可以互攝互融，然必得其要緒，方能勢如破竹。〔註35〕

對於一位嘗言「圓人受法，無法不圓。由未開圓解，不應輒論修證。縱令修

〔註29〕〔明〕蕅益智旭：〈擬答白居易（問在林間錄）〉《淨信堂初集》卷四，明學主編：《蕅益大師全集》第七冊（四川：巴蜀書社，2018 年），頁 367。

〔註30〕〔明〕蕅益智旭：〈示閱藏四則為慧幢徹因二比丘說〉《淨信堂初集》卷三，頁 342。

〔註31〕〔明〕蕅益智旭：〈復曹源洵公〉《淨信堂初集》卷六，明學主編：《蕅益大師全集》第七冊（四川：巴蜀書社，2018 年），頁 449。

〔註32〕〔明〕蕅益智旭：《教觀綱宗》，《蕅益大師全集》第十五冊（臺北：佛教出版社，2014 年），頁 10109。

〔註33〕〔明〕蕅益智旭：〈示慧幢上座〉《絕餘編》卷二，明學主編：《蕅益大師全集》第七冊（四川：巴蜀書社，2018 年），頁 544。

〔註34〕〔明〕蕅益智旭：〈示萬韞玉〉，《淨信堂初集》卷三，頁 324。

〔註35〕〔明〕蕅益智旭：〈示萬韞玉〉，《淨信堂初集》卷三，頁 324。

證，未免日劫相倍」〔註36〕，以及在文稿著述提出上述引文見解之人，實難以判定此人的思想特色是屬天台判教「藏、通、別、圓」之「別教」。另外，智旭在〈大乘起信論裂網疏序〉提到後世講師輒妄判曰：「天親識論，是立相始教。龍樹中論，是破相始教。馬鳴起信，是終教兼頓，並未是圓」〔註37〕等妄判之公案，並且詳細論證。

或有人會提出質疑，智旭在早期著述或未圓解，只屬別教。但觀其三十歲左右所述《梵室偶談》及相關文稿，未有離「一乘佛法」及「生死本分事」佛法本源之言論。因李幸玲《廬山慧遠研究》書中提出對慧遠著作的分類問題，「因著作對象有教內、教外之區分，不應完全視為齊等於一個層次來談」之見解，〔註38〕所以，筆者在研究文本時亦留心此觀點。不過，經多次反覆研讀智旭著作，發現其所言之佛理實無此教內、教外區分。或許他會對文學家、儒者，援引一滴儒道文字對照佛法適用層次思想來著作，但，皆是會歸「一乘佛法」及「生死本分事」之佛法本源大海。

綜上問題意識，爰本文第一個研究目的，要從其思想、修學、文學等領域，全方面考察智旭之一生是否為其所言「圓教行人，始自名字初心，便用佛知佛見修行」之圓解圓行，在著述是否有做到「三藏十二部，言言可以互攝互融」，文稿著述是否一以貫之為闡明「一乘佛法」及「生死本分事」本源而作。

（二）智旭「儒釋道三教」、「禪、淨」和「介爾一念」之思想

第二個問題意識是從拜讀前賢所研究之智旭「儒釋道三教合一」、「儒佛會通」，以及「消禪歸淨」和「現前一念心」等三個思想領域學術成果所啟發。觀歷來研究方式，在三教會通議題或言分或合一；於禪淨議題，或總結智旭主張「消禪歸淨」，或多言其主張「消禪歸淨」；而智旭「現前一念心」思想，則歸於天台宗，或判為天台別教。

對儒、釋、道三教，智旭曾言以十五六載所參少室、禪宗、天台、教觀，「不啻皆如渤海僅沾一滴」，而未出家所悟孔顏心學「又今大海之一滴矣」。然，

〔註36〕〔明〕蕅益智旭：《教觀綱宗》，《蕅益大師全集》第十五冊（臺北：佛教出版社，2014年），頁10110。

〔註37〕〔明〕蕅益智旭：〈大乘起信論裂網疏序〉《大乘起信論裂網疏》，《蕅益大師全集》第十五冊（臺北：佛教出版社，2014年），頁9203。

〔註38〕李幸玲：《廬山慧遠研究》，（臺北：萬卷樓圖書股份有限公司，2007年），頁15。

他進而深入了知一滴之性即佛海大海性，故「雖身為禪子，每喜拈孔顏心學示人」，又言「吾所由解易者，無他。以禪入儒，務誘儒以知禪耳」。〔註39〕

　　而對禪、律、淨三學，及佛法八萬四千法門，智旭則多次提及有關「圓頓妙法，曠劫難逢」，「後賢堅執，鬥諍滋生。圓融絕待法門，幾成彼此是非情見。宏之者城塹益高益深，望之者疑畏日新日盛」之見解。〔註40〕故而，他常言「會百川歸大海」〔註41〕，將「佛法」譬如「大海」，能「潛流注百川」，通達者知佛法本源大海之浩浩，但「昧者泥涓涓」，有如「三宗爭鼎足，五葉分單傳。不有超方志，誰懲鬧諍愆」。〔註42〕另外，其又引「是一非餘，是為魔業」〔註43〕之論說明法法平等不可廢，惟擇當機為正，並應先明其他法門為輔之利與害，以免一生修持卻受落空之禍，反而疑佛法無用。

　　綜上三個議題之歷來研究成果，對照上述所引智旭著作之言所產生的問題意識，本文不採以往分、合或歸於某一宗派別之研究方法，仍以智旭所言如來出世本懷及講經之旨，即「一乘佛法」及「生死本分事」來探討，以得出其著作中真正之思想為何，此即本文第二個研究目的。

（三）「佛學」和「學佛」之解行相應

　　本文第三個研究目的，是將「佛學」和「學佛」作結合，嘗試以佛法的解行相應來作新的研究進路方向。因為不論任何學術所作的研究，都是要解決生命中所遇到的問題，要能在生活中可以應用來解決生命當下和未來的疑問和困境，這就是學術研究的價值。因此佛陀所以興出世，也是為生死這一大事因緣。

　　前論及智旭以「戒」和「教」來匡救佛法，盡己一力而力挽狂瀾。雖痛詆當時禪眾恣放，誓返佛律和教義之本而解經著述，然矯枉不勝積習，最終勢

〔註39〕本段引文皆引自〈性學開蒙跋〉，不逐筆加註。〔明〕蕅益智旭：〈性學開蒙跋〉《性學開蒙》，明學主編：《蕅益大師全集》第九冊（四川：巴蜀書社，2018年），頁533～534。

〔註40〕〔明〕蕅益智旭：〈法華會義自跋〉《大乘起信論裂網疏》，《蕅益大師全集》第十冊（臺北：佛教出版社，2014年），頁7043。

〔註41〕〔明〕蕅益智旭：〈示景文〉《靈峰宗論》卷二之五，《蕅益大師全集》第十六冊（臺北：佛教出版社，2014年），頁10577。

〔註42〕〔明〕蕅益智旭：〈紫竹林顓愚大師爪髮衣鉢塔誌銘〉《靈峰宗論》卷二之五，《蕅益大師全集》第十八冊（臺北：佛教出版社，2014年），頁11469。

〔註43〕〔明〕蕅益智旭：〈示開一〉《靈峰宗論》卷二之三，《蕅益大師全集》第十六冊，頁10504。

不能逮。其念末世,「欲得淨戒,捨占察輪相之法,更無別塗」,最後並以一句阿彌陀佛會歸禪、教、律諸法。又《宗論》編輯者成時在序有言:「宗論全部,可取其中讚戒者,別為戒波羅密之書。讚淨土者,別為祕藏指南之書。或合上二者,別為不昧因果之書」〔註44〕,爰本文以《宗論》為主,首次以「戒波羅密」、「祕藏指南」,綜理其義理和行持的修學法要。

(四)詩偈作品及創作觀初探

第四個研究目的,是對《宗論》所收智旭詩偈作分析。在錢謙益所輯《列朝詩集》和清代朱彝尊輯《明詩綜》,對於明末四大高僧詩偈,僅智旭詩作未有收錄,其詩也未見有明清兩代作任何詩評,近代也僅有二篇期刊研究智旭之詩。但,整理其詩偈作品數量,在《宗論》所收詩偈詩題有一百六十六首,共 438 首詩,《淨信堂初集》收詩偈詩題有一百零一首,共 269 首詩,《絕餘編》則有詩偈詩題二十七首,共 149 首詩。是以,本文擬首次對其詩偈作品作用韻形式研究,並分析智旭之創作觀、文學特色。

第二節　研究材料和範圍

清順治己亥年(1659)冬,《靈峰宗論》刻板成,《嘉興藏》所收《宗論》末後收有成時所記初版刻成之出資功德名錄。本書重刊版本雖多,但內容與初版範圍相同,在版本上並無特別需討論之處。而智旭弟子堅密成時輯此書時,於〈宗論序〉僅說將其師之諸疏外 7 種稿集及稿外別行的單行本著作,依時之先後次序編入《宗論》,但未言明是何 7 種文集和單行本。有關稿外別行的單行本著作,聖嚴法師在《明末中國佛教之研究》中提出是依成書時間順序分別為《梵室偶談》、《性學開蒙》、《蕅益三頌》、《淨信堂答問》(亡佚)等 4 本,歷來並無其他說法,而七部稿集為何,目前確認的文集依序為《淨信堂初集》、《絕餘編》、《閩遊集》,而後四本文集歷來則有些不同說法,本文會在第貳章第一節就《宗論》所收 7 本文集這一公案作一論證。

《宗論》所收 7 本稿集雖有疑義,但文集現多未存,僅在《嘉興藏》收有《絕餘編》。後於天津圖書館《孤本秘籍叢書》十三冊「集部」發現收有「明崇禎間十五年釋普滋等刻本」之《淨信堂初集》,1999 年,大陸中華全國圖書

〔註44〕〔明〕堅密成時:〈靈峰蕅益大師宗論序說〉《靈峰宗論》卷首,《蕅益大師全集》第十六冊(臺北:佛教出版社,2014 年),頁 10208。

館文獻縮微複製中心據天津圖書館所藏《孤本秘笈叢書》出版該套書。台灣佛教出版社最早出版《蕅益大師全集》，所收集的《宗論》是嘉慶辛酉秋七月和碩豫親王裕豐敬刻複印版。蘇州弘化社自 2011 年開始輯佚重編《蕅益大師全集》，於 2018 年由巴蜀書社出版《蕅益大師全集》，增補的著述共十種：

> 一、文集二種：（一）天津圖書館孤本秘笈叢書：集部第 13 卷明崇禎十五年釋普滋等刻本《淨信堂初集》、（二）《嘉興藏》所收《絕餘編》。

> 二、《嘉興藏》所收足本單行本二種：（三）《梵室偶談》、（四）《性學開蒙》。

> 三、曾被認為失傳的著述四種：（五）《大悲心咒行法辯訛》、（六）《禮拜觀想偈略釋》、（七）《入法性觀禮佛門》、（八）《懺壇軌式》。

> 四、未被記載的著述二種：（九）《嘉興藏》所收《十善業道經節要》、（十）《在家律要廣集》所收《優婆塞受三歸五戒法匯釋》。

雖然《宗論》因重刊版本內容與初版範圍相同，在版本上並無特別需討論之處，但在 1930 年，印光大師重新輯刊《淨土十要》時作序言及編輯者成時在編此書時有「節略字句」之舉，因此序，先進諸賢學者開始對《宗論》所收文稿是否被成時刪改之疑做討論。經《淨信堂初集》和《絕餘編》二本原稿文集和《宗論》對照，《宗論》所收文稿內容和數量，的確被刪改，但歷來研究結論對文稿經刪削和精簡後的《靈峰宗論》，均認為並不影響本書價值，且對認識智旭之思想沒有太大影響，只是從史料此方面而言，確有重大的遺憾。本文將在第貳章第二節，就《宗論》被刪改之公案作一論證。

本文研究材料以《宗論》，和本書所收現存之原文集《淨信堂初集》、《絕餘編》及單行本《梵室偶談》、《性學開蒙》等文本為主，因《宗論》所收文稿已被編輯者成時刪改，爰有關釋論序跋，以釋論所收為主，並在分析智旭思想時輔以其相關釋論著作內容，以及相關傳記、寺志等第一手文獻資料。在成時作〈靈峰蕅益大師宗論序說〉言及為避繁，輯為十大卷，分三十八子卷，另為輯書方便，以文體為分類。有關靈峰寺和《宗論》架構等相關論題，放在第貳章第三節來介紹。

本文討論的範圍，以《宗論》所梳理之思想核心體系為主，其他著作文本為輔，在第參章就三個問題意識提出反思探討智旭思想，再以其思想於第肆章深入探討所涉及之修行實踐法要，並在第伍章對《宗論》作文學面向的分析。較之於現階段的研究專著，本文企圖對智旭和《宗論》作思想、實踐和

文學等面向之完整研究。

　　除了上述著作文本材料，為尋訪智旭文集及手跡，筆者在 2019 年 6 月 28 日到蕅益大師晚居之地──北天目靈峰寺參訪〔註 45〕，得知連文革後寺中僅存之手書「靈鳥碑」刻及拓本也已亡失〔註 46〕，實覺可惜。惟現任住持慈滿方丈〔註 47〕以「上窮碧落下黃泉」之力求索智旭亡佚文集和手跡，有幸於參訪時得晤方丈在北京故宮尋得一幅〈仁義院古佛堂改禪寮引〉行書真跡仿本。有關在靈峰寺參訪所得實物資料，將在第伍章提出相關問題一同探討。

第三節　研究方法及架構

　　本節先細論本文研究方法，再說明論文各章節架構。

一、研究方法

　　本文採「問題導向」的研究進路，各別章節並以其他研究方法，如文獻研究法，以及分析、歸納、比較等方法輔助以解決問題。復因前賢以研究者以各宗派思想研究判讀之「智旭」，已如繁花開遍繽紛燦爛，實無需以上開方法再添一筆。

　　研究者在相同文本，以不同的研究方法，發現不同的研究成果，這是研究的樂趣和貢獻。是以，本文擬構想新的研究方式，嘗試從不同研究方法和思考角度來深入探討本文各章節所研究主題與相關問題。

　　筆者的研究基礎，是學習聖嚴法師撰寫《明末中國佛教之研究》自序所言「始終都是自己親身就現存的智旭著述，反覆地細讀、精查所得到的結果，用以做為出發點去思考」，〔註 48〕本文另外構思之研究方法和思考角度，論述如下：

〔註 45〕2019 年 6 月 28 日至北天目靈峰寺參訪之行，感謝北京恩師朱越利老師和師母、中國藏學研究中心鄭堆總幹事和中國道教協會副會長、浙江省道教協會會長董中基道長、以及杭州佛學院剛曉法師等先進學者的幫忙，在此致上謝忱。

〔註 46〕《北天目靈峰寺志》民國 24 年歲次乙亥春重印，頁 19、75。

〔註 47〕感謝北天目靈峰寺現任住持慈滿方丈在參訪之行接受訪談，且提供北京故宮蕅益大師「仁義院古佛堂改禪寮引」真跡照片，並惠贈《安吉歷代碑刻》、民國 24 年《北天目靈峯寺志》、《北天目山靈峰寺志》、《蕅益大師與靈峰派研究》、《靈峰蕅益大師文集》（淨信堂初集、絕餘編刻本翻印書）以及巴蜀書社出版最新的《蕅益大師全集》一套十冊，在此致上謝忱。

〔註 48〕聖嚴法師：「自序」，《明末中國佛教之研究》（臺北：法鼓文化，2009 年），頁 16。

（一）對智旭思想作根本之建構研究

在對智旭著作文本反覆細讀後，發現其著述所用文字並未拘於某宗派，而是在一篇文稿中即可見他同時援用五宗八教思想文字。故而，本文不以割裂為某宗派之方式研究智旭某宗派的部分思想，而是擬以《宗論》對智旭思想作根本之建構研究。

（二）以較客觀和科學方法作為論證

在思想或文學研究，通常與研究者本身學質有關，故而所謂研究，顯現的應是研究者之思想和文學，此即智旭在《性學開蒙》解「天命之謂性」之後所言「然此是智旭之中庸，非子思之中庸」之意〔註 49〕。為更真實體現智旭思想本意，本文主要是以自身對智旭著作文本反覆細讀、製表整理所得到的結果為基礎，作為重新思考和探討之依據，來建構各章節。另外，在論證的方法，在各章節以所收集之資料整理成各種表格，以此種較為科學的方法來得到研究成果，更期能在學術大海，貢獻一滴。

（三）遵循智旭對佛法和文字關係之見解

智旭的思想，造就其佛法實踐及文學創作。為了達到本文對智旭思想作根本之建構研究目的，在研讀及梳理文本的方法，是以智旭對「佛法和文字關係」之見解為理路，故而在行文論述，必據智旭之言而解說，不以自己之臆測做論斷。以下討論其對「佛法和文字關係」之見解：

1. 著述目的：達如來出世說法本源

智旭指出佛法之問題在「末世競逐枝葉，罕達本源」〔註 50〕之癥結，又說修學佛法之要在「聽講之法，不得徒事口耳。先應諦思：佛為何事說經，我為何事學經。若知佛說經所為何事，則不耽著文言」〔註 51〕，復提出「如來出世本懷、惟為一乘」〔註 52〕、「如來說法本意，祇要吾人超生脫死」〔註 53〕之要

〔註 49〕〔明〕蕅益智旭：〈性學開蒙跋〉《性學開蒙》，明學主編：《蕅益大師全集》第九冊（四川：巴蜀書社，2018 年），頁 533。

〔註 50〕〔明〕蕅益智旭：〈示素風〉《靈峰宗論》卷二之二，《蕅益大師全集》第十六冊（臺北：佛教出版社，2014 年），頁 10466。

〔註 51〕〔明〕蕅益智旭：〈示攝三聽講〉《淨信堂初集》卷三，明學主編：《蕅益大師全集》第七冊（四川：巴蜀書社，2018 年），頁 363。

〔註 52〕〔明〕蕅益智旭：〈擬答白居易（問在林間錄）〉《淨信堂初集》卷四，頁 367。

〔註 53〕〔明〕蕅益智旭：〈示閱藏四則為慧幢徹因二比丘說〉《淨信堂初集》卷三，頁 342。

旨，再觀其出家之志齊與佛祖，且出家「只要復我本來面目」之因，〔註54〕實與他所言之「如來出世本懷和說法本意」相符。此「達如來出世說法本源」，即智旭出家及著述目的。爰本文期能以上述「智旭之出家及著述目的」作為研讀及梳理文本之方式，來研究智旭。

2. 道不在文字，亦不在離文字

智旭曾言自己之種種著述，「僅與天下後世結般若緣」〔註55〕，並提出「娑婆世界以音聲語言為教體，故一一文字，皆佛祖慧命聖學源流所關也」〔註56〕之見解，以釐清「道不在文字，亦不在離文字」之義，此亦為智旭一生辛勤閱藏著述留文字「與天下後世結般若緣」之因：

> 道不在文字，亦不在離文字。執文字為道，講師所以有說食數寶之譏也。執離文字為道，禪士所以有暗證生盲之禍也。達磨大師以心傳心，必藉棱伽為印。誠恐離經一字，即同魔說。〔註57〕

因一般人未具大根器，實無法直下便明白道之實相本體，幸而實相般若能一分三：文字般若、觀照般若和實相般若。文字般若即表達實相般若之經論語言文字，此即「道亦不在離文字」之意。但表達文字般若之語言文字並非般若實相本體，即「道不在文字」，須藉由對文字般若之解悟，「句句消歸自心，法法如說修行」〔註58〕，在平常日用之境界，直下觀照所有境緣，而達實相般若。

故而，在佛家，「欲令人尋名」而得真如本體，如「因指見月」，因此將「語言文字」喻為見道的「標月之指」，但「標指非欲令其玩指」。〔註59〕是

〔註54〕〔明〕蕅益智旭：〈祖堂幽棲寺丁亥除夕普說〉《靈峰宗論》卷四之一，《蕅益大師全集》第十七冊（臺北：佛教出版社，2014 年），頁 10785。

〔註55〕〔明〕蕅益智旭：〈示用晦二則〉《靈峰宗論》卷二之五，《蕅益大師全集》第十六冊，頁 10582。

〔註56〕〔明〕蕅益智旭：〈募造敬字菴疏〉《靈峰宗論》卷七之四，《蕅益大師全集》第十八冊，頁 11359。

〔註57〕〔明〕蕅益智旭：〈示如母〉《靈峰宗論》卷二之五，《蕅益大師全集》第十六冊，頁 10577～10578。

〔註58〕〔明〕蕅益智旭：〈示閱藏四則為慧幢徹因二比丘說〉《淨信堂初集》卷三，明學主編：《蕅益大師全集》第七冊（四川：巴蜀書社，2018 年），頁 342。

〔註59〕「第二顯體……初明須顯體者，前釋通別二名，共二十字，皆是能詮之名，文義浩博，今更點示名下所詮要理，正顯一經之主質。意欲令人尋名得體，如因指見月。蓋標指非欲令其玩指，見月始知別無他月。」〔明〕蕅益智旭：《大佛頂萬行首楞嚴經玄義》卷下，《蕅益大師全集》第六冊（臺北：佛教出版社，2014 年），頁 3587～3588。

以，見佛法「語言文字」，須做觀心見道之助，斷不可作世間文字道理會。

3. 執迹以言道，則道隱

而對道與文字之關係，智旭還有「執迹以言道，則道隱」之說法：

> 尅實論之，道非世間，非出世間。而以道入真，則名出世。以道入
> 俗，則名世間。真與俗皆迹也，迹不離道，而執迹以言道，則道隱。
> 故曰：「形而上者謂之道，形而下者謂之器。」又曰：「君子上達，
> 小人下達。」嗚呼！今之求道於迹者，烏能下學而上達，直明心性，
> 迴超異同窠臼也。〔註60〕

在引文說明世出世間之種種法僅是指出「道」之「迹」，而「迹」並非「道」，
是以，今人「求道於迹者」，如何能「下學而上達」，惟「直明心性」，能「迴
超異同窠臼」。此義為，若能通達佛知見之明心見性者，則對世出世間各法門
就不會流於世俗窠臼，僅在執於文字枝葉或門庭異同之互相是非、戲劇鬥諍
不止。

所以，為避免「執迹以言道，則道隱」之誤，落入戲劇鬥諍之異同窠臼
是非，本文研讀探討智旭著作，是依其所言大乘絕待圓融佛法解經著作之高
度一以貫之的來整理分析，不依文解義、不妄自揣度，不錯把個人的體會當
作智旭著述之意來撰寫本文。

（四）舉世不知真，吾獨不愛假

修行能否跟諸佛相應，是摻不得一點假。但在明朝一代，充斥「假」的
濁流，而假的東西對真品的傷害最大。〔註61〕對此，智旭曾以古今對照來形
容明朝「假」之濁流的影響：「語云：『真人前說不得假。』予曰：『今也假人
前說不得真。』悲夫！」〔註62〕，並說明自己堅持「期許誓同先哲」之真，
而誓絕「舉止不類時流」之假：

> 語云：「三日賣不得一擔真，一日賣得三擔假」，嗚呼！人心世道之
> 壞，其在茲乎！吾亦有言曰：「寧使千日賣不得一擔真，不願一日賣

〔註60〕〔明〕蕅益智旭：〈儒釋宗傳竊議（有序）〉《靈峰宗論》卷五之三，《蕅益大師全集》第十七冊（臺北：佛教出版社，2014年），頁11026。

〔註61〕王頌梅：《明代性靈詩說研究（上）》（臺北：花木蘭文化出版社，2007年），頁99。

〔註62〕〔明〕蕅益智旭：《梵室偶談》第三十二條，明學主編：《蕅益大師全集》第九冊（四川：巴蜀書社，2018年），頁363。

得千擔假。」〔註63〕

因為「壞法門者，皆由於撐法門人」〔註64〕，故而智旭常舉靈源禪師所言「易世俗所難，而緩時流之急」〔註65〕，勉勵修學行人應不沒於時流惡習所轉，復能振遠祖家風。而他為助眾生自這假的濁流中提昇出來，其出家初志，即是急欲剋獲聖果，閱藏著述以明正法之價值。

（五）著述須從胸中流出：「名字位中真佛眼」之智旭解

在本章前言已論述智旭對自己著作闡佛之正法的要求是「著述須實從自己胸中流出，方可光前絕後」，但因明代「未得言得，未證言證」欺心之風熾盛，未避免助長此風，復因智旭自律極嚴甚厲，是以，他對自己所證境界，從來不肯鬆口。

有關智旭解行證得境界，最早見於三十八歲自輯《淨信堂初集》之〈復曹源洵公〉所言「祇是於圓宗得一消息，止在名字位中。雖不曾斷惑伏惑，的的能以佛知佛見觀現前一切事礙，無有一微塵許，不是不思議境」〔註66〕。復於其約於四十歲時，在〈復陳旻昭〉書中說到自己「即此十五六年行腳，打破面皮，放捨身命，僅開得名字即佛位中一隻清淨肉眼，於佛菩提了了得知，歸家道路明如指掌」〔註67〕，本有「意欲傳得一人，勿令佛種從我而斷」之期，卻是「亦竟未遇其人」之嘆。

之後，他在〈示如母〉法語中談及憾為虛名所累，力用未充，不能徹救禪宗及天台兩家之失時，也提到「但所得名字位中圓融佛眼，的可考古佛不謬」〔註68〕。最後在五十六歲時分別於〈預祝乾明公六十壽序〉、〈病間偶成〉有「未階法忍，僅開名字佛眼」、「名字位中真佛眼，未知畢竟付何人」〔註69〕之句。

〔註63〕〔明〕蕅益智旭：《梵室偶談》第三十三條，明學主編：《蕅益大師全集》第九冊（四川：巴蜀書社，2018年），頁363。

〔註64〕〔明〕蕅益智旭：〈復陳旻昭〉《絕餘編》卷三，明學主編：《蕅益大師全集》第七冊（四川：巴蜀書社，2018年），頁561。

〔註65〕〔明〕蕅益智旭：〈與曹源洵公〉《淨信堂初集》卷六，頁415。

〔註66〕〔明〕蕅益智旭：〈復曹源洵公〉《淨信堂初集》卷六，頁449。

〔註67〕〔明〕蕅益智旭：〈復陳旻昭〉《絕餘編》卷三，頁561。

〔註68〕〔明〕蕅益智旭：〈示如母〉《靈峰宗論》卷二之五，《蕅益大師全集》第十六冊（臺北：佛教出版社，2014年），頁10577～10578。

〔註69〕〔明〕蕅益智旭：〈病間偶成〉《靈峰宗論》卷十之四，《蕅益大師全集》第十八冊，頁11762。

　　有關智旭自言「名字位中真佛眼」，歷來多依天台智者大師之「六即」
說：「理即、名字即、觀行即、相似即、分真即、究竟即」之「名字即位佛」
〔註70〕來解釋，或多引印光大師所言而解：

　　　　蕅益大師示居名字，智者示居五品，南嶽示居十信。雖三大師之本
　　　　地，皆不可測。而其所示名字、觀行、相似三位，可見實相之不易
　　　　證，後進之難超越。實恐後人未證謂證，故以身說法，令其自知慚
　　　　愧，不敢妄擬故耳。三大師末後示位之恩，粉骨碎身，莫之能報。
　　　　汝自忖度，果能越此三師否乎？〔註71〕

引印光大師之言而解者，是以「蕅益大師示居名字，智者示居五品，南嶽示
居十信」之例，目的為說明「可見實相之不易證，後進之難超越」，又為後人
流於未證謂證之大妄語風氣，故三大師以身說法，讓後人能以三大師之示位
自忖度「果能越此三師否乎？」，令其自知慚愧，不敢妄擬得證境界，避免後
人以凡濫聖之弊。

　　以上解說均有其意義，但本文是以智旭所述之《占察善惡業報經行法》
對「名字位中真佛眼」所解之義作為定義；

　　　　圓教行人，於名字位中，能知如來秘密之藏，肉眼即名佛眼。故
　　　　能學習真如實觀，了知現前心性，本自不生，不復更滅，所謂法
　　　　界一相，雖三千歷然，而究竟平等。此即名字位中初修觀行之法
　　　　也。〔註72〕

由引文可得知，智旭在四十歲所自言之「名字即佛位中一隻清淨肉眼」，與其
他文稿所言之「名字位中圓融佛眼」、「開名字佛眼」、「名字位中真佛眼」，意
義皆同，都是「能知如來秘密之藏，肉眼即名佛眼」，故能學習真如實觀。這
就是智旭教導學人，在最初即以此「即名字位中」修觀行之法，「了知現前心
性，本自不生，不復更滅，所謂法界一相，雖三千歷然，而究竟平等」。

　　而上述圓解，在其文稿和著述多處可見，且一以貫之。故而他在〈復曹

〔註70〕〔南北朝〕智者大師《摩訶止觀》卷第一：「理雖即是日用不知，以未聞三諦
　　　　全不識佛法。如牛羊眼不解方隅，或從知識或從經卷。聞上所說一實菩提，
　　　　於名字中通達解了，知一切法皆是佛法。是為名字即菩提，亦是名字止觀。」
　　　　《大正藏》第 46 冊，CBETA, T46, no1911, p.0010b07。
〔註71〕釋印光：〈復永嘉某居士書五〉，《印光法師文鈔上冊》卷一（臺北：華藏淨宗
　　　　學會，2008 年），頁 124。
〔註72〕〔明〕蕅益智旭：《占察善惡業報經行法》，《蕅益大師全集》第十九冊（臺北：
　　　　佛教出版社，2014 年），頁 12277～12278。

源洵公〉中指出「圓教行人，始從名字初心，便用佛知佛見修行」〔註 73〕，此言亦見於《法華文句記》「初心圓信，名字位也」〔註 74〕。此即本文在本章第二節所談之研究第一個目的，即為論證智旭著述是以「圓教行人，始從名字初心，便用佛知佛見修行」為要旨，期眾生先開圓解以正見而修行。

綜上，智旭於三十八歲自稱「名字位中」之佛知佛見，而他在三十九歲述作《梵網合註》，故而，再次論證其著述確依自己所言之「實從自己胸中流出」，以其具「真佛眼」之佛知佛見著作。其中或用各教各宗門庭思想工夫既有名相之迹，作「標月之指」，但非「執迹以言道」，而是以其文字作為眾生啟發自己思想之定盤星，能夠依文字般若而法法觀照自心，以此進入實相般若返照自心本源。因為，若能以真如實觀來觀照自心，在觀照般若過程中一旦觸動關棙子了達契悟本來自性實相，則證入實相般若，即般若本體，亦即佛知佛見。

（六）言必有源

在研讀智旭文本時發現，他除閱藏經，還遍讀當代出家、在家人著作，故而其言必有據，非無的放矢。其在自傳曾言「但是交光邪說大誤人耳」〔註 75〕、於〈復錢牧齋〉書信亦言「交光用根一語，毒流天下，遺禍無窮，非一言可罄」〔註 76〕，此為評論明朝交光真鑑法師另闢蹊徑所著《大佛頂首楞嚴經正脈疏》之「用根」說為邪說毒流，是因此說須大根器之人方能得益，非末法修學者當機之法，是以，他恐後人因不明究竟理再添穿鑿附會之說，其亦著作《首楞嚴經文句》明之。足以，本文研究必要求能閱讀第一手資料，取法智旭言必有據有源之精神。

筆者為達成以上述研究方法完成研究目的，雖未能完全實踐智旭所言修學行人在最初發心者，「應先開圓解，依解起行，以此方便入三摩地」之法，但，亦要求自己在反覆精讀文本的過程應「從解起行」、「法法消歸自心」，以

〔註 73〕〔明〕蕅益智旭：〈復曹源洵公〉《淨信堂初集》卷六，明學主編：《蕅益大師全集》第七冊（四川：巴蜀書社，2018 年），頁 449。

〔註 74〕〔唐〕荊溪湛然：《法華文句記》卷第五，《大正藏》第 34 冊，CBETA, T34, no1719, p. 0236b20。

〔註 75〕〔明〕蕅益智旭：〈八不道人傳〉《靈峰宗論》卷首，《蕅益大師全集》第十六冊（臺北：佛教出版社，2014 年），頁 10223。

〔註 76〕〔明〕蕅益智旭：〈復錢牧齋〉《靈峰宗論》卷五之二，《蕅益大師全集》第十七冊，頁 10999。

期做到能解得智旭文字之真意，不以自己之臆測來建構智旭之思想、修行及文學。

　　另外，在〈復錢牧齋〉書信中還見其言及晚明江西泰和的居士曾大奇所著《通翼》。又〈復錢牧齋〉信中智旭所言「宗鏡對畢，乞寄還山中」一事，應指智旭校定《宗鏡錄》一書。其於癸巳年（1653），五十五歲時閱《宗鏡錄》，「刪正法涌、永樂、法真諸人所纂雜說，引經論之誤，及歷來寫刻之偽。於三百六十餘問答，一一定大義，標其起盡」〔註77〕，而此校定《宗鏡錄》現已亡佚，從此信可知，當時是借予錢謙益。因智旭〈復錢牧齋〉信寫於五十六歲仲冬之後，且於五十七歲正月二十一日示寂，錢謙益是否依信中所求寄回此校定《宗鏡錄》於靈峰寺，已不可知。

　　由一封〈復錢牧齋〉書信，理出兩段歷史，可知智旭文本除文字般若還充滿史料寶藏，若能細讀，可研究之處實多。

二、各章節安排和論文大綱

　　在論文架構，本文分為六章，第壹章和第陸章分別為緒論及結論，以下分別介紹各章擬討論的內容大綱。

　　第壹章緒論，分為三節，第一節先以前人研究成果及研究問題的提出作為引導，提出首先以《靈峰宗論》為主題專文研究及本文研究目的。第二節說明研究材料和範圍之界定，以及對《宗論》做一完整研究之企圖。第三節說明採「問題導向」的研究進路，各別章節並以其他研究方法輔助，主要仍是以自身對智旭著作文本反復研讀所得，以及本文所構思之六點研究方法和思考角度，作為建構各章節之據。

　　第貳章蕅益智旭《靈峰宗論》，分三節，第一節《靈峰宗論》之輯成，先討論《宗論》所集七部稿集，再提出《西有寱餘》等四本文集是否成書及三個成書時間推論作深入分析。第二節《靈峰宗論》與《淨信堂初集》、《絕餘篇》，先就「有關成時所輯《靈峰宗論》之刪改問題」未了公案提出探討，在其他四本文集發現前，試圖以現有新事證來討論相關議題。本節以文獻研究法來整理並編製《靈峰宗論》與《淨信堂初集》、《絕餘篇》之對照比較表，再以比較法來處理研究文本之刪改問題和原稿相關問題考證，並說明由比較表所發現

〔註77〕〔明〕堅密成時：〈靈峰蕅益大師自傳〉《靈峰宗論》卷首，《蕅益大師全集》第十六冊（臺北：佛教出版社，2014 年），頁 10227。

之特點。第三節介紹《靈峰宗論》之架構,因《淨信堂初集》、《絕餘篇》二本文集原稿的新文本資料,在研究智旭的史料可以作些補充,所以先討論智旭與靈峰山之因緣,補年譜之闕,第二段再介紹《靈峰宗論》之架構及三篇補遺,並對「藕益」、「蕅益」之寫法提出分析。

第叁章以《靈峰宗論》探究智旭之思想,第一節就歷來對有關智旭「儒釋道三教合一、會通」等研究結論提出再反思,再探其觀點,第二節是探討智旭對禪淨修行法門之思想,第三節分析智旭發明之「介爾一念」。每一節都從研究過程得到新發現,且於第三節將佛法、學術和生活做連結,創造佛法和學術在研究之外的價值。

第肆章探討《靈峰宗論》蘊涵之修學法要,從中可再印證其思想,第一節分析智旭出生死成菩提之修行履踐,整理其歷境行解所得之歸家道路正見。第二節整理《宗論》談戒律之文稿,成「戒波羅蜜」法鑰。從所梳理智旭復興戒律之歷程,可明其從「復興戒律之志」,到直言「末世欲得淨戒,惟占察輪相之法」之轉折。第三節《宗論》之淨土祕藏指南,先探討「智旭與淨土」,第一段以新文本資料對一先賢研究論點提出再議,第二段所整理其「淨土因緣」,可了達智旭從「一意宗乘」到「一意西馳,冀乘本願輪,仗諸佛力,再來與拔」之因。最後提出六點「淨土行門之祕藏指南」。

第伍章從《靈峰宗論》初探智旭之文學藝術,第一節由智旭創作觀「心影說」,是可證明其創作觀與思想是一以貫之。第二節以「靈峰片石舊盟新——訪浙江北天目靈峰寺」之實物研究材料,先介紹「靈峰寺現存古物」,再以「智旭現存手跡」,對一篇現存法書提出疑竇,最後以「筆端三昧之感動」探究書法感動人心緣由。第三節是對智旭現存詩偈原稿作研究,從「用韻分析」、「韻目聲情統整」、「詩偈作品特殊之點」、「詩偈用韻密度高但卻未具易於傳播特質」等面向討論。第四節提出智旭以「以佛法為詩文」之文學特色。

第陸章結論,以補闕救殘、釐正學風和研究心印三節,分別說明本文之研究發現、研究特色與貢獻、研究限制及未來展望。

第貳章　智旭與《靈峰宗論》

聖嚴法師在《明末中國佛教之研究》以編製各種主題表格，來整理研究所得，尤其是在第貳章第三節之「智旭事蹟的地理研究」，對智旭行腳弘法生涯所經過之地理做古今地理考證，成為後人研究智旭之絕佳參考資料。爰本章第二節將以文獻研究法來整理《宗論》與《淨信堂初集》、《絕餘篇》等文本，並編製各種對照比較表，再以比較法來處理研究文本之刪改問題和原稿相關問題考證，並說明由各比較表所發現之特點。

歷來研究已不斷論述明末清初天崩地裂、改朝換代的政治局勢，而智旭生平也在每次研究中被重複敘述。而有關其所處時代背景，聖嚴法師《明末中國佛教之研究》整理甚詳，此不以專章贅言。

本文將以下列四種研究方式作為智旭生平、年譜補闕史料，不以專章介紹。先於本章第一節依傳記、《蕅益大師年譜》、著作及《靈峰宗論》反覆研讀後，就本文所研究之基調，作一略傳敘述，次於第三節探討智旭九次出入靈峰山行跡，並編製「九次出入靈峰行跡年表」。再於第肆章第二節和第三節以《淨信堂初集》、《絕餘編》所發現新史料，配合其釋論，重新梳理智旭持戒之志、及淨土因緣。

第一節　智旭略傳

蕅益智旭（1599～1655），[註1] 俗姓鍾，名際明、又名聲，字振之，法名

〔註1〕 本節有關蕅益大師生平內容及引文若出自〈八不道人傳〉者，為修潔註腳，不逐筆加註。〔明〕蕅益智旭：〈八不道人傳〉《靈峰宗論》卷首，《蕅益大師全集》第十六冊（臺北：佛教出版社，2014年），頁10219～10226。

智旭，自號蕅益（藕益）〔註2〕、西有，在早期文稿中多次自稱「素華」〔註3〕，晚年自傳號「八不道人」。著作曾署名或自稱方外史旭求寂、釋大朗、際明禪師、金閶逸史，在〈非時食戒十大益論〉，為隱合所撰文義而引「少欲知足行十二種頭陀行」〔註4〕之「杜多子」〔註5〕自稱。晚年則時常自稱或署名蕅益子、蕅益道人、蕅益沙門。生於明萬曆己亥年（1599）五月三日亥時，清順治乙未年（1655）年正月二十日，病復發，二十一日晨起病止，午刻趺坐繩床角，向西舉手而逝。〔註6〕世壽五十七，法臘三十四。天台宗後世子孫尊智旭為天台宗第三十一祖，而淨土宗後代弟子則尊其為淨土九祖。

智旭自七歲開始茹素，十二歲時開始跟著師傅學儒，即以「千古道脈為任」，形容當時的自己是「囂囂自得」，並開葷喝酒，作數十篇闢異端之論。十七歲時讀雲棲袾宏所著〈自知錄序〉及《竹窗隨筆》，乃不謗佛，並取所著闢佛論焚之。二十歲因疑「天下歸仁」之語，便苦參力討，廢寢忘餐三晝夜之後，忽然大悟，「頓見孔顏心學」。是年冬十一月初五日喪父，因聞《地藏菩薩本願功德經》，發出世之心。二十二歲開始專志念佛，盡焚二千餘稿。二十三歲因聽《大佛頂萬行首楞嚴經》謂「世界在空，空生大覺」，遂疑「何故有此大覺」，後「決意出家，體究大事」。同年七月三十日，以署名大朗優婆塞撰〈四十八願〉願文。〔註7〕

其二十四歲從憨山德清門人雪嶺峻師剃度，二十五歲坐禪徑山，至夏季，

〔註2〕有關「蕅益」、「藕益」的寫法，在本文第貳章第三節之「2、『藕益』、『蕅益』之辨」探討。

〔註3〕最早見於〈寄文學沈九申〉。〔明〕蕅益智旭：〈寄文學沈九申〉《淨信堂初集》卷六，明學主編：《蕅益大師全集》第七冊（四川：巴蜀書社，2018 年），頁435。

〔註4〕《梵網經合註》卷第六：「頭陀，或云杜多。此翻科撤，有十二法，皆是遠離勝行，聖所稱歎。一在阿蘭若處，二常行乞食，三次第乞食，四受一食法，五節量食，六中後不飲果蜜等漿，七糞掃衣，八但三衣，九塚間住，十樹下止，十一露地坐，十二但坐不臥」。〔明〕蕅益智旭《梵網經合註》卷第六，《蕅益大師全集》第十一冊（臺北：佛教出版社，2014 年），頁 7568～7569。

〔註5〕見於〈非時食戒十大益論〉。〔明〕蕅益智旭：〈非時食戒十大益論〉《淨信堂初集》卷四，明學主編：《蕅益大師全集》第七冊（四川：巴蜀書社，2018 年），頁 371。

〔註6〕〔明末清初〕堅密成時：〈靈峰蕅益大師自傳附記〉《靈峰宗論》卷首，《蕅益大師全集》第十六冊（臺北：佛教出版社，2014 年），頁 10229。

〔註7〕本段引自《蕅益大師年譜》所載。弘一演音：《蕅益大師年譜》，明學主編：《蕅益大師全集》第十冊（四川：巴蜀書社，2018 年），頁 48～49。

「逼拶功極，身心世界忽皆消殞」。他於徑山大悟時自思「解發非為聖證，故絕不語一人」，其自認此悟僅為解文字之縛，尚未絕生死後有，是以，在當時決定暫不告訴他人此事。之後行腳閱藏著述弘法，善自保任，直至約四十歲時，才第一次在文章中自言得「名字即佛位中一隻清淨肉眼」〔註8〕。

他自述出家後「一心參究宗乘」〔註9〕，在三十一歲時，因送惺谷至博山無異禪師處薙髮，隨無異禪師至金陵，盤桓百有十日，而使其盡諳宗門近時流弊，乃決意宏律法。智旭弘律目的是因「深痛末世禪病」，方「一意研窮教眼，用補其偏」〔註10〕。所謂「末世禪病」即近世禪者「絕無正知見，非在多知見；在不尊重波羅提木叉，非在著戒相也」，〔註11〕故而他當時即「抹倒禪之一字」，開始遍閱藏經著述，力以「戒」和「教」匡救佛之正法。

據智旭在五十六歲所作〈閱藏畢願文〉記載，為閱藏著述，凡歷「龍居、九華、漳州、泉州、祖堂、石城、長水、靈峰八處，方獲竣事」〔註12〕，其閱藏著述是為匡救末世禪病無正知見之偏，並在復興戒律之初，是以志求「五比丘如法同住」〔註13〕復興正法。而為接眾弘法，其行跡遍及福建以北，經歷浙江、江西、江蘇、安徽等五個省的四十多處地方和寺院，一意完成著述研究教、律以弘正法之願，並隨眾生所請而演法。〔註14〕

因其出家時本趣向禪宗，後「因幾番逼拶，每至工夫將得力時，必被障緣侵擾。因思佛滅度後，以戒為師」〔註15〕，已開始注意戒律。但，當時他

〔註8〕〔明〕蕅益智旭：〈復陳旻昭〉《絕餘編》卷三，明學主編：《蕅益大師全集》第七冊（四川：巴蜀書社，2018年），頁561。

〔註9〕〔明〕蕅益智旭：〈退戒緣起並囑語〉《淨信堂初集》卷五，明學主編：《蕅益大師全集》第七冊（四川：巴蜀書社，2018年），頁385。

〔註10〕〔明〕蕅益智旭：〈大佛頂經玄文後自序〉《大佛頂萬行首楞嚴經玄義》，《蕅益大師全集》第七冊（臺北：佛教出版社，2014年），頁4864。

〔註11〕〔明末清初〕堅密成時：〈靈峰蕅益大師宗論序說（有小引）〉《靈峰宗論》卷首，頁10201～10202。

〔註12〕〔明〕蕅益智旭：〈閱藏畢願文（甲午九月初一日）〉《靈峰宗論》卷六之二，《蕅益大師全集》第十七冊（臺北：佛教出版社，2014年），頁10378。

〔註13〕〔明〕蕅益智旭：〈退戒緣起并囑語〉《淨信堂初集》卷五，明學主編：《蕅益大師全集》第七冊（四川：巴蜀書社，2018年），頁385～387。

〔註14〕依聖嚴法師在《明末中國佛教之研究》第貳章第三節「智旭事蹟地理研究」之研究結論。聖嚴法師著，釋會靖譯：《明末中國佛教之研究》（台北：法鼓文化，2018年），頁205～218。

〔註15〕〔明〕蕅益智旭：〈退戒緣起并囑語〉《淨信堂初集》卷五，明學主編：《蕅益大師全集》第七冊（四川：巴蜀書社，2018年），頁385。

還不知道何為如法受戒，僅知雲棲袾宏於當代曾復興戒律，所以在天啟甲子年（1624），二十五歲時遂至五雲山向雲棲和尚像前，頂受四分戒本，二十六歲重到雲棲寺受菩薩戒。

而有關他復興戒律學之志，係緣於二十七歲時在古吳承天寺第一次閱律藏一遍，方知舉世在律學之積偽，便以四十天的時間錄出百餘紙《毘尼事義要略》一本。復於崇禎戊辰年（1628），於三十歲住龍居第二次閱律藏，始成《毘尼事義集要》四本。在三十一歲復結制龍居時，第三次閱律一遍，錄成《毘尼事義集要》六冊十八卷。智旭早年求「五比丘如法共住」之志，除閱律藏三遍輯成《毘尼事義集要》，結毘尼律社，並分多次細講此經。

而他在三次閱律藏後，始知受戒何謂如法不如法。復因種種因緣〔註16〕，故在崇禎癸酉年（1633），三十五歲結夏金庭西湖寺，於自恣日拈退休之鬮，拈得菩薩沙彌鬮，退作菩薩沙彌。又於崇禎乙亥年（1635）冬，三十七歲時，因復律之志終不伸，遂撰〈退戒緣起並囑語〉，言「追思出家初志，分毫未酬。數年苦心，亦付唐喪。進不利他，退失自利」，該文囑將手書《毘尼事義書集要》全帙及居士陳旻昭所購「法門嬰杵」印章，謹付徹因海比丘，「決志行頓，畢此殘生」，崇禎丙子年（1636）春乃遁隱入九華山。〔註17〕

雖然智旭言「末運決難挽回，正法決難久住」〔註18〕，讓他復興戒律之志，終成懸想。但此遺憾，他仍將究心毘尼之心，奮力的轉而為末法眾生，另外找到一個得淨戒之法：「予念末世，欲得淨戒，捨占察輪相之法，更無別塗」〔註19〕，故於清順治庚寅年（1650）五十二歲時，以十四日在靈峰山完成占察疏。

智旭曾言「每痛末世狂禪，鳥空鼠即，不惟撥無淨土，亦乃謗讟宗風」〔註20〕、「末世狂禪，罕知教典。依文解義法師，又無真正手眼，鼠唧鳥空，徧於寰宇」〔註21〕，遂立志閱藏著述以「戒」和「教」匡救時弊。他在二十

〔註16〕此中因緣，在本文第肆章第二節「《靈峰宗論》之戒波羅蜜」有深入分析。
〔註17〕本段未另外加註之引文皆自〈退戒緣起并囑語〉，為修潔註腳，不逐筆加註。
　　　　〔明〕蕅益智旭：〈退戒緣起并囑語〉《淨信堂初集》卷五，頁385～387。
〔註18〕〔明〕蕅益智旭：〈退戒緣起并囑語〉《淨信堂初集》卷五，頁385～387。
〔註19〕〔明〕蕅益智旭：〈占察疏自跋〉《占察善惡業報經疏》，《蕅益大師全集》第四冊（臺北：佛教出版社，2014年），頁2670。
〔註20〕〔明〕蕅益智旭：〈刻淨土懺序〉《淨信堂初集》卷五，頁394。
〔註21〕〔明〕蕅益智旭：〈與王季延〉《靈峰宗論》卷五之二，《蕅益大師全集》第十七冊（臺北：佛教出版社，2014年），頁10964～10965。

多年來一意宗乘閱藏著述，遊歷弘法的努力後，卻於五十歲時對弟子成時曰：「吾昔年念念思復比丘戒法，邇年念念求西方耳」。因其發現力以「戒」和「教」匡救佛之正法而不可得，惟有依「一意西馳，冀乘本願輪，仗諸佛力，再來與拔」〔註22〕之普備三根圓頓淨土法門，往生西方成佛後，仗此佛力再回來度拔眾生。

他復於清順治甲午年（1654）五十六歲時，於〈寄錢牧齋〉信中直言二十餘年「研窮教眼」匡教佛之正法的自己為「具縛凡夫」，一生「損己利人，人未必利，己之受害如此」：

> 今夏兩番大病垂死，季秋閱藏方竟。仲冬一病，更甚，七晝夜不能坐臥。不能飲食，不可療治，無術分解，唯痛哭稱佛菩薩名字，求生淨土而已。具縛凡夫，損己利人，人未必利，己之受害如此。平日實唯在心性上用力，尚不得力，況僅從文字上用力者哉。出生死成菩提，殊非易事。非丈室，誰知此實語也。〔註23〕

從二十八歲到五十七歲正月二十一日示寂，智旭沒有患病的紀錄，大約只有十三年。〔註24〕而在甲午年仲冬一病則為「不可療治，無術分解，唯痛哭稱佛菩薩名字，求生淨土而已」。此番垂死大病之言，智旭是為眾生示現，「出生死成菩提，殊非易事」。而對色身病痛的無法可解和無能為力而感痛苦萬分，會讓人幾失正念，當下唯有仗念佛之力。

他從先前認為，著述弘法可以讓法界眾生閱聽其著述講演能「一時成佛，直下相應」〔註25〕，冀此能匡救佛之正法。然，二十多忘身為法致力弘教興律後，卻發現此法決不可得，遂「一意西馳」，期能在無量光壽之西方淨土成佛後，乘本願輪，仗諸佛力，再來與拔眾生。

從上述這段轉變，筆者所看到的是，五十七歲臨終正念分明，「趺坐繩床

〔註22〕〔明〕成時：〈靈峰蕅益大師宗論序說（有小引）〉《靈峰宗論》卷首，頁10201～10202。

〔註23〕〔明〕蕅益智旭：〈寄錢牧齋〉《靈峰宗論》卷五之二，《蕅益大師全集》第十七冊（臺北：佛教出版社，2014年），頁10964～10965。

〔註24〕有關「智旭沒有患病的紀錄，大約只有十三年」是聖嚴法師在《明末中國佛教之研究》第參章第五節第四段「智旭的疾病及其罪報感」研究結論。聖嚴法師著，釋會靖譯：《明末中國佛教之研究》（台北：法鼓文化，2018年），頁359。

〔註25〕〔明〕成時：〈靈峰蕅益大師宗論序說（有小引）〉《靈峰宗論》卷首，《蕅益大師全集》第十六冊（臺北：佛教出版社，2014年），頁10201～10202。

角，向西舉手而逝」的智旭，數十年來為法忘軀，以「損己利人」之大願窮研教理著述，即使眾生難度，但為度眾生出生死成菩提之志，到最後還願意以垂死大病示現的大菩提心。

　　對於智旭的大菩提心，在清雍正癸卯年（1723，即日本享保八年）孟春，日本京都《靈峰宗論》重刊版，老苾芻光謙為之所作序有云：

> 昔嘗讀靈峰藕益大師所著諸書，見其學之兼通博涉，其行之苦急嚴峻，因竊自歎雖荊谿、四明大祖師幾不及也。……古人有言曰，讀孔明出師表而不墮淚者，其人必不忠。讀令伯陳情表而不墮淚者，其人必不孝。讀退之祭十二郎文而不墮淚者，其人必不友。余亦嘗言讀蕅益宗論而不墮血淚者，其人必無菩提心。〔註26〕

光謙法師在序言對智旭的大菩提心所下的註解為「讀蕅益宗論而不墮血淚者，其人必無菩提心」，實為真語。細觀智旭以一己之力面對明末佛教邪說熾燃之世，他曾痛心而言「法門之衰，如大廈將傾，非一木所支，故數年以來，惟恃道友為命脈，而眾生習氣各有偏重，亦復不能如水乳合。興言及此，惟有血淚橫流而已」〔註27〕。智旭以一己之力著述弘法，仍有極親近且視為相知之道友以名利見疑於他，所以，曾數度誓以埋此骨隱於深山。

　　但因其心心念念能以自身所得「名字即佛位中一隻清淨肉眼」〔註28〕，能傳得一人。故而，他還是一再出山弘法畢其志。是以，其自言一生出家行腳是「行苦且長」，正如光謙法師所言智旭之行「苦急嚴峻」，其學「兼通博涉」，且閱藏著述宏富。有關經論疏解，智旭曾提出以下見解：

> 古人疏解經論，必為發其幽微、示其指歸、出其綱要、明其修法。故隨依一典，便可了當生死，上弘下化。後世病其繁而廢棄焉，雖似善於變通，實大傷於教眼。如五霸尊周，周益受削。嗚呼！攀枝忘幹，罪元不在先賢，因噎廢飯，訓豈可遺後裔。〔註29〕

他認為，古人註釋經論，必定為發其幽微真義、述其指歸宗旨、指出綱要、說

〔註26〕弘一演音：《蕅益大師年譜》，明學主編：《蕅益大師全集》第十冊（四川：巴蜀書社，2018年），頁68。

〔註27〕〔明〕蕅益智旭：〈復陳旻昭〉《絕餘編》卷三，明學主編：《蕅益大師全集》第七冊（四川：巴蜀書社，2018年），頁560～561。

〔註28〕〔明〕蕅益智旭：〈復陳旻昭〉《絕餘編》卷三，頁561。

〔註29〕〔明〕蕅益智旭：《梵室偶談》第四十條，明學主編：《蕅益大師全集》第九冊（四川：巴蜀書社，2018年），頁365。

明修行的方法。若能如此疏解經論，則修行人不論依止那一種經典釋論修持
實踐，都可以達到出生死成菩提之目的，而且於現世可做到上弘佛法、下化
眾生之目的。

　　不過，後世對古人註釋詳細認為是缺點而廢棄教理，但自身又無證得正
眼法藏，對各宗派接引之法的說解，看似隨機變通，但卻是已遠離教理本旨。
智旭在文稿中多以「五霸尊周，周益受削」之例來比喻當代佛門「攀枝忘幹」、
「因噎廢飯」之不重教義流弊，以及「壞法門者，皆由於撐法門人」〔註30〕
之禍患。

　　智旭自稱是「以孤孽之身，漫抱嬰杵之任」〔註31〕，一生致力閱藏、修
持行證，以其「名字位中真佛眼」之知見著述，欲開示眾生悟入佛之知見，雖
於有生之年，最後難挽正法衰頹狂瀾，但，其著作流傳至今，影響後世不衰。
對於他一意傳佛正法要眾生了知「出生死成菩提」之大事，但，因眾生各自
習性差別，所憂不同，選擇各別之情形，其言：

> 身有病，則知憂。家不給，則知憂。時年不熟，則知憂。方隅不靖，
> 則知憂。獨于大事未了，則不憂。佛法將漸，則不憂。眾生業重，
> 則不憂。或雖憂，而不知所以憂，或復培增其可憂。噫！憂寧有已
> 時也。〔註32〕

引文之意是，人們多是憂心現下所見問題，在逆境生怨憤，欲急脫離，對順
境則生愛欲想永遠如此。若有人因外境刺激而起了生死大事成佛之念，卻有
可能「不知所以憂」的真正原因，或遇邊見邪見、或遇正法如盲不聞，無法應
病與藥解憂，反而倍增煩憂，最後無法得究竟了義正法，只能讓此憂在長劫
輪迴中無有停止之時。

　　從現在所居之此岸，要到成佛彼岸，其間有「中流」〔註33〕，這「中流」
就是「憂」，也就是煩惱，如何度過煩惱中流到彼岸，則須要「般若」。一般人

〔註30〕〔明〕蕅益智旭：〈復陳旻昭〉《絕餘編》卷三，明學主編：《蕅益大師全集》
　　　　第七冊（四川：巴蜀書社，2018 年），頁 561。
〔註31〕〔明〕蕅益智旭：〈又寄陳旻昭〉《絕餘編》卷三，頁 563。
〔註32〕〔明〕蕅益智旭：《梵室偶談》第二十三條，明學主編：《蕅益大師全集》第
　　　　九冊（四川：巴蜀書社，2018 年），頁 362。
〔註33〕〔後秦〕釋僧肇選：《注維摩詰經》卷第九「：不此岸，不彼岸，不中流。生
　　　　曰：此岸者生死也，彼岸者涅槃也，中流者結使也。」《大正藏》第 38 冊，
　　　　CBETA, T38, no1775, p. 0410c23。

學習般若要立即明白般若實相本體是幾乎不可能的，前已述真如之心的「般若」可以一解為三：文字般若、觀照般若、實相般若。讀經聞法得解悟，是得文字般若，須要依此理論而實踐，意即學佛就是在文字般若的解悟後用「觀照」般若，在一切日用中，去觀行、覺照自心，最後證得的就是實相般若，「實相」就是真如、佛性，一法異名而已。對於「佛性」之一法異名，智旭在著述是隨手拈來的援用，在本文第叁章將依其著作整理。

　　就上述智旭略傳，以及其對疏解經論之見解，爰本文研究之基調是：探究智旭一生以大菩提心示現信、解、行、證之修持和著述，以智旭文本來研究其從實相般若所流露出來的「開示眾生悟入佛之知見，助眾生了生死成佛之大事」文字般若之思想、行持。

第二節　《靈峰宗論》之輯成

　　智旭示寂後，其弟子堅密成時輯《靈峰蕅益大師宗論》，於〈宗論序〉作了編纂說明：

> 諸疏外稾有七部，今輯為全書，以文為類。原在稾外別行者，亦
> 以次收入。按三藏，凡高僧撰述，悉入阿毗曇論藏，而有二種：
> 專釋一經者，曰釋論；橥宗十二部經，自成名句文者，曰宗論。
> 今以釋論收靈峰諸疏，而七部稾總以宗論收之，合十大卷，分三
> 十八子卷。〔註34〕

成時將智旭的著作分為兩類：諸經疏收入「釋論」，諸疏外 7 種稿集及稿外別行的單行本著作，依時之先後次序編入《宗論》。成時並未說明七部稿集及稿外別行的單行本著作的名稱，有關稿外別行的單行本著作，聖嚴法師在《明末中國佛教之研究》中提出是依成書時間順序分別為《梵室偶談》、《性學開蒙》、《蕅益三頌》、《淨信堂答問》（亡佚）等四本，歷來並無疑義。而七部稿集，智旭在著述中說明了所輯文集的名稱，整理為列表：

〔註34〕〔明〕成時：〈靈峰蕅益大師宗論序〉《靈峰宗論》卷首，《蕅益大師全集》（臺北：佛教出版社，2014 年），頁 10197。

【表二】《靈峰宗論》序、跋中所載七本文集名稱整理表

集書順序	集書紀年	集書年齡	集書資料出處								備註
			〈淨信堂初集自序〉、〈西有寱餘自序〉	〈絕餘編自序〉、〈西有寱餘自序〉	〈閩遊集自序〉、〈西有寱餘自序〉	〈淨信堂續集自序〉、〈西有寱餘自序〉	〈西有寱餘自序〉	〈西有寱餘自跋〉	〈幻遊襍集自序〉	〈幻住襍編自序〉	
1	丙子春前	38	《淨信堂初集》								1、序末有「崇禎壬午仲夏蕅益道人智旭書」 2、始未出家一二殘槀，止丙子入山（九華山）前之稿
2	戊寅秋前	40		《絕餘編》							序末為「崇禎壬午仲夏蕅益道人智旭書於吳興之鐵佛觀堂」
3	壬午夏前	44			《閩遊集》						亡佚
4	丁亥冬	49				《淨信堂續集》					1、亡佚 2、從壬午夏迄丁亥冬，結為淨信堂續集。因未完閱藏著述之願，姑未戒筆云。
5	戊子孟春	50					《西有寱餘》				亡佚
5	壬辰秋	54						輯《西有寱餘》完稿			亡佚
6	甲午春	56							《幻遊襍集》		1、亡佚 2、唯今春筆墨汙漫，而存槀十不及三。既臥藏堂，偶一簡視，不滿四十紙。故不

											復分門別類，唯依時之先後以為次第，名幻遊襍集云
7	甲午冬	56								《幻住襍編》	亡佚

　　上表所列七種文集，現存只有二種：天津圖書館《孤本秘籍叢書》第十三冊「集部」所收《淨信堂初集》，版本為「明崇禎間十五年釋普滋等刻本」，以及《絕餘編》。〈淨信堂初集序〉，序末有「崇禎壬午仲夏蕅益道人智旭書」；〈絕餘編序〉，序末題「崇禎壬午仲夏蕅益道人智旭書於吳興之鐵佛觀堂」。就上表所列文集，本節將分別討論七部稿集為何，並以前賢歷來研究成果，提出一些新的推論，最後就明崇禎間十五年釋普滋等刻本《淨信堂初集》及其他輯佚做一說明。

一、有關《宗論》所集七部稿集

　　對於《宗論》所集七部稿集，在弘一大師所撰《蕅益大師年譜》，可看到七本文集名稱：《淨信堂初集》、《絕餘編》、《閩遊集》、《淨居堂續集》、《西有寱餘》、《續西有寱餘》和《幻住襍編》。而聖嚴法師在《明末中國佛教之研究》則認為是《淨信堂初集》、《絕餘編》、《閩遊集》、《淨信堂續集》、《西有寱餘》、《西有寱餘續編》、《幻遊襍集》，並推論其原因為，「可能是智旭在編成其最後的遺作──《幻住襍編》後，不久即示寂，因而未能出版，以致成時未及見此既成的文集。」

　　另外，邱高興及張忠英在〈《靈峰宗論》稿本問題略論〉論文中以「唯獨《西有寱餘續編》找不到對應的篇名及序跋文」，以及「〈西有寱餘自跋〉文中所言『縱有啼笑，不容復續此編。』似乎否定作續編的可能性」，〔註35〕這兩點論證七部稿集為《淨信堂初集》、《絕餘編》、《閩遊集》、《西有寱餘》、《幻遊襍集》和《幻住襍編》。

　　在閱讀相關文本資料後，本文亦推論《宗論》所集之七部稿集為《淨信堂初集》、《絕餘編》、《閩遊集》、《西有寱餘》、《幻遊襍集》和《幻住襍編》。推論理由除有邱、張二人〈《靈峰宗論》稿本問題略論〉一文所提兩點證論證，

〔註35〕邱高興、張忠英：〈蕅益智旭《靈峰宗論》的成書與刪改考辨〉，《浙江社會科學》第 6 期（2014 年 6 月），頁 112～127。

本文再補充二論證：

（一）第一個論證

因智旭在自輯《淨信堂初集》和《淨信堂續集》二本文集，有「續集命名」及「續集序」之前例，且於〈西有寱餘自跋〉中明言「不容復續此編」，綜上二個原因，本文推論應是《西有寱餘》不再有續編。

（二）第二個論證

依現存二本文集《淨信堂初集》和《絕餘編》之書前自序，在《宗論》均收有〈淨信堂初集自序〉及〈絕餘編自序〉，以此推論，其他亡佚文集亦應有書前序或書後跋。惟《宗論》所收文集序或跋係為〈淨信堂初集自序〉、〈絕餘編自序〉、〈閩遊集自序〉、〈淨信堂續集自序〉、〈西有寱餘自序〉、〈西有寱餘自跋〉、〈幻遊襍集〉和〈幻住襍編〉，並未收有〈西有寱餘續編〉或〈續西有寱餘〉相關書序或跋。

綜上理由，本文推論《宗論》所集之七部稿集應為《淨信堂初集》、《絕餘編》、《閩遊集》、《西有寱餘》、《幻遊襍集》和《幻住襍編》。

二、《西有寱餘》等文集是否成書及成書時間推論

有關《宗論》所集七部稿集，由本身文集自序和〈西有寱餘自序〉的雙重文本記載，《淨信堂初集》、《絕餘編》、《閩遊集》、《淨信堂續集》這四本文集的成書年代和名稱是沒有疑問的。但，《西有寱餘》、《西有寱餘續編》（或稱《續西有寱餘》）、《幻遊襍集》和《幻住襍編》等四本文集是否成書及集（成）書年代，則有不同的說法，整理表列如下：

【表三】四本文集是否成書及集（成）書年代不同說法整理表

文集	集、成書年代				文集之序跋內容略引
	弘一大師〈蕅益大師年譜〉	聖嚴法師《明末中國佛教之研究》	邱高興、張忠英〈《靈峰宗論》稿本問題略論〉	本文推論	
《西有寱餘》	戊子，五十歲「是冬自輯西有寱餘」	50歲，《西有寱餘》成書	戊子（順治五年，1648，五十歲）孟春前成書	自戊子孟春，始集《西有寱餘》文稿，為利人大願續集文稿	〈西有寱餘自序〉節略：生平著作，自丙子春前，裒為淨信堂初集；戊寅秋前，裒為絕餘編；壬午夏前，裒為閩遊集；丁亥冬前，裒為淨信堂續集；

					皆囈言也。戊子孟春，寓滿華陽。凡筆興所至，隨付侍者存之，名曰西有囈餘。百世而後，有不寐者，未始不旦暮遇之也。
《西有囈餘續編》（或稱《續西有囈餘》）	壬辰，五十四歲「秋，輯續西有囈餘」	54歲，《西有囈餘續編》成書	無《西有囈餘續編》（或稱《續西有囈餘》）	1、無《西有囈餘續編》（或稱《續西有囈餘》） 2、壬辰秋，續集《西有囈餘》文稿成書	〈西有囈餘自跋〉戊子幻寓葉園，名漫橐為西有囈餘。蓋雖念念思歸樂土，而利人之夢仍未忘也。已丑秋，歸臥靈峰。庚寅冬辛卯夏，復鼓脣祖堂長千兩地。逮壬辰秋，波旬效力，助破夢中利人之想。萍漂吳水，梗泛吳波。囈語從此息矣，此後如孤雲野鳥。雖同在無明長夜中，別是一番幻夢。縱有啼笑，不容復續此編。
《幻遊襍集》	無記載	56歲	甲午年（順治十一年，1654，五十六歲）春前成書	甲午春，集不滿四十紙之文稿為《幻遊襍集》	〈幻遊襍集自序〉癸巳之春，單丁行腳。戒子堅蜜，邀入新安結夏。冬於歙浦，覽湯泉白嶽之勝，於深秋。甲午春，從武林菰城，而入靈峰。屈指市一歲中，大半禁絕應酬。唯今春筆墨汗漫，而存橐十不及三。既臥藏堂，偶一簡視，不滿四十紙。故不復分門別類，唯依時之先後以為次第，名幻遊襍集云。
《幻住襍編》	甲午，五十六歲「二月後襃灑日，還靈峰。自輯幻住雜編」	57歲	乙未年（順治十二年，1655，五十七歲）成書	推論甲午春後至甲午冬，集「偶有所述」名《幻住襍編》	〈幻住襍編自序〉憶自辛未冬初，入靈峰，今閱二十四載矣。幻緣不定，出入多番。僅於此結辛未冬、壬申夏、癸未夏、甲申冬、己丑冬、庚寅夏耳。癸酉甲申之春，及辛卯冬，皆暫入旋出，席不暇煖，不亦深負山靈也乎。甲午仲春晦日，從新安歸，始克痛謝他緣，畢志安臥。客歲名幻遊，今應名為幻住也。偶有所述，名幻住襍編。

以下就《西有寱餘》等四本文集是否成書及三個成書時間，整理相關文本作以下推論：

（一）推論自戊子孟春，始集《西有寱餘》文稿

〈西有寱餘自序〉對前四本文集是用「裒為」《淨信堂初集》、《絕餘編》、《閩遊集》、《淨信堂續集》。「裒」有「聚集」之意。弘一法師在〈蕅益大師年譜〉對智旭自輯文集都是用「輯」字，「輯」當動詞是「蒐錄後整理」的意思。不論在大師文集和年譜，放在文集之前的「裒」和「輯」，都有收錄文稿結集成書之意。

另外，在智旭之釋論自序，可看到開始著述日，會先寫自序敘明注經緣由，而在著述完成後，若之前無自序者會加上後序或跋，若已有自序則不一定。是以，在自輯文稿成集時之序，或是文稿已收畢可成集，或有可能只是先寫文集序，為文集先命名並敘說開始輯稿因緣。爰本文推論自戊子孟春，並非《西有寱餘》已自輯成書，而是開始收集《西有寱餘》之文稿。

本段推論之論證所提第二個理由是「不到一、二月的時間，文稿數量是否得結集為《西有寱餘》，不無疑問」。爰在此先整理《淨信堂初集》、《絕餘編》、《閩遊集》、《淨信堂續集》所集文稿年數表，從整理表可看到，這前四本文集所集文稿年數均超過 1 年以上，而且是直接集現有所存文稿而直接成書，並在成書時寫序命名。

【表四】《淨信堂初集》、《絕餘編》、《閩遊集》、《淨信堂續集》所集文稿年數

集書順序	集、成書紀年	集、成書年齡	集書資料出處					集書文稿年數
			〈淨信堂初集自序〉、〈西有寱餘自序〉	〈絕餘編自序〉、〈西有寱餘自序〉	〈閩遊集自序〉、〈西有寱餘自序〉	〈淨信堂續集自序〉、〈西有寱餘自序〉	〈西有寱餘自序〉	
1	丙子春前	38	《淨信堂初集》					「始未出家一二殘棗，止丙子入山（九華山）前之稿」，師壬戌年一月，24 歲出家，所集文稿年數超過 13 年以上

2	戊寅秋前	40		《絕餘編》			「丙子春乃遁，塗中大病，逗留九華，哀禱地藏本師，仍得閱藏著述之決」，丙子春入山後至戊寅秋前，所集文稿年數約2年餘
3	壬午夏前	44			《閩遊集》		「戊寅秋，踐吾友帝師之約，幻遊閩南」，戊寅秋至壬午夏前，所集文稿年數約3年餘
4	丁亥冬	49				《淨信堂續集》	「從壬午夏迄丁亥冬，結為淨信堂續集。因未完閱藏著述之願，姑未戒筆云」，從壬午夏迄丁亥冬，所集文稿年數約5年餘

　　從上表看到《淨信堂續集》所結集文稿期間是「從壬午夏迄丁亥冬」，復依〈西有寱餘自序〉所記「戊子孟春，寓滿華陰。凡筆興所至，隨付侍者存之，名曰西有寱餘」，「丁亥冬」之文稿已結集，而緊接著次年「戊子孟春」才剛開始，不到一、二月的時間，文稿數量是否得結集為《西有寱餘》，不無疑問。

　　當然，文稿數量並非是有否成書之絕對因素，量少而質精也可以成書，在〈幻遊襍集自序〉就直接說明成書經過是「唯今春筆墨汙漫，而存槀十不及三。既臥藏堂，偶一簡視，不滿四十紙。故不復分門別類，唯依時之先後以為次第，名幻遊襍集云」〔註36〕，故而，《幻遊襍集》是「集不滿四十紙」數量之文稿而成書。但在《西有寱餘》中並未如〈幻遊襍集自序〉直接言明輯多少文稿成集，僅在〈西有寱餘自序〉記載「凡筆興所至，隨付侍者存之，名曰西有寱餘」，是故，《西有寱餘》對於收集文稿方式是「凡筆興所至，隨付侍者存之」，這是第三個論證。

　　第四個論證是，輯《西有寱餘》是為了在〈西有寱餘自序〉所言之利人大願。

　　智旭在丁亥年九月，四十九歲時述《佛說阿彌陀經要解》，自題「西有沙

〔註36〕〔明〕蕅益智旭：〈幻遊襍集自序〉《靈峰宗論》卷五之三，《蕅益大師全集》第十七冊（臺北：佛教出版社，2014年），頁11219。

門蕅益智旭解」，年譜中亦記載「（錄者註）大師一號『西有』」，另外在〈西有
寱餘自序〉詳述了此文集命名之大願為：

> 楚石大師示寂，謂夢堂曰：「我去也。」堂曰：「何處去？」曰：「西
> 方去。」堂曰：「西方有佛，東無佛邪？」師震威一喝而逝。予愧無
> 楚師之德，切有楚師之志。然四十九年之非，悔已無及。今年五十，
> 猶寱言不止，不亦可哀邪。莊生云：「且有大覺，而後知此其大夢
> 也」。既未大覺，寧免夢語。大佛頂經云：「譬如有人，熟寐寱言，
> 是人雖則別無所知，其言已成音韻倫次，令不寐者，咸悟其語。」
> 予殆似之。〔註37〕

元末明初楚石梵琦禪師（1296～1370），徑山無叟行端禪師之法嗣，著有《西
齋淨土詩》。雲棲袾宏讚其：「本朝第一流宗師，無尚於楚石矣。築石室匾曰
西齋，自號禪人。而淺視淨土者，可以深長思也」〔註38〕。智旭亦作〈西齋
淨土詩贊〉曰：「稽首楚石大導師，即是阿彌陀正覺。以茲微妙勝伽陀，令我
讀誦當參學。」〔註39〕是以，智旭自謙「無楚師之德」，但切有楚師往生西方
之志，故他又號「西有」，以名「西方淨土確有」。

　　序中又自言四十九年來究心宗乘著述，未能專志念佛之非，復自嘆今已
五十歲仍寱言不止，並謙稱生平著作自《淨信堂初集》至《淨信堂續集》等四
本文集之言皆為「寱言」。智旭一意宗乘不為名利而是全為眾生，且與在家眾
交遊也是當佛事而非以俗事應酬，在他來往文稿及書信所記人名，多非史傳
有名之法師或官宦士子，於〈復卓左車〉信中即堅辭會晤卓左車宗伯葉公，
謹囑以應堅信正法。由此種種，可見其出家之志。

　　他復又引《莊子·內篇》〈齊物論〉「覺而後知其夢也。且有大覺，而後知
此其大夢也」〔註40〕，解「寱言」為大覺後知其為「夢語」。並以《大佛頂萬
行首楞嚴經》之言說明雖然為文有如夢中說夢話，但卻似「有人熟寐寱言，
是人雖則別無所知，其言已成音韻倫次」，來說明這些文稿雖稱為夢話，但實

〔註37〕〔明〕蕅益智旭：〈西有寱餘自序〉《靈峰宗論》卷六之四，《蕅益大師全集》
　　　　第十七冊（臺北：佛教出版社，2014年），頁11218～11219。
〔註38〕〔清〕釋濟能輯：《角虎集》卷上，CBETA, X62, 卍, 新續藏第62冊, no1177,
　　　　p. 0191a09。
〔註39〕〔明〕蕅益智旭：〈西齋淨土詩贊〉《靈峰宗論》卷九之四，《蕅益大師全集》
　　　　第十八冊（臺北：佛教出版社，2014年），頁11599。
〔註40〕黃錦鋐注譯：〈齊物論〉《新譯莊子讀本》（臺北：三民書局，2003年），頁22。

所言是佛之正法，故名曰「西有寱餘」，目的是為「百世而後，有不寐者，未始不旦暮遇之也」之利人大願。

綜上原由，本文推論自戊子孟春，始集《西有寱餘》文稿，且為利人大願續集文稿。

（二）推論壬辰秋，集《西有寱餘》成書

編輯者成時在〈靈峰蕅益大師宗論序說〉有言「而發明介爾一念，在續集、寱餘尤詳。鼓兩片皮既久，唯覺此話，大神至明也」〔註41〕，除了提到《淨信堂續集》和《西有寱餘》兩本文集，內容所言「鼓兩片皮既久」，和〈西有寱餘自跋〉所載「庚寅冬辛卯夏，復鼓脣祖堂長干兩地」所言行腳演法之意有異曲同工。〈西有寱餘自跋〉記載：

> 戊子幻寓葉園，名漫彙為西有寱餘。蓋雖念念思歸樂土，而利人之
> 夢仍未忘也。已丑秋，歸臥靈峰。庚寅冬辛卯夏，復鼓脣祖堂長干
> 兩地。逮壬辰秋，波旬效力，助破夢中利人之想。萍漂吳水，梗泛
> 吳波，寱語從此息矣。此後如孤雲野鳥，雖同在無明長夜中，別是
> 一番幻夢。縱有啼笑，不容復續此編。〔註42〕

智旭於崇禎戊子年（1648）孟春，五十歲在〈西有寱餘自序〉有言「生平著作」之四本文集「皆寱言也」，雖自稱文集之言為「寱語」，但其「寱語」之真意是為百世之後利益眾的大菩提心念，所以仍著述不輟，「凡筆興所至，隨付侍者存之」。但在四年後之〈西有寱餘自跋〉卻說「壬辰秋，……，寱語從此息矣」，在弘一大師〈蕅益大師年譜〉也記載是年「草楞伽義疏。八月，遷長水南郊冷香堂，乃閣筆」，由上述資料可推論，在崇禎壬辰年（1652）秋，他五十四歲時決意「寱語從此息矣」。即使其後「縱有啼笑」，倘再有任何著作，因「寱語」之原意涵已不復在，就不容復此續編。

復因文集的「跋」，是「序」的補充說明，相當於現代書籍中的成書過程「後記」。所以，〈西有寱餘自跋〉應為〈西有寱餘自序〉之成書因緣的補充說明，用以敘明《西有寱餘》文集成書的過程。因此，本文推論於壬辰秋，是續集文稿的《西有寱餘》成書，並無《西有寱餘續編》（或稱《續西有寱

〔註41〕〔明〕堅密成時：〈靈峰蕅益大師宗論序說〉《靈峰宗論》卷首，《蕅益大師全集》第十六冊（臺北：佛教出版社，2014年），頁10205

〔註42〕〔明〕蕅益智旭：〈西有寱餘自跋〉《靈峰宗論》卷七之二，《蕅益大師全集》第十八冊（臺北：佛教出版社，2014年），頁11312。

餘》）此書。

（三）甲午仲春晦日幻住靈峰後，始集《幻住襍編》

　　而自壬辰秋之後之癸巳、甲午、至乙未年（1654）年正月二十一日示寂，這二年多的時間，智旭「屈指市一歲中，大半禁絕應酬」，僅於甲午春筆墨汗漫，但「存稿十不及三」。甲午仲春晦日，從新安歸臥靈峰藏堂後，檢視「不滿四十紙」之稿，輯成《幻遊襍編》。並於幻住靈峰時，開始輯「偶有所述」文稿名《幻住襍編》。在〈幻住襍編自序〉記有輯此文集因緣：

> 憶自辛未冬初，入靈峰，今閱二十四載矣。幻緣不定，出入多番。
> 僅於此結辛未冬、壬申夏、癸未夏、甲申冬、己丑冬、庚寅夏耳。
> 癸酉甲申之春，及辛卯冬，皆暫入旋出，席不暇煖，不亦深負山靈
> 也乎。甲午仲春晦日，從新安歸，始克痛謝他緣，畢志安臥。客歲
> 名幻遊，今應名為幻住也。偶有所述，名幻住襍編。〔註43〕

先看「甲午仲春晦日，從新安歸，始克痛謝他緣，畢志安臥。客歲名幻遊，今應名為幻住也」，智旭在甲午年仲春二月的晦日（最後一天）從新安回到靈峰，稱之前的客歲之日為「幻遊」，回到靈峰後名「幻住」。客歲幻遊的「不滿四十紙」之文稿已輯名為《幻遊襍集》。「甲午仲春晦日」之後在靈峰幻住之文稿，當可推論是另為他集。

　　再看，「憶自辛未冬初，入靈峰，今閱二十四載矣」，由「自辛未冬初」（辛未年，智旭三十三歲），和「今閱二十四載矣」二個時間資料，來推論他是在五十六歲甲午冬時，自輯甲午年二月晦日後在靈峰幻住至甲午冬之「偶有所述」名《幻住襍編》之文集。

　　第三個原因是，《宗論》所收末二首詩偈為〈甲午除夕〉、〈乙未元旦二首〉，而智旭於乙未年（五十七歲）正月二十一日，「晨起病止。午刻，跌坐繩床角，向西舉手而逝」，以時間來看，乙未年正月，即使有詩偈二首，推論應不再有輯書之念。

　　在本節最後，統整本節討論之結論，為《宗論》七本文集集書年及所集文稿年數製表，以作為研究資料。

〔註43〕〔明〕蕅益智旭：〈幻住襍編自序〉《靈峰宗論》卷六之四，《蕅益大師全集》第十七冊（臺北：佛教出版社，2014 年），頁 11236～11237。

【表五】《宗論》七本文集集書年及所集文稿年數

集書順序	成書年	集或成書年齡	集書資料出處							集書文稿年數
			〈淨信堂初集自序〉、〈西有寱餘自序〉	〈絕餘編自序〉、〈西有寱餘自序〉	〈閩遊集自序〉、〈西有寱餘自序〉	〈淨信堂續集自序〉、〈西有寱餘自序〉	〈西有寱餘自序〉	〈幻遊褚集自序〉	〈幻住褚編自序〉	
1	丙子春前	38 輯書時即成書	《淨信堂初集》							「始未出家一二殘槀，止丙子入山（九華山）前之稿」，師壬戌年一月，24歲出家，所集文稿年數超過 13 年以上
2	戊寅秋前	40 輯書時即成書		《絕餘編》						「丙子春乃遁，塗中大病，逗留九華，哀禱地藏本師，仍得閱藏著述之決」，丙子春入山後至戊寅秋前，所集文稿年數約 2 年餘
3	壬午夏前	44 輯書時即成書			《閩遊集》					「戊寅秋，踐吾友帝師之約，幻遊閩南」，戊寅秋至壬午夏前，所集文稿年數約 3 年餘
4	丁亥冬	49 輯書時即成書				《淨信堂續集》				「從壬午夏迄丁亥冬，結為淨信堂續集。因未完閱藏著述之願，姑未戒筆云」，從壬午夏迄丁亥冬，所集文稿年數約 5 年

5	壬辰秋	54（成）				《西有寱餘》		集戊子（1648）孟春至壬辰（1652）秋約3年多文稿
6	甲午春	56輯書時即成書					《幻遊襍集》	癸巳年，「屈指市一歲中，大半禁絕應酬」。唯甲午春筆墨汗漫，而存稾十不及三。爰於新安歸臥靈峰藏堂時，集甲午（1654）春，不滿四十紙文稿為《幻遊襍集》。
7	乙未正月	56（集）					《幻住襍編》	甲午仲春晦日幻住靈峰後，開始輯「偶有所述」文稿至乙未年正月二十一日示寂止

第三節　《靈峰宗論》與《淨信堂初集》、《絕餘編》

本節先就「有關成時所輯《靈峰宗論》之刪改問題」公案提出探討，以文獻研究法來整理並編製《靈峰宗論》與《淨信堂初集》、《絕餘篇》之各種對照比較表，再以比較法來處理研究文本之刪改問題和原稿相關問題考證，並說明由各種整理表格所發現之特點。

一、有關成時所輯《靈峰宗論》之刪改問題

乙未年（順治12年，1655）智旭西逝，四年之後，於己亥年（順治16年，1659）冬，《靈峰宗論》刻板成，《嘉興藏》所收《宗論》末後收有編輯者成時所記初版刻成之出資功德名錄：

> 此書十卷，丙申歲後從新安梓三卷半。首其事者為葉淨衍（出二十兩），而助緣則有釋知循、李之犖（出十兩）、胡公著（出十兩）、鮑如懰、吳淨智等，嗣有葉真岸（出五十兩）、蘇開祚（出四十兩）、吳淨迪（出十兩）三公協力刻六卷半，而書於是乎成。感激法緣不

易，略紀其姓氏如右。至丁福慧莊嚴，自有稱性功德在，非筆墨所
能罄其萬一也。己亥冬月（成時）合掌謹識。〔註44〕

智旭在乙未年元月二十一日西逝，諸弟子請成時師輯靈峰宗論，同年臘月十
二日，「成時師撰大師續傳，後一日撰靈峰始日大師私諡竊議，後二日撰靈峰
宗論序，越一日撰靈峰宗論序說」，且引文提到「丙申歲後從新安梓三卷半」，
由此可推論成時在乙未年臘月前應已輯成《宗論》，輯成之後在當時是依捐款
金額陸續刊刻出版，丙申歲後出版三卷半，其餘六卷半，又過了大約三年，
至己亥冬月才全書初刻版完成。

　　此書初版後多次重新刊刻，內容與初版範圍相同，台灣佛教出版社出版
的《蕅益大師全集》，所收集的《靈峰宗論》是清嘉慶辛酉秋七月和碩豫親王
裕豐敬刻複印版，只多了〈書重刻靈峰宗論後〉跋文。另外值得一提的版本
是「日本京都靈峰宗論重刊版」，在雍正元年即日本享保八年，京都佐野伊兵
衛據康熙二年癸卯刊本重刊《靈峰宗論》，此版本因弘一大師在《大師年譜》
記載日僧光謙此段序，讓後人研究智旭時常引用而顯得特別。

　　因《宗論》的重刊版本雖多，但內容與初版範圍相同，在版本上並無特
別需討論之處。而《宗論》所收七本文集，在第一節已推論為《淨信堂初集》、
《絕餘編》、《閩遊集》、〈西有寱餘自跋〉、《幻遊襍集》和《幻住襍編》等七
本，此七本文集，原僅有《嘉興藏》收有《絕餘編》，後於 1999 年時，大陸
中華全國圖書館文獻縮微複製中心據天津圖書館所藏《孤本秘笈叢書》出版
該套書，《孤本秘笈叢書》集部第十二卷收有明崇禎間十五年釋普滋等刻本之
《淨信堂初集》。

　　在上述新文獻資料出現之前，因印光大師（1861～1940）重輯《淨土十
要》原收書之刻本時，就發現成時輯智旭著作時以己意做刪改，在 1930 年，
印光大師於重刻《淨土十要》有序言：

　　　蕅益大師，選其最契時機者九種，並自所著之彌陀要解，名為淨土
　　　十要。欲學者由此具識如來度生之要，與一法普攝一切諸法之所以
　　　然。大師逝後，其門人成時，欲遍界流通，恐文言繁長，卷帙博大，
　　　費巨而難廣布。遂節略字句，於各要敘述意致，加以評點，實煞費
　　　苦心。惜其自恃智能圓照，隨閱隨節，不加複勘，即行付刊，致文

多隱晦，兼有口氣錯亂，詞不達意之處。〔註45〕

因印光大師此序，學界開始對《宗論》所收文稿是否被刪改之疑做討論。最早是 1975 年，聖嚴法師在《明末中國佛教之研究》書中第肆章第三節，以當時所存之《梵室偶談》、《性學開蒙》、《絕餘編》、《蕅益三頌》、《淨信堂答問》單行本和《宗論》對照比較，發現除《蕅益三頌》和《宗論》所收文稿內容完全一致外，其他在《宗論》所收文獻之內容和數量，都有被刪削或精簡。

聖嚴法師在書中對《宗論》所收文獻被刪削或精簡是智旭在晚年所為或編《宗論》之成時所刪削的問題沒有答案，只是提出做為弟子的成時刪削為師著作的可能性很小但也不是絕對沒有的看法。另外，在《宗論》所收文獻被刪削或精簡這件事上，聖嚴法師在書中認為對認識智旭的思想沒有太大影響，但從智旭的傳記資料這方面來看，是重大的缺憾。

而第一篇研究「《宗論》否被刪改之疑」的文章，是於 1999 年，宗舜法師在〈蕅益大師《靈峰宗論》刪改問題初探〉一文，從《古今圖書集成》之《博物彙編‧神異典》中，發現了智旭的二封書信和二則開示，通過對照研究，初步對《靈峰宗論》的刪改問題提出一些看法。〔註46〕

第二篇是謝金良在 2005 年〈也談蕅益智旭《靈峰宗論》刪改問題〉文章中，提出質疑〈靈峰蕅益大師自傳〉的真偽，並以《周易禪解》序跋文本的比較考評金陵本《宗論》的刪改問題。〔註47〕

第三篇是 2011 年羅崢的〈《靈峰宗論》刪節問題研究——以《淨信堂初集》為中心〉，是從《淨信堂初集》和《靈峰宗論》的比對，說明《靈峰宗論》是智旭文集刪節本而非足本，就被刪節內容分析，牽涉了智旭宗教思想和生平事蹟等多方面。〔註48〕

第四篇則是 2014 年，邱高興和張忠英的〈蕅益智旭《靈峰宗論》的成書與刪改考辨〉，文中認為《宗論》這部文集是在原稿缺失、智旭本人改動和弟子成時的刪改基礎上形成的，力圖更加客觀地評價成時的編輯工作和《靈峰

〔註45〕釋印光：〈淨土十要序（民十九年）〉，《印光法師文鈔續編下冊》卷下（臺北：華藏淨宗學會，2008 年），頁 418。

〔註46〕宗舜法師：〈蕅益大師《靈峰宗論》刪改問題初探〉，《禪學研究（第四輯）》（江蘇：江蘇古籍出版社），2000 年 8 月，頁 308～318。

〔註47〕謝金良：〈也談蕅益智旭《靈峰宗論》刪改問題〉，《宗教學研究》第 2 期（2005 年 6 月），頁 70～77。

〔註48〕羅崢：〈《靈峰宗論》刪節問題研究——以《淨信堂初集》為中心〉，《圖書館雜誌》第 9 期（2011 年 9 月），頁 87～91。

宗論》的價值。〔註49〕

二、歷來研究對《宗論》刪改的論點

綜理前賢學者「一書四文」對《宗論》刪改的研究成果，整理如下：

（一）《宗論》所收智旭諸疏外七種稿集及稿外別行的單行本著作，除《蕅益三頌》外，其他文集和單行本文稿內容大部份是被刪削和精簡。

（二）而刪削和精簡者為誰？至今沒有直接資料可證明。

1、聖嚴法師提出，可能是智旭「在晚年自己所修正」的推測，以及做為弟子的成時刪削為師著作的可能性很小但也不是絕對沒有的兩種看法。

2、前述第一至第三篇文章認為是編輯者成時刪改。

3、第四篇文章認為是在「原稿缺失、智旭本人改動和弟子成時的刪改基礎上形成的」。

（三）經刪削和精簡後《靈峰宗論》，是否影響其價值：

1、聖嚴法師認為對認識智旭的思想沒有太大影響，但從智旭的傳記資料這方面來看，是重大的缺憾。

2、第一篇文章未談及刪削和精簡後之是否影響價值，而是對編輯者成時提出刪改的數量、內容及質量三方面之缺失。文中指出從三個方面可看出內容是不應當刪改的：「涉及大師操守方面的內容、涉及大師行持方面的內容、涉及大師評價方面的內容」；復從三個方面說明成時刪改品質的低劣：「改是作非、改明為晦、改文成野」。

3、第二篇文章作者謝金良認為「《宗論》史料價值儘管不因成時刪改而被大打折扣，但其中所有內容都帶有真偽難辨的問題已經構成不可忽視的事實」。

4、第三篇文章以《淨信堂初集》作對照，僅就分析後提出「成時刪改智旭遺稿的事實已經確定，《靈峰宗論》是智旭文集刪節本而非足本的事實已經成立。而隨著對明末佛教文獻的整理和研究工作的開展，當能最大限度地恢復智旭原稿的本來面目，這無論對其佛學思想，還是明末佛教界、明末僧侶和居士交往，都極具史料價值」的結論。

〔註49〕邱高興、張忠英：〈蕅益智旭《靈峰宗論》的成書與刪改考辨〉，《浙江社會科學》第 6 期（2014 年 6 月），頁 112～127。

5、第四篇文章結論是「《靈峰宗論》雖然或因底本散失、或因藕益智旭
　　本人前後期的刪改、或因成時的節略，其行文和內容，與原作已有所
　　出入，但是這些都不會影響《靈峰宗論》本身的價值，對於研究藕益
　　智旭的生平與思想來說，也不會造成大的偏差」。

　綜上先進學者研究成果顯示，對「《宗論》所收智旭諸疏外七種稿集及稿
外別行的單行本著作，除《藕益三頌》外，其他文集和單行本文稿內容大部
份是被刪削和精簡」，以及「經刪削和精簡後《靈峰宗論》，並不影響其價值，
且對認識智旭的思想沒有太大影響，但從史料這方面來看，是重大的缺憾」
這二點結論，是無爭論的。僅在「《宗論》文稿刪改者為誰」，有不同的論點。
本文將在下一段，以前述研究結果之基礎，提出一些不同的論證，並以現存
之《淨信堂初集》、《絕餘編》和《宗論》的篇目做首次完整的對照比較，從比
較中推論不同的面向並探討出一些特點。

三、《宗論》與《淨信堂初集》、《絕餘編》之對照比較

　綜觀上述一書四篇文章的研究成果，《宗論》所收智旭諸疏外七種稿集及
稿外別行的單行本著作，除《藕益三頌》外，其他文集和單行本文稿內容大
部份是被刪削和精簡。以下分就歷來論點分別提出新的論證。

（一）「《宗論》文稿刪改者為誰」之公案

　《宗論》文稿刪削和精簡者為誰，至今沒有直接資料可證明。歷來多是
舉幾篇原稿和《宗論》文章來比對，論證是成時所改。惟邱高興和張忠英的
〈藕益智旭《靈峰宗論》的成書與刪改考辨〉中以三點來論證「現存單行本
和《宗論》有別，最主要的原因是因為智旭晚年又做了修改」，以下先對邱，
張二人之說提出反證分析，再提出本文推論。

1. 對「最主要的原因是智旭晚年又做了修改」之說提出疑竇

　《宗論》文稿刪削和精簡者為誰，至今沒有直接資料可證明。歷來多是
舉幾篇原稿和《宗論》文章來比對，論證是成時所改。惟邱高興和張忠英的
〈藕益智旭《靈峰宗論》的成書與刪改考辨〉中以三點來論證「現存單行本
和《宗論》有別，最主要的原因是因為智旭晚年又做了修改」，文章論點整理
如下：

> 第一點是智旭述作態度在〈寄修雅法主〉一文中引雲棲大師云：「古
> 人著述，多在晚年。」

第二點是從刪改的意願講，蕅益大師對於別人提出的修改意見，也都會認真對待，欣然接受。舉弟子照南曾記述說，蕅益大師寫自傳時，因幾位老朋友提出修改意見，「老人一笑，慨然刪改」。這從一個側面說明，蕅益智旭本人在世時，就有可能對其著述有過修改，可能會形成傳世的不同版本。

第三點是從現存內容的對看，凡是涉及智旭早年弘律活動中的種種衝突和矛盾的記載，以及智旭對於當世各宗的評論，都有所隱晦，而且幾乎涉及的每篇文章都有所改動。因此，相信這樣的改動若假手他人，所耗精力是非常巨大的。〔註50〕

對上述邱、張二人之文以三個論點來主張「最主要的原因是因為智旭晚年又做了修改」，本文以三個論證分析如下：

（1）對第一個論點之反證

智旭〈寄修雅法主〉原稿的書信引雲棲大師云：「古人著述，多在晚年」的話之後，主要是講「毗尼一事，尤不容片言隻字杜撰」，並附呈清覽幽谿沙傳燈所註《傳佛心印記註》一書予修雅法主。因此，本文推論智旭此引文係指對註經解經之著述態度，容不得有任何杜撰和錯誤。且於第壹章已二次論證他在著述確依自己所言之「實從自己胸中流出」，並以其具「真佛眼」之佛知佛見著作。

（2）對第二個論點之反證

有關智旭對自傳之修改，是因舊友提出「謂傳既寓名，則宗譜法號可弗出，或謂一生心迹可述，夢感等嫌自言」〔註51〕等意見，「後堅密子成時，謂傳收著述未盡，請補。於是與古吳本，又增數句矣」〔註52〕。其於五十四歲草書自傳，經舊友弟子意見，「一笑，慨然刪改」、「著述，增數句」，是隨順眾生之菩提心。其實，對於註經解經，在《年譜》及序跋中可看到，他會一再修改，務求「不容片言隻字杜撰」。而此論證，剛好也另外說明了一點：智旭對於一般文稿，是旁人請求才會修改增補的。

〔註50〕邱高典、張忠英：〈蕅益智旭《靈峰宗論》的成書與刪改考辨〉，《浙江社會科學》第6期（2014年6月），頁112～127。

〔註51〕〔明〕巨方照南：〈靈峰蕅益大師自傳〉附記《靈峰宗論》卷首，《蕅益大師全集》第十六冊（臺北：佛教出版社，2014年），頁10219。

〔註52〕〔明〕巨方照南：〈靈峰蕅益大師自傳〉附記《靈峰宗論》卷首，頁10219。

（3）對第三個論點之反證：依道人遺囑，豈復有意於身後名哉？

對於上述邱、張引文所指第三點：「智旭是為隱藏自己對諸宗派評論之目的所以不假手他人而對內容作刪改」的論點，先以智旭於五十四歲所自述〈八不道人傳〉之言來證明：

> 生平嘗有言曰：「漢宋註疏盛，而聖賢心法晦，如方木入圓竅也。隨機羯磨出，而律學衰，如水添乳也。指月錄盛行，而禪道壞，如鑿混沌竅也。四教儀流傳，而台宗昧，如執死方醫變證也。是故舉世若儒、若禪、若律、若教，無不目為異物，疾若寇讎。〔註53〕

智旭在文稿多引靈源禪師所言「易世俗所難，而緩時流之急」自勉勉人，並讚此為第一良藥。而他深知流傳至明朝之佛門所衍生的種種積弊，雖知「法門之衰，如大廈將傾，非一木所支」，但仍竭盡己身力挽當代世出世法流弊狂瀾，直指各法門之病，傳法於一隙之天。是故，對於「舉世若儒、若禪、若律、若教」之人，無不目智旭為異物，並「疾若寇讎」。但他仍笑曰：「知我者，唯釋迦、地藏乎！罪我者，亦唯釋迦、地藏乎！孑然長往不知所終」，五十三歲之自像贊三十三首亦自言「讚毀一任諸方，智旭元是智旭」。

是以，自言「舉世不知真，吾獨不愛假」、「逃名於萬死之後，已悔其遲」之智旭，是不會有邱、張二人文章中所指，為求後世虛名而刪去真實之言的賣假行為。有關此點論證，錢謙益在〈書蕅益道人自傳後〉亦有同樣觀點：「道人辭世之日，遺囑諸弟子勿起塔、勿刻銘，荼毘之後以骨肉施禽鳥，豈復有意于身後名哉？」〔註54〕

再從《宗論》與《淨信堂初集》、《絕餘編》的內容對照比較來看，所刪文稿內容多是成時在當時認為不重要，但對後世研究卻相當重要且豐富之相關史料，以及對當世各宗派的評論。文字經刪改後，才會在閱讀時變得「文多隱晦」，較難以理解文意。

邱、張二人的〈蕅益智旭《靈峰宗論》的成書與刪改考辨〉又說到「這樣的改動若假手他人，所耗精力是非常巨大的」。對此論點，本文認為智旭一生行腳為閱藏、持戒、弘律、演教，每到一地，常會有暫入旋出，席不暇煖的情

〔註53〕〔明〕蕅益智旭：〈八不道人傳〉《靈峰宗論》卷首，《蕅益大師全集》第十六冊（臺北：佛教出版社，2014年），頁10226。
〔註54〕〔明〕錢謙益：〈書蕅益道人自傳後〉《有學集》卷五十，《續修四庫全書》第1391冊（據民國8年上海商務印書館四部叢刊本影印原書版框）（上海：上海古籍出版社，1995年），頁486上。

形，在〈占察疏自跋〉嘗言其作占察疏之願，因病冗交逼，十五年後才完成此夙願。他又怎會再有邱、張二人文章所謂「巨大的時間精力」再來刪減改動這些文稿呢？再者，邱、張之文也提到「原稿本身的散失問題」，既然智旭原稿和刻本的本身有散失問題，那智旭又何來自己刪改原稿呢？

最重要且最直接的原因是，在〈淨信堂初集序〉說：

> 丙寅季夏，先慈捐世，即已焚棄筆硯。後因閱藏暫開，荏苒復經八載，日積月累，狼藉遂多。門人好事，輒隨錄之。偶一展視，不足存，亦不足毀也。〔註55〕

於〈西有寱餘自序〉言「凡筆興所至，隨付侍者存之」，由引文可知，其文集之文稿是「門人好事，輒隨錄之」或「隨付侍者存之」，智旭並未自己收藏，又怎會自己再刪減改動這些文稿？

綜上論證原因，邱、張二人文章所指是智旭自己大量刪改《宗論》所收文稿，本文推論可能性幾稀，至於邱張文章所言智旭刪改文稿的原因，本文以為是絕無可能。

2. 推論《宗論》文稿刪改者為成時

為免此推論研究落入泛泛空言之咎，本段對《宗論》與《淨信堂初集》、《絕餘編》之篇目及詩偈內做了完整的對照比較表，俾據以提出一些新的證據來討論。

若是作者智旭本文刪改文稿，應當是「後出轉精」，會修改得更好。本文之新論證，是以《宗論》所收《淨信堂初集》及《絕餘編》詩偈內容逐一對照，製成「淨信堂初集、絕餘篇和靈峰宗論詩內容完整比較表」〔註56〕及【表八】《靈峰宗論》所收《淨信堂初集》、《絕餘編》詩偈被刪改內容對照表，並分別以「刪改」和「未刪改」做一論證，推論《宗論》文稿刪改者為成時。

（1）就刪改部分探討

《宗論》收《淨信堂初集》50 首詩偈，由下表可知，內容被刪改的有 28 首，佔所收數量的 56%。《宗論》收《絕餘編》11 首，內容被刪改的有 9 首，佔所收數量的 82%。若再加上數量和句數被刪減者，《宗論》所收《淨信堂初集》和《絕餘編》的詩偈被刪改者佔 80%。

〔註55〕本論點之證明，詳見本章第二節「一之（一）九次出入靈峰山行跡」。

〔註56〕「淨信堂初集、絕餘篇和靈峰宗論詩內容完整比較表」不單獨列在附錄，請參閱附錄【五】《淨信堂初集》、《絕餘編》、《靈峰宗論》詩偈用韻對照表。

【表六】《靈峰宗論》所收《淨信堂初集》、《絕餘編》詩偈被刪改項目百分比

	《淨信堂初集》	佔百分比	《絕餘編》	佔百分比
《靈峰宗論》所收詩偈數	50		11	
內容被刪改（含數量或句數刪）	28	56%	9	82%
僅數量刪	6	12%	0	0
僅句數刪	4	8%	0	0
數量和句數刪（內容未刪）	1	2%	0	0
未刪改（包含刻版訛誤 2 篇，只刪序 2 篇）	11	22%	2	18%

　　本文舉其中一首〈示寶所〉作為論證，《宗論》將此詩句內容改變後，對照智旭原詩，發現是嚴重誤解原詩義而改。從以下〈示寶所〉內容對照表，可看到智旭〈示寶所〉原稿詩句的「惟有西方土，超出有無國」，是寫念佛求生淨土，才能超出人天三惡等輪迴道，因此勸人「熾然求往生，莫復存疑想」。提出「有」、「空」（無）之疑和分別，此義即是否有西方淨土和唯心淨土之爭論。

【表七】《靈峰宗論》、《淨信堂初集》所收〈示寶所〉內容對照表

文集名稱	內容
《淨信堂初集》〈示寶所〉〔註57〕	著有落人天。著空墮三惡。惟有西方土。超出有無國。熾然求往生。莫復存疑想。設更謾躕踟。偏邪見日長。思量分別法。謗於真智慧。永劫沉深坑。諸佛無能救。好向事中求。勿從空中取。步步踐實地。疾得到寶所。
《靈峰宗論》〈示寶所〉〔註58〕	著有落人天。著空墮三惡。惟有西方土。超出有無縛。熾然求往生。莫復存疑想。介爾纔躕踟。偏邪見日長。思量分別法。謗於真智慧。永劫沈深坑。諸佛無能濟。種麥少蹋土。亦勿乘空取。中行踐實地。疾得到寶所。

〔註57〕〔明〕蕅益智旭：〈示寶所〉《淨信堂初集》卷八，明學主編：《蕅益大師全集》第七冊（四川：巴蜀書社，2018年），頁506。
〔註58〕〔明〕蕅益智旭：〈示寶所〉《靈峰宗論》卷十之一，《蕅益大師全集》第十八冊（臺北：佛教出版社，2014年），頁11653。

　　智旭著《佛說阿彌陀經要解》（簡稱《彌陀要解》）提出「事持」和「理持」兩種持名念佛念法。「事持」〔註59〕是信有西方阿彌陀佛，也就是「有」西方淨土，在事相上持佛名號念佛。得到一心後，叫「事一心」。「理持」則是更高層次也就是「空」境的唯心淨土，「信西方阿彌陀佛，是我心具，是我心造」，得到一心後，叫「理一心」。智旭在《彌陀要解》說，「不論事持理持，持至伏除煩惱，乃至見思先盡，皆事一心。不論事持理持，持至心開，見本性佛，皆理一心」。也就是說，事持念佛，能夠明心見性，也能達到「理一心」，這就是淨土念佛法門暗合道妙之處。

　　所以，《淨信堂初集》之〈示寶所〉原稿所寫的「好向事中求」原詩句，即是寫「事持」信有西方淨土的事相持名念佛，而原詩句「步步踐實地」，就是寫無時暫忘腳踏實地的持名念佛，最後終能達「疾得到寶所」的明心見性之理持。

　　但，《靈峰宗論》之〈示寶所〉，編輯者成時將原詩「好向事中求，勿從空中取。步步踐實地，疾得到寶所」此四句改為「種麥少蹋土，亦勿乘空取。中行踐實地，疾得到寶所」，完全與原詩「以事持達理持之持名念佛求生淨土」的意旨無關，可知改詩者是完全不了解或者誤解原詩之意。由此可推論，刪改者怎會是智旭本人呢？

　　除了此詩，還可參看以下【表八】「被刪改內容對照表」所收的其他三十五首詩，也可為證明，刪改後的詩和原詩相比，在意義和文辭上並沒有「後出轉精」，反而是如印光大師所評，有「口氣錯亂，詞不達意之處」。另外，本文第伍章第三節所探討智旭詩偈，所分析其現存之五篇「文」、「論」、「記」原稿和《宗論》所收經刪改文稿內容做對照比較，以及〈病中寫懷〉原稿三十首和《宗論》所收刪減成十五首之〈病中寫懷〉的用韻對照，都可以做為本段經刪改之文並沒有「後出轉精」的論證。

　　另外，下表所收資料，應可另以專文作研究，分析原詩和刪改之詩內容思想及詩句、用韻、平仄、對仗等，可得出二者優劣得失之研究成果。

〔註59〕《佛說阿彌陀經要解》「事持者，信有西方阿彌陀佛，而未達是心作佛、是心是佛。但以決志願求生故，如子憶母，無時暫忘」。〔明〕蕅益智旭：《佛說阿彌陀經要解》，《蕅益大師全集》第四冊（臺北：佛教出版社，2014 年），頁2238～2239。

【表八】《靈峰宗論》所收《淨信堂初集》、《絕餘編》詩偈被刪改內容對照表

淨信堂初集	卷八　詩偈	靈峰宗論	卷十之一　詩偈
乙丑結制吳江分韻寫懷	飄然一鉢別無能。信是尋常粥飯僧。結夏豈甘違佛制。談經元不落聲塵。青山自許堪埋骨。白髮猶慚未有憑。願得同仁相策勵。不須門外設三乘。	結制	婓然一鉢別無能。沒伎尋常粥飯僧。結夏豈甘違佛制。譚經元不落聲塵。钁頭青嶂堪理骨。鏡面霜莖未有憑。預忝同仁相策勵。不須門外設三乘。
解制寫懷並呈諸友	結制暑方盛。解制涼風作。倏忽淹九旬。光陰易殂落。田禾青漸黃。河水流且涸。天時既有乖。我心亦大錯。緬想日用中。猶是戲與謔。縱饒談了義。依舊病為藥。安居竟何益。況復將行腳。他山雖入夢。祇恐原如昨。俯仰身世間。自憐還自愕。知我托千古。埋骨存一壑。矢志固爾爾。浮蹤何落落。寄語同參者。幸勿輕然諾。	解制	結制暑方盛。解制涼風作。倏忽淹九旬。光華易殂落。田禾青漸黃。河水流且涸。緬想日用中。猶是倚與託。偃月譚了義。幽室病為藥。安居竟何益。況復將行腳。他山雖入夢。只恐原如昨。
解制自弔並誡諸友	舊年結夏彭水濱。今年結夏姑蘇城。舊年解制母尚在。今年解制徒傷情。世出世孝兩無當。嗚呼今且為窮氓。憶我昔時。尅期取果志何狡。嗟嗟。四載有餘。徒自撓。楞嚴法華雖爛熟。說食元來終不飽。忽忽不念死將至。依舊空身見閻老。空身依舊不足恤。辜負吾衣色用皂。皂衣本是解脫服。捫心翻覺生煩惱。名不稱實古人恥。噫嘻幼志成虛抱。是以清霄每自呻。痛腸擬欲向誰陳。顰眉淚目復奚益。見者依然楚與秦。顧我婆心不能死。叨叨還願誡同仁。現為浪子偏憐客。敢曰邀名漫鼓唇。世界浮虛世事幻。莫將無益	解制自弔示諸友	舊年結夏彭水濱。今年結夏姑蘇城。舊年解制母尚在。今年解制徒傷情。出世大孝未有當。嗚呼今且為窮氓。尅期取果昔何狡。四載有餘徒自撓。忽忽不念死將至。辜負吾衣色用皂。清霄每自呻。腸轉向誰陳。名聞利養自昔不常在。袈裟一失，千古萬古終沈淪。

	老吾身。名聞利養自昔不常在。袈裟一失。千古萬古終沉淪。		
惺兄得廣參博訪囑贈以俚言	覺皇時已邁。含識方遺本。執教逞空談。依禪思多瞞。誰將正法憂。全作自心懣。有懷惺居士。與我同所忖。我以千古交。搜精用補衰。君以百城歷。取益開群忳。兩途各騁馳。厥旨適非遠。是以空中師。再決成相勉。知君飲法流。終不猶河鸇。南詢豈憚勞。會得畢竟偃。君既有日益。我亦能日損。損益恰互資。誰言垂跡反。共振積時衰。永慰生平悃。	壽兄得廣參博訪囑賦贈	覺皇時已邁。含識方遺本。執教逞空譚。依禪思多瞞。正法遺繁憂。疇作自心懣。有懷惺谷壽。與我同所忖。我以千古交。捿精用補衰。君以百城歷。取益開群忳。兩塗各馳騁。厥旨適非遠。知君飲法流。終不猶河鸇。願君有日益。我願能日損。
和飯一兄二首（原偈附）	蕩蕩王途無黨偏。水堪乘馬陸通船。未知妙用超言象。何異橫稍執定盤。萬象凋零落木天。窮頭露面亦堪憐。扶衰起泰當人事。誓取摩尼走大千。長安有路家家透。何事偏求馬與船。言象本來真妙用。重輕元不離星盤。破家蕩產英雄事。慳惜微貲真可憐。縱博萬塲今日始。一塵便可注三千。	和歸一籌兄	破家蕩產英雄事。閨閣微貲婦寺憐。縱博萬塲今日始。一塵便可注三千。
送行四首（有引）	惺兄得出家囑。將往博山薙髮。飯修二公與之行。且預訂金蘭之約。法門真快事也。而雪航兄實啟其端。敬賦四律以壯行色。雪老冰枯冬已闌。燈輝歷歷照禪關。魔軍久肆誰令怖。法印將埋孰與看。安養不妨頻送想。毗尼正爾願無殫。忽觀惺老披緇兆。遂與幽人賦采蘭。昔年相識五雲間。何似今朝契更專。舉過豈嫌深激勵。輔仁奚	惺谷壽得出家囑將往博山薙髮二首	昔年相識五雲閒。何似今朝契更專。其過訟應深激勵。他山石不習柔便。春回頓改殘冬色。雪積逾增翠竹妍。從此共祛寒氣盡。悠悠舜日與堯天。去年愛我亦芬芳。獨善為懷兌可商。破格一朝誠不易。匡扶千古豈尋常。芒鞋破處腳跟穩。拄杖回時手眼良。寄語守株門下客。同將祖道苦茗嘗。

	事習柔便。春回頓改殘冬色。雪積踰增翠竹妍。從此共祛寒氣盡。悠悠舜日與堯天。永嘉何事禮曹谿。宗眼明時教愈微。舊諦已曾盟鼎足。新知倍喜契圓伊。搬柴運水尋常句。非棄非離格外思。辨取金沙提正印。勤王殺賊更奚疑。去年相愛亦芬芳。獨善為懷允可商。破格一朝誠不易。匡扶千古豈尋常。芒鞵破處腳跟穩。拄杖回時手眼良。寄語守株門下客。同將祖道苦茗嘗。		
路次惠安寺有感	法林凋謝不能春。俛仰時流悲踰臻。圓頂方袍雖徧地。亡身為法果誰人。	次惠安	法林凋謝不能春。黃葉秋風嗌愈臻。圓頂方袍雖徧界。忘身為法果誰人。
棲霞三景（如來泉、千佛嶺、攝山頂）	如來泉（三聖殿接引導師像。乃鑿石所成。口中嘗出甘露。余因目之為如來泉。） 相因石壁顯。泉向佛牙流。徧界沾真味。無勞問舌頭。 千佛嶺 似入飛來境。還疑彌勒樓。無邊色相海。光與白雲遊。 攝山頂 身棲碧霞外。目攝亂山峰。最是關情事。江帆萬里風。	攝山	身棲碧霞外。目攝亂山峰。最是關情事。江帆萬里風。
贈澹居大德血書華嚴經	刺血書成法界經。展時無字不光明。導歸無量光王剎。不墮狂禪鼠唧鳴。	贈澹居大德血書華嚴經	萬滴書成法界經。十王滴滴放光明。南詢末後一句子。不墮狂禪鼠唧鳴。
淨土偈六十首（有序）		淨土偈十四首（有序）	博山禪師。拈淨土偈。每云淨心即是西方土。蓋以因攝果也。讀者不達。遂至以理奪事。幾成破法。予觸耳感懷。每拈西方即是唯心土。俾以事扶理。聊附補偏救獘之職云。 西方即是唯心土。離土譚心實倒顛。念念總皆歸佛

	博山禪師拈淨土偈。每云淨心即是西方土。蓋欲因攝果也。讀者不達。遂至以理奪事。幾成破法。予觸耳感懷。更拈西方即是惟心土。凡六十首。隨機指示。俾以事扶理。而理不墮偏空。非敢駕軼先達。聊附於補偏救弊之職云爾。		海。生盲重覓祖師禪。
	西方即是惟心土。離土談心實倒顛。念念總皆歸佛海。何須重覓祖師禪。		西方即是唯心土。欲悟惟心但念西。舌相廣長專為此。更求玄妙抑何癡。
	西方即是惟心土。欲悟惟心但念西。舌相廣長猶不信。更求玄妙抑何癡。		西方即是唯心土。無相非從相外求。擬欲將心取無相。靈龜曳尾轉堪憂。
	西方即是惟心土。無相非從相外求。擬欲將心取無相。靈龜曳尾亦堪憂。		西方即是唯心土。未識西方豈識心。逝子謬希圓頓解。拾將落葉作黃金。
	西方即是惟心土。未識西方豈識心。何事謬希圓頓解。卻將落葉作黃金。		
示智恆字鑑如	鑑徹真如體。元光本自恆。莫將明覺妄。幻作寂空塵。了了原無物。方宜拂拭勤。秀能親切旨。會得不須分。	示智恆字鑑如	鑑徹真如體。元光本自恆。瞥生明覺妄。幻作寂空塵。了了元無物。方宜拂拭勤。秀能親切旨。會得不須分。
示寶所	著有落人天。著空墮三惡。惟有西方土。超出有無國。熾然求往生。莫復存疑想。設更謾躊躕。偏邪見日長。思量分別法。謗於真智慧。永劫沉深坑。諸佛無能救。好向事中求。勿從空中取。步步踐實地。疾得到寶所。	示寶所	著有落人天。著空墮三惡。惟有西方土。超出有無縛。熾然求往生。莫復存疑想。介爾纔躊躕。偏邪見日長。思量分別法。謗於真智慧。永劫沈深坑。諸佛無能濟。種麥少蹋土。亦勿乘空取。中行踐實地。疾得到寶所。
贈若雲二首	盡說乘為急。誰知戒不迂。缶瓶難貯乳。魚目豈成珠。既欲遵遺教。應思向樂都。淨因期共最。一挽未時趨。十載風塵隔。初心矢未忘。淨修雖小後。弘誓適相當。遜志情緣短。忘年道意長。勉旃勤晚節。不羨菊花香。	贈若雲	盡說乘為急。誰知戒不迂。缶缾難貯乳。魚目豈成珠。剎海遵遺教。朝宗向樂都。淨因期共勗。力挽未時趨。

示初平發心	莫謂菩提心難發。屠刀放下立成佛。莫謂菩提心易發。杯水豈停鼎內沸。欲明曠劫大因緣。先把生平懷抱拂。眼前活計若關情。本地風光終受屈。應思法日已將傾。群靈失怙真堪鬱。智悲一念頓相應。妙用何勞向外乞。勸君速發難發心。從來由己非由物。	示初平發心	莫謂菩提心難發。屠刀放下立成佛。莫謂菩提心易發。杯水豈停鼎內沸。欲明曠劫大因緣。先把生平懷抱拂。眼前活計若關情。本地風光終受屈。勸君速發難發心。為仁由己非由物。
聞謗	所言之過若有實。既已有實何名謗。所言之過若無實。既不相干亦豈謗。若以語言為謗事。後字未出前音滅。若以書文為謗事。白者是紙黑是墨。如是觀謗謗安在。云何於謗輒生惱。四大本空蘊非我。誰為能謗誰受謗。既能聞謗無瞋恨。復應發起大悲心。我由無始迷本覺。幻業積集結諸怨。是故今招惡口加。皆因往昔自業力。又復修道未精確。威德尠劣致群疑。若不慚愧自尅責。損彼損己罪所生。若知因謗自增勝。謗者即是良善友。因於謗故長大悲。彼人當得殊勝利。謗為明鏡照我疵。謗為甘露療我病。謗是炎時清冷風。亦是睡得大聲鼓。覺悟夢士令速醒。消除熱惱常安樂。謗為法界趣不過。彼己共登無上覺。	聞謗	所言若有實。三根何名謗。所言若無實。不干亦豈謗。若以語言為謗事。後字未出前音沒。若以文書為謗事。白者是紙黑是墨。謗安在。云何怵。四大空。蘊非我。誰能謗。謗誰受。既無瞋憾。應發悲心。我由無始迷本覺。幻業積怨成稠林。是故今日惡口加。皆因往昔自業侵。又復修道未精確。威德堪劣致群疑。若不慚愧自克治。損彼損己罪所基。我因謗。增智斷。謗者速圓恩德。恩圓即是如來。智斷德滿成佛。謗為明鏡戚我醜。謗為甘露飲我藥。謗是炎時清涼風。謗是睡時大鼓角。謗為法界趣不過。謗謗共登無上覺。
輓惺谷兄	徹底婆心未肯休。不堪業運已遷流。浮漚雖逐虛緣散。熱血應同實際留。自射果然難下手。為人須是再低頭。臨行贈汝無多子。一句彌陀作大舟。	輓惺谷壽兄	徹底婆心未肎休。當場業運已遷流。浮漚影逐虛緣散。熱血腥同實際畱。射自果然難下手。為人須是再低頭。臨行贈汝無多子。一句彌陀作大舟。

示存朴	欲作法王臣。應思善自養。止惡不須懲。行善何勞獎。三業並緣慈。四儀恒不爽。戒為勝瓔珞。忍是堅鎧仗。鎧仗可降魔。瓔珞人天仰。習氣漸能消。定慧油然長。觸事當再思。見聞宜日廣。舉止異常流。步趨效龍象。捨卻片時謀。方獲剎塵讖。珍重此生中，決出娑婆網。	示存朴	欲作法王臣。是玉善自養。止惡無刑懲。行善無穀獎。三業並緣慈。四儀恆勿爽。戒為勝瓔珞。忍是堅鎧仗。習氣漸漸消。定慧油油長。捨卻片時謀。方獲剎塵讖。彈指非昔人。速出娑婆網。
示諸四完二首	丈夫志氣在千秋。自立從容貴學優。心性直教言下徹。浮名豈向世間求。山河國土空中影。事業功名水上漚。珍重此生須了卻。蓮花寶地共遨遊。 世典非真不可膠。莫嫌庸侶漫相嘲。願將大覺為師友。忍使身心棄野郊。一念不生猶未是。六情紛動更成泡。殷勤早學真三昧。週脫塵寰愛見巢。	示諸四完	丈夫志氣在千秋。自立從容貴學優。斯語直教言下信。浮雲豈向世間求。山河國土空中影。事業功名水上漚。觸著儒童聲慟處。蓮華寶地共遨遊。
示涵宏	欲求出世慧。先斷世間愚。身界元非實。根塵性本無。聞思宜自勖。名利不堪娛。念莫馳情境。躬恒慎所趨。三皈知究竟。十戒握機樞。和忍成心德。精勤作勝謨。持經神在定。憶佛智能孚。應痛娑婆網。從來已切膚。早圖安養策。肯復滯方隅。放下眼前計。超登最上衢。殷勤毋暴棄。同人法王都。	示涵宏	欲求出世慧。先斷世間愚。身界元非實。根塵性本無。聞思宜自勖。名利不堪娛。念莫馳情境。躬恆慎所趨。三歸知究竟。十戒握機樞。和忍成心德。精勤作勝謨。持經神在定。憶佛智能孚。曳轉從前履。超登最上衢。
山中樂志偈四首	幻境雖無定。菩提志自堅。已知身世累。寧被利名遷。宴寂箋書後。談經受食前。何須商四事。一鉢是良田。不問人間世。惟參第一天。	山中三首	幻境冥無定。菩提志自堅。已知身世累。寧被利名遷。宴寂箋書後。譚經受食前。懶從商四事。一鉢是良田。不問人間世。惟參第一天。

	諦從緣境發。火必指薪傳。 絕待方稱妙。離微始入玄。 獨知聊自契。古道豈求憐。 未識兼山艮。徒勞夕惕乾。 塵緣能頓謝。正法可全肩。 步履完先哲。規繩啟後賢。 摩尼奚足羨。戒月燭三千。 麗澤功非細。膏肓亦可痊。 名言醒渴夢。快論入深禪。 三益時相聚。百城恍已連。 雅盟終勿替。同著祖生鞭		諦從觀境發。火必指薪傳。 未識兼山艮。徒勞夕惕乾。 塵緣能頓謝。正法可全肩。 麗澤功非細。膏肓亦可痊。 名言醒渴夢。快論入深禪。 步履宗先哲。規繩啟後賢。 摩尼奚足羨。戒月燭三千。
哭慧濟示權 律主	每歎毗尼苑。於今久已荒。 開遮誰實諳。輕重幾曾商。 既切橫流痛。恆歌如玉章。 遡洄心未遂。應化跡先藏。 安養神雖泰。娑婆願尚勤。 盡迷扶律旨。徒欲漫談常。 擬効孤臣力。終慚明聖王。 臨風頻涕淚。遙染戒身香。	哭慧濟示權 律主	永歎毗尼苑。於今久已荒。 開遮誰實諳。輕重幾曾商。 既切橫流痛。恆歌如玉章。 天傾扶律者。誰與共譚常。
卜居十八事 （有序）	予性懶拙。不能作住山人。 十年行腳。知我寥寥。邇來 並二三盟友。亦復凋零大 半。益厪法門遠憂。乃順歸 師雅癖。奉大士慈命。誅茅 西湖。為結伴潛修計。而障 重緣慳。人財兩散。遂以一 身充眾役。有生之苦。誰能 自諱。然衡慮困心。勞筋苦 骨。未必非磨礱真性之具。 由是不敢自暴自棄。觸境 逢緣。增益不能。隨事拈成 一偈。用作同行資糧。詞俚 意淺。非所計也。事切情 真。庶幾有焉。 作飯 黃粱冷水下。白粲沸湯應。 切忌無端動。**惟須**任運騰。 然火 散專恆順勢。文武亦隨機。 **更問薪窮**際。灰從何處飛。	卜居十八事 （有序）	順歸師雅癖。奉大士慈命。 誅茅西湖。不敢自暴棄。隨 事拈一偈。 作飯 黃粱冷水下。白粲沸湯應。 切忌無端動。**氤氳**任運騰。 然火 散專恆順勢。文武亦隨機。 **析盡薪窮**際。灰從何處飛。 淨碗 滌器先除滓。無令餘膩萓。 低聲歸本處。鍼咽未生愁。 直院 帶水拖泥去。搬磚運瓦來。 鮮魚與甕鼈。滿面且蒙埃。 托鉢 乞士原吾號。巡家豈擇貧。 不求應供果。等施倍關情。

	淨碗 滌器先除滓。無令餘膩留。 低聲歸本處。鬼趣不須愁。 直匠 帶水拖泥去。搬磚運瓦來。 祇圖良友益。寧惜面蒙埃。 托鉢 乞士原吾分。巡家不擇貧。 面皮生性厚。不以厲聲逡。		
法臣歌為聞道侍者（有序）	密藏開禪師隱去。聞道尚未薙髮。從曾水部處歸覓師不得。遂痛哭而殂。行之陸居士。為予言之。不勝悲感。為作短術以弄引大方云。 人生一尼奚足珍。從來積骨丘山均。丈夫委質事非偶。是以捐身泣鬼神。荊軻聶政未稱勇。田橫五百超夷倫。何況投誠事知識。傳來半偈堪知津。雪山大士標榜在。可憐流俗多邪因。順之則喜逆則怒。遠之則忘近始親。藏公隱去信奇絕。聞道孤臣尤不湮。長辭檀護歸方丈。覓師不見身為塵。人知生死乃永隔。豈信火傳非在薪。試問比丘飲蟲水。何如不飲先發真。以身殉道古來語。誰能矢作法王臣。嗚呼此意知音少。弔古徒勞淚滿巾。	法臣歌為聞道侍者（有序）	密藏開禪師隱去。聞道尚未薙髮。從曾水部處歸。覓師不得遂痛哭而殂。陸行之為予言之。 四大海水母乳盈。毘富羅山積骨均。荊軻聶政未稱英。田橫五百超等倫。何況投誠事知識。傳來半偈堪知津。雪山大士標榜在。可憐流俗多邪因。順之則喜逆則瞋。遠之則忘近始親。藏公隱去音如金。聞道孤臣身為塵。人謂生死乃永隔，寧知火傳非由薪。君不見。比丘畏渴飲蟲水。何如渴死先發真。
示戒明	慢為功德賊。勤為善法王。精進降煩惱。無令習氣猖。人身已難得。況沾戒品香。不發大菩提。徒勞登法堂。福水慧舟楫。無水舟不行。欲求真實慧。莫從口耳商。苦志勞筋骨。大任乃克將。	示戒明	慢為功德賊。勤為善法王。福水慧舟楫。無水舟不行。欲求真實慧。莫從口耳商。苦志勞筋骨。大任乃克將。福至心忽開。妙義能頓彰。深造既自得。世智誰可量。

	心性忽開發。妙義能頓彰。 深造既自得。世智誰可量。 譬彼泉有源。波濤乃汪洋。 四辯超夷等。聞持永不忘。 諦信此實語。堪為苦海梁。		
病中寫懷三十首	每嗟逐鹿苦無虞。一卷殘經且自劬。了得目前無剩法。威音那畔卻成輸。 功名富貴夢中灰。肉眼空勞孟浪猜。寄語靈山親付囑。夜光彈雀事堪哀。 葛藤多少不須刪。高駕長驅莫問關。飲器失聲猶未瞥。象王已過萬重山。 趨避何須問六爻。祝人原不代烹庖。應真有骨遺荒野。童子徒勞仔細敲。 誰將鴉臭立當陽。惹得兒孫日夜狂。咄破本宗無實法。幾多趕鬧一時涼。	病中寫懷十偈	中原逐鹿苦無虞。一卷殘經且自劬。了得目前無剩法。威音那畔卻成輸。 三生玉食夢中灰。瞪發勞生孟浪猜。寄語靈山親付囑。夜光彈雀事堪哀。 萬藤多少倩誰刪。高駕長驅莫問關。飲器失聲猶未瞥。象王已過萬重山。 趨避因緣問六爻。祝人無計代烹庖。應真有骨遺荒野。賺得耆婆仔細敲。 誰將鴉臭立當陽。惹得兒孫日夜狂。滅卻本宗無實法。幾多熱鬧一時涼。
懷魯仲連	戰國有奇士。高談恥帝秦。抵掌解紛難。而非儀衍唇。千金笑不顧。終身居海濱。遡洄時未及。清風千古鄰。廉潔匪足慕。義重寧云貧。我悲士習陋。甘作名利臣。讀史發永歎。有志當同遵。	懷魯仲連	戰國有奇士。高譚恥帝秦。抵掌解紛難。而非儀衍脣。千金笑不顧。終身居海濱。廉潔豈足慕。義重非甘貧。我悲士習陋。競作名利臣。醜扇與蛆蟲。簪笏而垂紳。讀史發永歎。滔滔千古淪。
示費敬齋	業性雖本空。業緣每鬱蓊。不從作法門。終受幻罪籠。不觀實相心。魔宮無自動。慚愧既交攻。理事須一統。君不見。善星妄說法元空。長夜泥犁何日曬。又不見。涅槃會上未生怨。打破從前黑漆桶。	示費敬齋	惡業雖本空。業緣每鬱蓊。不從作法門。終受幻罪籠。不觀實相心。魔宮無自動。慚愧既交攻。理事須一統。君不見。善星妄說法元空。長夜泥犁何日曬。涅槃會上未生怨。打破從前黑漆桶。
長揖世間偈別社友	湖海浮遊十五年。空勞芒履幾番穿。守株緣木時師口。兔角龜毛教外傳。一點悲心惟控地。千場血淚可稽天。恩多成怨從來語。徹底掀翻且熟眠。	別友	湖海浮游十五年。腳跟芒履幾番穿。守株緣木時師口。兔角龜毛教外傳。萬竅悲風號控地。千腸血淚浸稽天。殷勤付與同仁士。徹底掀翻且熟眠。

絕餘編	卷四　詩偈	靈峰宗論	卷十之二　詩偈
山居百八偈（有小引）	抱病入山。了當大事之不暇。而暇作吟哦活計乎。然俯仰身世。自憫憫他。又似有不容默默者。隨意所到舉筆直書。積而數之偶成百八。蓋實不向吟哦中來。倘得意忘言。亦未必非了當大事之一助也。迺不毀而漫存之。 五十九 非我漫傷今。嗟時太不古。律法如亂絲。禪宗更莽鹵。庶幾義學家。猶然水添乳。悠悠淨土門。事理分捨取。各披祖父甲。翻傲負嵎虎。哀哉復哀哉。坐致魔軍侮。 六十二 調心如大地。寵辱何關意。美玉良自珍。角石翻成瘁。遏哉睡虎機。千古稱難企。誰知歌利王。鹿苑先蒙記。 六十六 壁影本非魑。孩童疑作鬼。白日忽升天。見徹無頭尾。秋深饒月華。春到多芳卉。根境未離藩。受用能有幾。 七十九 前際不可窮。後際不可極。現前介爾心。邊際渺難測。明明法界宗。妙觀胡墨墨。奮起金剛拳。打碎無生國。	山居六十二偈（有序）	抱病入山。了大事不暇。暇哦乎。然有不容默者。不向哦中來。儻得意忘言。未必非大事之一助也。 律法如亂絲。禪宗更莽鹵。紛紛義學家。猶然水添乳。悠悠淨土門。事理分捨取。各披祖父甲。翻傲負嵎虎。哀哉復哀哉。坐致魔軍侮。調心如大地。寵辱何關意。美玉良自珍。角石翻成瘁。遏哉睡虎機。千古稱難企。忍記歌利王。鹿苑成善逝。壁影本非魑。孩童疑作鬼。白日忽昇天。見徹無頭尾。秋深饒月華。春到多芳草。根境未離藩。受用能有幾。前際不可窮。後際不可及。現前介爾心。邊際渺難測。明明法界宗。妙觀胡墨墨。奮起金剛拳。打破無生國。
遣病歌	九華峰頭雲霧濃。三月四月如隆冬。敝袍厚擁供高臥。尚嫌煖性來無從。九華山中泉味逸。百滾千沸甘同蜜。拾取松毬鎮日煨。權作參苓療我疾。堪嗟我疾療偏難。阿難隔日我三日。寒殺闍梨熱亦然。已信浮生危脆質。豈從旦暮戀空	遣病歌	九華峰頭雲霧濃。三月四月如隆冬。厚擁敝袍供高臥。煖氣遠遁來無從。九華山中泉味逸。百滾千沸中邊蜜。捨取松毬鎮日煨。權作參苓療我疾。我疾堪嗟療偏難。阿難隔日我三日。豈向旦暮戀空華。悲我知門未詣室。是以持名日孜

	華。悲我知門未詣室。是以勤將神咒持。擬開同體妙三慈。我病愈時生界愈。剎那非速劫非遲。箇中消息誰當辨。痛癢相關漫自欺。		孜。擬開同體妙三慈。我病治時生界治。剎那非速劫非遲。
病餘寫懷四偈	一條拄杖兩芒鞋。海闊天空舒我骸。愛見慈悲終作疾。婆和學侶謾為儕。悅心有法聊成賞。糊口無糧卻是齋。好惡雲山隨意歷。莫商何地把身埋。 昔日曾吟五子歌。典刑依舊憶熙河。宗庭獨力除荒草。教律誰能共執柯。雨露重時恩念少。鉗錘辣處怨情多。堪嗟大願無方便。還向金錍自切磋。 勝心雖發足凡情。十載依稀舊路行。疵露任從人世撥。心虛惟念斷金盟。莊生有斧嫌無質。旭子徒存堊斲乎。笑殺巴人猶少和。引商刻羽欲誰賡。 大小由來出路岐。無端埋沒好男兒。花香暗被狂風洩。果嫩偏遭淫雨漓。收拾敗棋輸已半。搜羅剩騎氣方贏。三年嘗膽嗤非久。須學華嚴塵劫思。	病餘寫懷四絕	一條拄扙兩芒鞵。海闊天空任往來。愛見慈悲終作疾。婆和學侶謾為儕。 宗庭獨力除荒草。教律誰能共執柯。雨露重時恩念少。鉗錘辣處怨情多。 勝心雖發足凡情。十載依稀舊路行。莫笑巴人猶少和。引商刻羽欲誰賡。 大小由來出路岐。無端埋沒好男兒。三年嘗膽嗤非久。須學華嚴塵劫思。
丁丑季冬禮千佛於九華藏樓偈贈諸友（8首）	謾云苦瓠換甜瓜。應信慈尊並我家。念性不勞參水月。低頭已駕白牛車。 介爾靈明絕古今。摩尼豈被泪流侵。珠澄濁水清光露。映徹晴空萬像森。 堆山積嶽盡塵埃。力把慈風一夕摧。吹散鐵圍無暗地。何須拭目問明來。 昔年窠臼一時掀。臘盡春回日已暄。欲信崑崙泉脈動。但看河凍不勝轅。	禮千佛於九華藏樓贈諸友五偈	非千苦瓠換甜瓜。處處慈尊並我家。念性枉勞參水月。低頭已駕白牛車。 堆山積嶽盡塵埃。力把慈風一夕摧。吹散鐵圍無暗地。何須拭目問明來。 昔年窠臼剎那掀。臘盡春回日已暄。欲信崑崙泉脈動。但看河凍不勝轅。 靈犀一點性元通。觸境逢渠道自融。驀地舉時聲歷歷。相看同在寶樓中。

	歲月如流不可期。強將識性試旋思。三千鼻孔終無異。一樣鬚眉那自疑。 靈犀一點性元通。觸境逢渠道自融。驀地舉時聲歷歷。相看同在寶樓中。 芥翳非關眼性明。空華飄舞孰枯榮。道場當處無成毀。記取當年常不輕。 一體橫分想與情。冷然性計即無生。功成五悔非留惑。莫替樓頭最後盟。		一體橫分想與情。冷然性計即無生。功成五悔非留惑。莫替樓頭最後盟。
贈頂瞿師掩關念佛	一句彌陀聲歷歷。自他共離不可覓。是心作佛是心是。熾然感應真空寂。驀直歸來莫問津。無明睡裏轟霹靂。醒來捫枕笑呵呵。夢墮大河誰實溺。夢時非墮醒非超。一任凱風同奏勳。髻珠解處紹功成。內外空爭庶與嫡。權實由來不二門。白牛背上橫吹笛。一曲無生明月寒。從來不用降魔橛。	贈頂瞿師掩關念佛	阿彌陀佛聲歷歷。自他共離不可覓。是心作佛是心是。熾然感應真空寂。驀直歸來莫問津。無明睡裏轟霹靂。醒來捫枕笑呵呵。夢墮大河誰實溺。夢時非墮醒非超。一任凱風同奏勳。髻珠解處紹功成。內外空爭庶與嫡。無生曲裏明月寒。白牛背上吹橫笛。
因拄杖折聯成舊句	久將北斗面南看。回首家鄉月影寒。拄杖折時手眼瞥。芒鞋破處足心酸。不勞藏跡鍼鋒裏。偏解拋毬急水灘。一嘯忽傳林谷響。石人撫掌白雲端。	因拄杖折聯成舊句	縱橫北斗向南看。回首家鄉月影寒。拄杖折時手眼瞥。芒鞵破處足心酸。不勞藏跡鍼鋒裏。偏解拋毬急水灘。鸞嘯忽傳林谷響。石人撫掌白雲端。
夢感正法衰替痛哭而醒述寫懷二首	幾番視聽悚狼威。脂欲消時肉漸肥。自許肝腸終莫改。那堪聲氣合仍違。魔軍邪幟三洲遍。孽子孤忠一線微。夢斷金河情未盡。醒來猶自淚沾衣。 休言三界盡生盲。珠繫貧衣性自明。肯放眼前閒活計。使堪劫外獨稱英。不龜手藥猶分明。無上尸羅寧隔程。泣愬莫嫌頻入寐。會須踐我最初盟。	夢感正法衰替痛哭而醒寫懷二偈	魔軍邪幟三洲徧。孽子孤忠一線微。夢斷金河情水盡。醒來餘淚尚沾衣。 休言三界盡生盲。珠繫貧衣性自明。冐放眼前閑活計。便堪劫外獨稱英。

道過齊雲問訊真武	煙霞臟癖此中分。遙望名巒勢欲棼。擬向玉屏占瑞氣。還從金鼎挹香芬。千尋曲澗鳴流水。萬朵青山綴白雲。予亦佛門為外護。何妨破格友真君。	道過齊雲問訊真武	煙霞臟癖此中分。遙望名巒勢欲棼。柱杖石屏占瑞氣。袈裟金鼎挹香芬。千尋曲澗鳴流水。萬朵青山綴白雲。予亦佛門為外護。何妨破格友真君。
別玄覽	雨歇松林濕未收。寒蟬怯露聲如抽。九旬同住忽云別。孤懷不語偏悠悠。丈夫慷慨重一諾。片言矢志須千秋。白雲出沒竟何性。碧空青皎光沈浮。智士從大不從小。愚夫近慮無遠憂。皮囊愛惜終捐棄。虛名赫奕奚能留。何如曠覽寰區表。高登闊步遵玄猷。簷風吹醒循階夢。彈指先參慈氏樓。君不見。菁菁夏草今如許。翠柏霜殘葉不柔。	別玄覽	松嶺雨歇溼未收。怯露寒蟬聲如抽。同住九旬忽云別。不語孤懷偏悠悠。智士從大。不從小。愚夫近慮無遠憂。愛惜皮囊捐荒丘。虛名赫奕奚可雷。何如曠覽寰區表。闊步高登遵玄猷。吹醒循階夢。先參慈氏樓。君不見。翠柏霜殘青未已。瀼瀼蔓野今如燬。

（2）未刪改部分──輯《宗論》時，原稿或文集應完整

　　《宗論》收《淨信堂初集》五十首詩偈，未被刪改的有十一首，佔所收數量僅 22%。《宗論》收《絕餘編》十一首，內容未被刪改的只二首，佔所收數量的 18%。雖然未被刪改的詩偈數量很少，但，再加上就附件比較表被刪改的詩偈內容來看，有改內容的句數並不多，多是刪減數量和句數。

　　以這兩點來推論，成時在編輯《宗論》時，智旭原稿或文集刻本二者所加起來的文稿內容應該是完整的。只是，成時在「欲遍界流通，恐文言繁長，卷帙博大，費巨而難廣布」之入藏和流通因素的考量下，遂「節略字句，於各要敘述意致，加以評點」，可惜成時「自恃智能圓照，隨閱隨節，不加複勘，即行付刊」，造成破壞智旭文稿內容及史料完整性之負面結果。不過，本文推論成時在輯稿當時，只有「入藏」和「流通」之念，大概未曾想到其師原稿在之後會亡佚，所以才會改動文稿內容及刪減數量。

　　但，復以智旭三組詩題〈淨土偈六十首（有序）〉、〈病中寫懷三十首〉、〈山居百八偈（有小引）〉，詩偈數量即有 198 首，再加上其他類別之文稿，若不刪減，篇幅實巨，要刻版流通，籌資亦不易。因此，成時編輯《宗論》雖刪改智

旭文稿，造成「致文多隱晦，兼有口氣錯亂，詞不達意之處」〔註60〕，也讓智旭傳記史料減損，但在「入藏」和「流通」之前提下，編輯時也是煞費苦心。

3. 推論《宗論》有少數文稿為歷來寫刻之誤

在【表八】「淨信堂初集、絕餘篇和靈峰宗論詩偈內容刪改比較表」，發現有二首詩偈的內容，《淨信堂初集》及《絕餘編》原稿，和《宗論》所收詩偈的內容，只有一字不同，見下表。

【表九】《宗論》、《淨信堂初集》所收〈胡勞歎〉內容對照表

《淨信堂初集》〈胡勞歎〉	為問丈夫兒。胡勞發浩歎。娑婆本苦空。理欲原冰炭。矢作奇男子。神鬼已驚憚。況復魔網稠。觸處皆危難。冥冥三界中。何時夜方旦。所以出世賓。每勤如幻觀。歲寒松柏榮。爐燧金光燦。逆境是良師。止貴衷不亂。坐斷生死情。當處即彼岸。放下祖生鞭。拈起秦時鑽。為問丈夫兒。[何]勞發浩歎。
《靈峰宗論》〈胡勞歎〉	為問丈夫兒。胡勞發浩歎。娑婆本苦空。理欲原冰炭。矢作奇男子。空行已驚憚。況復魔網稠。觸處皆危難。冥冥三界中。何時夜方旦。所以出世賓。每勤如幻觀。歲寒松柏榮。爐燧金聚燦。逆境是良師。止貴衷不亂。坐斷生死情。當處即彼岸。放下祖生鞭。拈起秦時鑽。為問丈夫兒。[胡]勞發浩歎。

【表十】《宗論》、《絕餘編》所收〈寄懷未能〉內容對照表

《絕餘編》〈寄懷未能〉	文字離微影不留。玄機欲唱孰相酬。因憐屋中神猶隔。翻憶如愚益可收。九子峰頭標月指。千如境裏[辨]金鎞。靈犀通處知無朕。莫負持明助遠猷。
《靈峰宗論》〈寄懷未能〉	文字離微影不畱。玄機欲倡孰相酬。因憐屋中神猶隔。飜憶如愚益可收。九子峰頭標月指。千如鏡裏[辯]金鎞。靈犀通處知無朕。莫負持名助遠猷。

〈胡勞歎〉原詩是「[何]勞發浩歎」，《宗論》詩是「[胡]勞發浩歎」，在本詩中，「胡勞發浩歎」在第二句出現，在經過一番「娑婆本苦空」解說後，最末再問一次，變成了「何勞發浩歎」的反詰句合乎詩義；而《宗論》詩是「胡勞發浩歎」，是重複再問一次，於詩義也無不合，只是重複出現同樣的句子，判斷是刊刻時容易出現的訛誤。

而在〈寄懷未能〉原詩是「千如境裏[辨]金鎞」，《宗論》詩是「千如鏡裏

〔註60〕釋印光：〈淨土十要序（民十九年）〉，《印光法師文鈔續編下冊》卷下（臺北：華藏淨宗學會，2008 年），頁 418。

「<u>辯</u>金錍」,「辨」和「辯」二字,音同形似,應是刊刻時常見的訛誤。

　　但,因為這二個刊刻時出現的訛誤,只佔《宗論》所收《淨信堂初集》及《絕餘編》61 篇文稿中的 2 篇,比例 3%,所以,用來推論所有的文稿,所佔比例應該更低,是故,推論《宗論》所收文稿和原稿不同之因,是有少數文稿為刻版刻字訛誤。

(二)原稿與《靈峰宗論》對照分析之特點

　　本文首將《宗論》、《淨信堂初集》及《絕餘編》全文目錄做完整對照,編製【附錄二】「《淨信堂初集》、《絕餘編》和《宗論》全文目錄比較表」(簡稱「全文目錄比較表」),以下為整理後的各項數據統計表。

【表十一】《淨信堂初集》所收《絕餘編》和《靈峰宗論》全文目錄數據統計表

	淨信堂初集	靈峰宗論	收錄百分比	絕餘編	靈峰宗論	收錄百分比	備註
願文	60	38	61%	6	6	100%	
		亡佚本 13					
法語	51	32	62%	10	9	90%	
		亡佚本 128					
答問	8	5 分類「茶說」 1	75%	0	0		
	雜文 13 《宗論》無雜文分類	分類「答問」 1 分類「文」 2 分類「祭文」 2	40%	2	0	0%	
		亡佚本、性學開蒙及其他 23					
普說	0	亡佚本 3		0	0		
茶說	0	亡佚本 5		0	0		
說	0	亡佚本 17		0	0		
文	0	亡佚本 1		0	0		
偶錄	0	亡佚本及梵室偶談 5		0	0		
解	0	亡佚本 2		0	0		
書簡書	84	30	36%	11	7	63.6%	
		亡佚本 48					
論	3	3	100%	0	0		
		亡佚本 1					
辯	0	2		0	0		

議	0	1		0	0		
記	8	1 分類「緣起」 4	62.5%	0	0		
		亡佚本 5					
緣起	0	2					
序	19	13	68%	4	4	100%	
		亡佚本及其他 58					經論序不一定會收在文集中,故而加上「其他」
題跋	9	8	88%	5	3	60%	
		亡佚本及其他 50					
疏	25	14	56%	6	5	83%	
		亡佚本 14					
傳	5	4	80%	1	1	100%	
		亡佚本 6					
壽序	0	亡佚本 13		0	0		
塔誌銘	0	亡佚本 2		0	0		
祭文	0	亡佚本 5					
頌	1	1	100%	0	0		
		亡佚本 10					
銘	7	4(3)	100%	4	3	75%	《淨信堂初集》中的題歸一兄木竹杖、題水新蔣居士杖、題靈隱兄杖、題自用木竹杖等 4 首,在《宗論》合為杖銘四首 1 首
		亡佚本 7					
箴	0	亡佚本 1					
詞	0	亡佚本 1					
贊	23	3 (9)	13%	10	0	0%	《宗論》收贊文,會將同一尊佛菩薩贊的內容合為一首,經逐一核對內容後《淨信堂初集》收有 9 首、《絕餘編》收 4 首,為《宗論》文稿總數量計算一致性,仍以原來單純一首計算,例如合《淨信堂初集》2 首為《宗論》1 首,要 2 首均收才算 1 首,若 2 首只收 1 首,在《宗論》就不算有收集的數量

		亡佚本 38				
詩偈	101	50	49.5%	27	11	40.7%	《宗論》收錄《淨信堂初集》和《絕餘編》詩偈，會刪減詩組的詩數量，另外製表比較
		亡佚本及其他 105				
				對聯 4	0	0%
		《淨信堂初集》418	收《淨信堂初集》數量 212（215）	50.71%	《絕餘編》90	收《絕餘編》數量 49	54.4%
		未收 203	五本亡佚及單行本 619		未收 39	
			《宗論》文稿 831			

　　由上表可得知《宗論》所收七部稿集及稿外別行的七本單行本著作文稿共 831 篇。《淨信堂初集》共 418 篇文稿，《宗論》收 212 篇，比例佔 50.71%。而《絕餘編》文稿 88 篇，《宗論》收 49 篇，比例佔 54.4%。以《宗論》收文的比例而言，佔原稿百分之五十以上，有過半數的比重，可看出《宗論》在七本文集的選文上有一定的代表性和比例原則。

　　就單項而言，《淨信堂初集》收文比例最低的依序是「贊」、「書簡」、「雜文」，《絕餘編》收文比例最低的依序是「對聯」、「贊」、「雜文」。有關「贊」的收錄比例低，是因為《宗論》選收贊文後，會將同一尊佛菩薩贊的內容合為一首，經逐一核對內容後《淨信堂初集》收有 9 首、《絕餘編》收 4 首。本文為《宗論》文稿總數量計算一致性，仍以原來單純一首計算，例如合《淨信堂初集》2 首為《宗論》1 首，要 2 首均收才算 1 首，若 2 首只收 1 首，在《宗論》就不算有收集的數量。依此計算方式，《淨信堂初集》只算收 3 首贊，而《絕餘編》是 0 首。由此可得出第一個特點為：

1. 《宗論》在編輯時，有「合數文為一文」之原則

　　以此原則來分析《淨信堂初集》的書簡原稿有八十篇，在《宗論》只收三十篇，依附件「全文目錄比較表」分析，究其原因主要即是書信給同一人的且主題相似的，會合成一文，例如〈荅志隆〉、〈與曹源三書〉、〈荅水林二書〉、〈寄陳旻昭二書〉、〈荅曹源二書〉、〈復陳旻昭二書〉等。第二個原因是同一個人重複出現，已有選取文稿時，就會捨去不選，例如與曹源的書簡，在

《淨信堂初集》就收有 10 篇，但成時在選取五篇合為〈與曹源三書〉、〈荅曹源二書〉二篇後，其餘五篇就捨去。其他僅出現一次之書信未收者，觀內容或有屬於較個人情誼或私事方面之文，但以內容作為取捨觀點屬於編輯者成時主觀看法，本文無法推論。

《宗論》在《淨信堂初集》和《絕餘編》的「雜文」項目收錄較少，《絕餘編》的「對聯」4 首也未被收，未收原因是屬於編輯者成時主觀看法，本文無法推論取捨原因。

不過，因《宗論》在編輯某些文體文稿，有「合數文為一文」的原則，因此《宗論》在《淨信堂初集》和《絕餘編》的收文篇數及比例應會比前述《淨信堂初集》收 212 篇，比例 51.8%、及《絕餘編》收 49 篇，比例佔 54.4%還要高。

除了前述編輯特點的推論，依【表五】「全文目錄比較」還可以得出其他特點，分述如下：

2. 《宗論》文稿應是按七文集出版先後收錄

《宗論》共十卷，分二十八種文體分類文稿。【表五】「全文目錄比較」對《淨信堂初集》和《絕餘編》全部原稿目錄，依各文體和《宗論》的比較，可看出《宗論》是按《淨信堂初集》和《絕餘編》二本文集出版先後收錄，《宗論》所收文稿亦按二本文集原稿順序編列。《淨信堂初集》所收文稿「始未出家一二殘槁，止丙子入山（九華山）前之稿」，智旭於壬戌年一月，二十四歲時出家，本集所收文稿年數超過十三年以上，共四百一十五篇，《絕餘編》收丙子春入山後至戊寅秋前期間之文稿，集稿年數約二年餘，共九十篇文稿，其他亡佚五本文集，集稿年數最長者為《淨信堂續集》的五年。綜上資料，可推論「《宗論》係按七文集出版先後收錄，所收文稿亦有百分之九十九以上是按原文稿順序編列」。

由智旭現存之〈刻大乘止觀釋要序〉、〈仁義院古佛堂改禪寮引〉二份手跡可看到，在落款均書明寫作文稿的時間和地點，可惜目前除前述二份智旭手跡，其他仍未現蹤。在《淨信堂初集》和《絕餘編》現存刊本之原稿，也都是刪減文稿原有之時間和地點落款，不然，對智旭傳記史料之了解，可以更完整。

3. 智旭修持所撰之願文等多在出家至三十八歲期間

依【附錄二】「全文目錄比較」及下表【表十二】對照分析，《宗論》所收

願文、迴向文、懺文共五十七篇，其中自《淨信堂初集》收錄者有三十八篇，《絕餘編》六篇願文全收錄。而《淨信堂初集》所收文稿至丙子年春之前。而《絕餘編》收丙子春三十八歲至四十歲前之文稿。而自智旭四十歲那年秋天之後到五十七歲元月二十一日示寂，大約十六年期間，《宗論》其他五本亡佚文集共收十三篇願文、迴向文、懺文。這顯示，在智旭的修行階段，前半段著重在禮懺、持咒和念佛的加行修持。

【表十二】《靈峰宗論》、《淨信堂初集》、《絕餘編》所收願文對照統計表

	淨信堂初集	靈峰宗論	絕餘編	靈峰宗論
願文	60	38	6	6
		亡佚本　13		
《宗論》所收願文總數		57		

　　對於懺悔法門，他曾言「破戒雖惡，不如覆藏之尤惡。無過雖善，不如改過之尤善。改過一途，乃三世諸佛證菩提之通津也。故五悔法門，始自凡夫，終於等覺，無不藉此為進趣方便」〔註61〕、又說「吾人自迷真起妄以來，誰不造業。業有輕重，而果報隨之。於中轉重令輕，轉輕令盡，獨賴有懺悔一門耳」〔註62〕，由此可知，智旭對禮懺法門之重視，且說明懺悔之門「始自凡夫，終於等覺」，一生修持都須力行。他又深說懺悔法門：

> 如重業而能深悔，業遂冰消。設輕罪而不革心，終成定業。故經中稱歎二種健兒：「一者不作罪，二者作已能悔。」須知不作罪者，固是穩當。作而能悔，悔力若深，彌稱勇健。試觀三世諸佛，始從名字初心，極至等覺後際，罔不以五悔為進修方便。是以作法懺，能滅業障。取相懺，能滅報障。無生懺，能滅煩惱障。三障圓滅，三德圓成，三身圓顯，直捷痛快。所謂屠刀放下，便成佛也。〔註63〕

引文說作法懺、取相懺、無生懺三種懺悔法，分別能滅業障、滅報障、滅煩惱

〔註61〕　〔明〕蕅益智旭：〈批德輶懺悔文〉《淨信堂初集》卷七，明學主編：《蕅益大師全集》第七冊（四川：巴蜀書社，2018年），頁461。

〔註62〕　〔明〕蕅益智旭：〈涵白關主禮懺持咒募長生供米疏〉《淨信堂初集》卷七，頁476。

〔註63〕　〔明〕蕅益智旭：〈涵白關主禮懺持咒募長生供米疏〉《淨信堂初集》卷七，頁476。

障。而作法、取相、無生三種懺義為「作法，則依律所說，對首懺悔。取相，則嚴淨道場，專求感應。無生，則深觀實相，斷煩惱源」〔註64〕。又「此三種懺，前不兼後，後必具前」〔註65〕，是以無生懺兼具作法懺、取相懺之義，其義有《佛說觀普賢菩薩行法經》所云：「一切業障海，皆從妄想生，若欲懺悔者，端坐念實相。眾罪如霜露，慧日能消除，是故應至心，懺悔六情根」〔註66〕。

接著，智旭以一貫之實相圓解直捷痛快說因三懺悔法使業障、報障、煩惱障三障圓滅，讓解脫德、般若德、法身德三德圓成，然後應身、報身、法身三身圓顯。在第參章第三節將探討此三障三德皆在現前介爾一念心，「迷之舉體為惑業苦三障，悟之舉體為般若解脫法身三德。」

復因此懺悔法是「始自凡夫，終於等覺」，一生都須力行，是以，智旭雖在癸亥（天啟三年，1623）二十五歲時徑山大悟，但在之後的二十多年間仍然持續精進禮懺、持咒和念佛的加行修持，每次加行都會寫願文、迴向文、懺文，請求三寶加被並迴向法界眾生。由這些「以願導行」的願文，可以看到智旭以大菩提心願力的修行力量和方向。

4. 《宗論》所留智旭史料內容資料為真，仍具可信度

前述四篇探討《宗論》刪改期刊，其中謝金良〈也談蕅益智旭《靈峰宗論》刪改問題〉，提出質疑〈靈峰蕅益大師自傳〉的真偽，復質疑成時續補其師智旭五十四歲以後至五十七歲示寂後記載之真偽，因而在2006年作〈明末高僧蕅益智旭生平事實考辨〉，論證智旭生卒年。

經筆者多次研讀《宗論》、《淨信堂初集》和《絕餘編》，發現成時所刪改之智旭原稿，內容部分的刪改大約都是做精簡，但方式不同，第一種直接刪除他在編輯當時認為不重要，但對後世研究卻相當重要且豐富之相關史料，在下一節「九次出入靈峰山行跡」可看到詳細論證；第二種精簡是文句敘述上虛字的刪除，或刪減文句，也就是印光大師所言成時因「自恃智能圓照」，對智旭原稿是隨閱即隨刪節，又不加複勘，即行付刊刻，以致刪節之稿「文多隱晦，兼有口氣錯亂，詞不達意之處」〔註67〕，例如〈示慧幢上座〉，看原

〔註64〕〔明〕蕅益智旭：〈修淨土懺並放生社序〉《淨信堂初集》卷七，頁399。
〔註65〕〔明〕蕅益智旭：〈修淨土懺並放生社序〉《淨信堂初集》卷七，頁399。
〔註66〕〔宋〕曇無蜜多譯：《佛說觀普賢菩薩行法經》卷第九《大正藏》第9冊，CBETA, T09, no0277, p. 0393a14。
〔註67〕釋印光：〈淨土十要序（民十九年）〉，《印光法師文鈔續編下冊》卷下（臺北：華藏淨宗學會，2008年），頁418。

稿真的較容易了解智旭講述「真妄同源」〔註68〕之意：

【表十三】《靈峰宗論》、《絕餘編》所收〈寄懷未能〉內容對照表

《靈峰宗論》〈示慧幢〉〔註69〕經刪減	《絕餘編》〈示慧幢上座〉〔註70〕原稿
予讀子輿氏書，至舜盡事親之道，而瞽瞍底豫，見圓頓觀心要旨焉。夫父雖至頑，不可別覓他父，又不可如傲象之順命為惡。現前介爾一念無明頑父，即法性真父，順無明流，造業流轉，則是傲象。捨妄覓真，別觀法性，又成背父逃逝。善惡稍殊，均為不孝。六道凡夫，順無明而為惡者也，藏通別三種行人。捨無明逃逝者也，若知焚廩掩井之瞽瞍，即允若底豫之瞽瞍。則必盡事親之道於己躬。冑作順逆兩法以虧天性邪。（以下略）	予讀子輿氏書，至舜盡事親之道，而瞽瞍底豫，忽見圓頓觀心要旨焉。夫父雖至頑，不可捨之而別覓他父，雖頑父即我真父，不可如傲象之順命為惡，順命為惡非事親之道也，捨父別覓又可稱孝乎？現前介爾一念，亦復如是。全體即是無明，又全體即是法性。無明猶頑父也，法性猶真父也。順無明流，造業流轉，猶如傲象。捨妄覓真，別觀法性，猶如背父逃逝。雖善惡途轍稍殊，其為不孝均矣。六道凡夫，順無明而為惡者也也。藏通別三種行人，捨無明逃逝者也。若知焚廩掩井之瞽瞍，即是允若底豫之瞽瞍，則必盡事親之道於己躬，而冑作順逆兩法，以虧天性邪。（以下略）

所以，有關《宗論》所收文稿所留智旭史料部分，只有被精簡，並未被由真改動成偽，或妄造偽史，所以內容仍是真實，只是不完整，故而《宗論》資料在研究上仍是具有可信度。

第四節　靈峰寺與《靈峰宗論》

《靈峰宗論》以「靈峰」山名為書名，因智旭示寂前二年的五十七歲到五十七歲，晚年歸臥靈峰山。佛教會以「寺」或「山」名來紀念古德大師，而靈峰寺世稱為智旭根本道場，爰以「靈峰」山名來安立尊稱智旭。本節先介紹智旭與靈峰山之因緣，再討論《靈峰宗論》之架構及二篇補遺。

〔註68〕本文第叁章第三節將詳細分析介爾實相心「真妄同源」之義。

〔註69〕〔明〕蕅益智旭：〈示慧幢〉《靈峰宗論》卷十之二，《蕅益大師全集》第十八冊（臺北：佛教出版社，2014年），頁10420～10421。

〔註70〕〔明〕蕅益智旭：〈示慧幢上座〉《絕餘編》卷四，明學主編：《蕅益大師全集》第七冊（四川：巴蜀書社，2018年），頁543～544。

一、智旭與靈峰山：靈峰一片石，信可矢千秋〔註71〕

　　靈峰山，為古之北天目。靈峰寺則於五代後梁的開平元年（907），由義璘禪師始創，建號靈峰院；復於宋治平二年改額曰百福院，清乾隆甲辰正名靈峰講寺。〔註72〕在距今一千多年戰亂更迭的歷史變遷中，靈峰寺曾遭南宋末年金人攻入杭州之毀寺、元末戰火又起、清咸豐同治年間的太平天國之亂和文革時期等四大劫難，〔註73〕雖歷經各時期的復寺修繕，惟今寺中智旭手跡和與其相關古物幾已無存。但，智旭在初入靈峰便曾預言「靈峰一片石，信可矢千秋」〔註74〕，靈峰寺道場法脈當如智旭「但守一心」〔註75〕，法傳千秋。

　　世稱靈峰寺為智旭根本道場，他在靈峰寺示寂且歸終的色身舍利也葬於此，其法身舍利《靈峰蕅益大師宗論》以「靈峰」為名，並且以「靈峰」山名來安立尊稱智旭。不過，觀《蕅益大師年譜》（以下簡稱《年譜》）所載，智旭在外接眾弘法的時間，實比待在靈峰寺還長久。他二十四歲出家，三十三歲冬才始入靈峰，之後即使繼續在各地接眾弘法，卻仍會一再回到靈峰。其於五十三歲時自言是「北天目的老砆砆」〔註76〕，著作亦署名冠以「北天目」，更在示寂前二年的五十五歲，選擇晚年歸臥靈峰山。往來進出，實有因緣，一切皆作道會。

　　在參閱前賢以智旭為研究主題的論文、著作及期刊，以及反復閱讀文本之後，發現多處新史料，並對其自言行蹤一如「雲鶴孤蹤，本無適莫；一來一去，總不敢自作主張，惟佛是聽而已」〔註77〕、「緣會則來，麾之不得；緣盡

〔註71〕本段研究內容已於 2019 年 11 月 17 日參加浙江安吉北天目靈峰講寺所舉辦之紀念蕅益大師誕辰 420 週年「蕅益大師與淨土法門研討會」以〈靈峰片石，不讓東林——蕅益智旭持守靈峰山的道念〉為論文題目，並對內容作修改後發表。

〔註72〕《北天目靈峰寺志》影本，頁 19、75。

〔註73〕黃琦、光一著：〈靈峰山與靈峰寺〉，黃公元主編：《靈峰蕅益大師研究》（北京：宗教文化出版社，2011 年），頁 41。

〔註74〕〔明〕蕅益智旭：〈樂友偈〉《淨信堂初集》卷八，明學主編：《蕅益大師全集》第七冊（四川：巴蜀書社，2018 年），頁 4。

〔註75〕〔唐末五代〕永明延壽：《宗鏡錄》卷第二：「一乘法者，一心是。但守一心，即心真如門。一切諸法，無有缺少。一切法行，不出自心。唯心自知，更無別心。」，《大正藏》第 48 冊 CBETA, T48, no2016, p. 0425a13。

〔註76〕〔明〕蕅益智旭：〈自像贊三十三首〉《靈峰宗論》卷九之四，《蕅益大師全集》第十八冊（臺北：佛教出版社，2014 年），頁 11636。

〔註77〕〔明〕蕅益智旭：〈復程季清居士〉《淨信堂初集》卷六，明學主編：《蕅益大師全集》第七冊（四川：巴蜀書社，2018 年），頁 432。

則去，留之不能，貧納大似浮雲萍梗」〔註78〕、「其跡似違佛命，而其實皆奉佛敕，不敢以私心適莫也」〔註79〕等言，興起深入探討其與靈峰山之因緣。

　　復因聖嚴法師在《明末中國佛教之研究》言及智旭「出入靈峰山有九次之多」〔註80〕，但未詳細說明，而靈峰寺於 2007 年所編的《北天目山靈峰寺志》則記載八次，〔註81〕爰本文依據《靈峰宗論》及現存《淨信堂初集》、《絕餘篇》二本原稿文集，來討論智旭九次出入靈峰山行跡，及其以靈峰作為根本道場之因緣。

（一）九次出入靈峰山行跡〔註82〕

　　智旭與靈峰山的因緣始於明崇禎辛未年（1631），三十三歲入北天目靈峰山的靈巖寺百福院過冬，他賦〈樂友偈〉有句云：「靈峰一片石，信可矢千秋」。當時山中無藏經，他為作請藏因緣，於同年季冬作〈靈巖寺請藏經疏〉、〈六具沙彌請藏歸靈峰以偈示之〉。後離山，於崇禎壬申年（1632）第二次入靈峰山結夏安居，是年十月時仍在山，期間作〈靈峰寺為惺璧二友及石峨禮懺文〉等 11 篇願文。〔註83〕

　　壬申年（1632）十一月復離山至龍居〔註84〕撰〈龍居禮大悲懺文〉，及十二月〈又然香願文（十二月）〉。崇禎癸酉年（1633）正月，三十五歲撰〈禮淨土懺文〉，同年二月初六日歸一受籌師為靈峰攜藏經到浙江吳興，時值智旭修

〔註78〕〔明〕蕅益智旭：〈寄文學萬韞玉〉《淨信堂初集》卷六，明學主編：《蕅益大師全集》第七冊（四川：巴蜀書社，2018 年），頁 434。

〔註79〕〔明〕蕅益智旭：〈寄志隆泰公〉《淨信堂初集》卷六，頁 446。

〔註80〕聖嚴法師著；釋會靖譯：《明末中國佛教之研究》（臺北：法鼓文化，2009 年），頁 240。

〔註81〕釋慈滿、阮觀其主編：〈北天目山靈峰寺大事記〉《北天目山靈峰寺志》（北京：中國文史出版社，2007 年），頁 4～6。

〔註82〕本段行文僅引著作名稱者均出自《靈峰宗論》、《淨信堂初集》及《絕餘編》，為修潔註腳，不逐筆加註。

〔註83〕〈弔不忘文〉記載：「比丘智旭，居靈峰山中，於九月十五日聞不忘音公棄世」可知崇禎壬申年九月十五日，智旭在靈峰山。另，〈再禮金光明懺文（十月）〉有「又願大藏速完，莊嚴無乏」，願文中直言「大藏」，智旭在其他道場為靈峰祈願時會加靈峰或孝豐，此文未加地名，推論此懺文應十月時在靈峰所寫。〔明〕蕅益智旭：《淨信堂初集》，〈再禮金光明懺文（十月）〉，頁 294～295，〈弔不忘文〉，頁 463。

〔註84〕有關「龍居」現為何地，聖嚴法師在《明末中國佛教之研究》第 208 頁認為智旭到龍居之寺是聖壽寺，現今地名為浙江嘉興。靈峰寺現任住持慈滿法丈及黃公元教授認為「龍居」是龍居寺，亦稱永慶寺，位於今浙江杭州。

淨土懺儀畢，即同送藏入山，為靈峰請藏至。但只住了三晚，旋偕歸一師等人第三次離開靈峰山，結夏金庭西湖寺。〔註85〕

　　崇禎壬午年（1642），靈峰山中藏經裝成。他在離開靈峰十年後，於四十五歲，即崇禎癸未年（1643）孟夏第四次復返靈峰結夏。是年仲秋因感羣鶴集於靈峰之瑞，賦作〈中秋後二日群鶴集於靈峰賦靈鳥〉，「藉此為山志重興之兆」〔註86〕。是年冬，復離山至留都之普德講堂〔註87〕講法華經。

　　次年甲申年（1644）季春望日，智旭在普德講堂書〈刻大乘止觀釋要序〉〔註88〕之後，同年春天，四十六歲時第五次返靈峰，但「暫入旋出，席不暇暖」。〔註89〕是年冬，第六次返靈峰山，作〈入山四首〉，有句云：「靈峰片石舊盟新」〔註90〕。退作但三歸人，勤禮千佛萬佛及占察行法，誓閉死關得清淨輪相。終於清順治乙酉年（1645）正月元旦得清淨輪相。是年春，智旭四十七歲又離開靈峰山至石城（浙江吳興）。

　　離開靈峰四年後，於順治己丑年（1649）九月，他五十一歲時從金陵（江蘇南京）第七次歸臥靈峰山，撰〈北天目十二景頌〉，並於十一月初五日開始撰寫《法華會義》，甫成〈台宗會義自序〉，在靈峰病臥半月，至十九日方得勉強繼續撰寫，直至順治庚寅年（1650）二月完稿。續結夏北天目，有發心學律者十餘人，請智旭重講毘尼之學。其於六月二十一日撰〈重治毘尼事義集要序〉，八月初八日完書筆後撰〈重治毘尼事義集要跋〉。之後第七次離山弘法，冬住祖堂（江蘇江寧）。

〔註85〕〔明〕蕅益智旭：〈寄文學陳旻昭〉《淨信堂初集》，明學主編：《蕅益大師全集》第七冊（四川：巴蜀書社，2018 年），頁 438。

〔註86〕《北天目靈峰寺志》卷九「藝文下」，頁 110～111。

〔註87〕〔明〕蕅益智旭：〈孕蓮說（亦名求生淨土訣）〉：「癸未冬。予弘法華於普德。」《靈峰宗論》卷四之二，《蕅益大師全集》第十七冊（臺北：佛教出版社，2014 年），頁 10839。

〔註88〕〈刻大乘止觀釋要序〉智旭手稿照片，落款題「甲申季春望日蕅益智旭書於普德講堂」。〔明〕蕅益智旭；于德隆、徐尚定點校：《蕅益大師文集》（北京：九州出版社，2013 年）。

〔註89〕此段出入靈峰紀錄，依〈幻住雜編自序〉所記「癸酉、甲申之春，及辛卯冬，皆暫入旋出，席不暇暖」。癸酉二月中智旭送藏回山，三日後即離山，而辛卯冬智旭入山，次年壬辰春又離山結夏晟溪，二者皆與所記符合，爰甲申之春之記，雖在文稿找不到因何事暫入旋出，但本文依文章所載，計入第五次出入靈峰。

〔註90〕〔明〕蕅益智旭：〈北天目靈峰寺二十景頌（有序）〉《靈峰宗論》卷九之二，《蕅益大師全集》第十八冊（臺北：佛教出版社，2014 年），頁 11537。

順治辛卯年（1651）冬，其年五十三歲，第八次歸臥靈峰。次年（壬辰，1652）又離山結夏晟溪（浙江嘉興），直到二年後五十六歲時，順治甲午年（1654）二月後褒灑日，第九次還靈峰，夏臥病。此次歸臥靈峰，就如他在〈幻住雜編自序〉所言「痛謝他緣，畢志安臥。客歲名幻游，今應名為幻住也」〔註91〕。於幻住靈峰次年，其五十七歲，在順治乙未年（1655）正月二十一日，「晨起病止，午刻，趺坐繩床角，向西舉手而逝」〔註92〕。

依據前所論述因緣，試編智旭九次出入靈峰行跡年表：

【表十四】智旭九次出入靈峰行跡年表

朝代	年號	西元	甲子年	年歲	事跡
明	崇禎四年	1631	辛未年	33歲	秋始入北天目靈峰山的靈岩寺百福院過冬，賦〈樂友偈〉有句云：「靈峰一片石，信可矢千秋」。時山中無藏經，為作請藏因緣，於是年季冬為作〈靈岩寺請藏經疏〉、〈六具沙彌請藏歸靈峰以偈示之〉。 為靈峰淨社作〈淨社小序〉、〈靈峰寺淨業緣起〉、〈淨社盟（糾我同志易銘為盟）〉
明	崇禎五年	1632	壬申年	34歲	二月十九日，在龍居撰〈龍居禮大悲懺然香文〉，是年第二次入靈峰山結夏安居，至十月仍在山，作〈靈峰寺為惺璧二友及石峨禮懺文〉、〈結壇持大悲呪偈（壬申四月十五日）〉、〈結壇持往生呪偈（壬申五月十六日）〉、〈結壇念佛回向文〉、〈禮金光明懺文（八月初八日）〉、〈又完懺香文（十四日）〉、〈結壇禮大悲懺文（九月十六日）〉、〈補總持疏（八月二十六日起）〉、〈為父母普求拯拔啟〉、〈再禮金光明懺文（十月）〉、〈結壇禮懺並回向補持呪文〉。 十一月復至龍居撰〈龍居禮大悲懺文〉及十二月〈又然香願文（十二月）〉。 第一次和第二次在靈峰時還可判斷於靈峰完稿之作品： 雜文：〈為石峨舉火文〉、〈化鐵地藏疏〉。書：〈寄唵噓公〉、〈寄文學陳旻昭〉、〈寄邵僧彌

〔註91〕〔明〕蕅益智旭：〈幻住雜編自序〉《靈峰宗論》卷六之四，《蕅益大師全集》第十七冊（臺北：佛教出版社，2014年），頁11236。

〔註92〕〔明〕成時：〈靈峰蕅益大師自傳〉《靈峰宗論》卷首，頁10229。

					居士〉、〈寄志隆泰公〉、〈復程季清居士〉。詩偈:〈挽抱一〉、〈示章淨見法號明諦〉、〈示存樸〉、〈示惟一〉、〈示潘智海法號戒如〉、〈示成廉剃髮二首〉、〈示諸四完二首〉、〈示涵宏〉、〈示陳蘭宇〉、〈警初平〉、〈贈慧幢〉
明	崇禎六年	1633	癸酉年	35歲	正月撰〈禮淨土懺文〉,同年二月初六日歸一師到吳興,智旭修淨土懺儀畢,即同送藏入山,為靈峰請藏至。越三宿,旋偕歸師等人第三次離開靈峰山,結夏金庭西湖寺。
明	崇禎十年	1637	丁醜年	39歲	在安徽九華山撰〈完梵網香文〉內容有「六者痛念孝豐所請藏經,未獲供養。代為菩薩比丘心見,供養三寶,願心見比丘,福慧增隆,成茲勝事。」
明	崇禎十五年	1642	壬午年	44歲	靈峰山中藏經裝成。
明	崇禎十六年	1643	癸未年	45歲	孟夏第四次復返靈峰結夏。是年仲秋因感羣鶴集於靈峰之瑞,賦作〈中秋後二日群鶴集於靈峰賦靈鳥〉,「藉此為山志重興之兆」。是年冬,復離山至留都之普德講堂講法華經。
明	崇禎十七年 清順治元年	1644	甲申年	46歲	季春望日,智旭在普德講堂書〈刻大乘止觀釋要序〉,之後第五次返靈峰,但「暫入旋出,席不暇暖」。是年冬第六次返靈峰山,作〈入山四首〉,有句云:「靈峰片石舊盟新」。於〈與了因及一切緇素〉云:「今入山禮一七,又一日仍不得。禮懺時煩惱習氣現起,更覺異常。故發決定心,盡舍菩薩沙彌所有淨戒,作一但三歸弟子。待了因進山,作千日關房,邀佛菩薩慈悲拔濟,不然者,寧粉此骨於關中矣。」文稿:〈與沈甫受甫敦〉、〈與聖可〉、〈與了因及一切緇素〉、〈贈石淙掩關禮懺占輪相序〉、〈緣居序〉、〈用韻題背坐圖二首〉、〈和陳非白三首〉、〈和張興公二首〉。著作:《四十二章經》、《遺教經》、《八大人覺解》
清	順治二年	1645	乙酉年	47歲	正月元旦得清淨輪相。春,又離開靈峰山至石城(浙江吳興)五月初三日在浙江吳興石城山的濟生禪院,大悲心咒行法道場撰〈大悲行法道場願

					文〉，發六種願之四為「靈峰古剎復興」，發十種願之八「靈峰住山沙門，及某等早得清淨輪相，圓成福慧二嚴，深念苦空，專求出要。」
清	順治三年	1649	己醜年	51歲	九月，從金陵第七次歸臥靈峰山，撰〈北天目十二景頌〉，並於十一月初五日開始撰寫《法華會義》，甫成〈台宗會義自序〉，在靈峰病臥半月，至十九日，方得勉強繼續撰寫。 文稿：〈壽新伊大法師七袤序〉
清	順治四年	1650	庚寅年	52歲	2月《法華會義》在靈峰完稿，作〈法華會義自跋〉。續結夏北天目，有發心學律者十餘人，請智旭重講毘尼之學。他在六月二十一日撰〈重治毘尼事義集要序〉，八月初八日完書筆後撰〈重治毘尼事義集要跋〉，述〈占察疏自跋〉。 文稿：〈贈張興公序〉、〈復陳旻昭〉、〈復陳旻昭〉、〈復松溪法主〉、〈與見月律主〉、〈庚寅自恣二偈（有序）〉、〈蓮居庵新法師往生傳〉 是年第七次離山弘法，冬住祖堂。
清	順治五年	1651	辛卯年	53歲	季秋重登西湖寺。 冬，第八次歸臥靈峰。 重訂《選佛圖》，文稿：〈自像贊三十三首〉、〈辛卯除夕茶話〉
清	順治六年	1652	壬辰年	54歲	離山結夏晟溪。
清	順治八年	1654	甲午年	56歲	二月後襃灑日，第九次還靈峰，夏臥病。此次歸臥靈峰，如〈幻住雜編自序〉所言「痛謝他緣，畢志安臥。客歲名幻游，今應名為幻住也」。 選《西齋淨土詩》，制〈西齋淨土詩贊〉補入淨土九要，名《淨土十要》。 著作《閱藏知津》、《法海觀瀾》。 文稿：〈閱藏畢願文（甲午九月初一日）〉、〈大病中啟建淨社願文（十二月十三日）〉、〈儒釋宗傳竊議〉、〈艮六居銘〉、〈寄錢牧齋〉、〈復錢牧齋〉、〈幻遊雜集自序〉、〈閱藏知津自序〉、〈法海觀瀾自序〉、〈預祝幹明公六十壽序〉、〈入山二偈〉、〈雨窗偶詠二偈〉、〈五月二十七日大病初起偶述三偈〉、〈病

清	順治八年	1655	乙未年	57歲	起警策偈六章〉、〈閱藏畢偶成二偈〉、〈雨窗自喻四偈（九月十九日）〉、〈獨坐書懷二首〉、〈病中口號（十一月十八日）〉、〈病閑偶成（十二月初三日）〉、〈大病初起求生淨土六首〉、〈贈王雪友〉、〈甲午除夕〉
清	順治八年	1655	乙未年	57歲	幻住靈峰次年，正月二十一日晨起病止，午刻，趺坐繩床角，向西舉手而逝。 文稿：〈乙未元旦二首〉

上表在靈峰完成的文稿和著作，以文題、內容、時間有明顯記載者或可明確推論為限，其中有關歸一師為靈峰尋藏經，及智旭第三次與歸一師一起送藏入靈峰山，但只住三天即離山之行跡，是《淨信堂初集》卷六所收〈寄文學陳旻昭〉〔註93〕所載。〈寄文學陳旻昭〉一文，成時編《宗論》是收在卷五〈寄陳旻昭二書〉之其二，可惜全文內容由402字刪減成只留原文前面86字，所刪內容即本文前所引之智旭事蹟。由此可證明成時編《宗論》所刪文稿內容多是自己在當時認為不重要，但對後世研究卻相當重要且豐富之相關史料。爰本文以下論證史料，也是源自《淨信堂初集》和《絕餘編》二本原稿為主。

智旭除了以「靈峰一片石，信可矢千秋」表達對靈峰的第一印象，他在〈山客問答病起偶書〉對靈峰山當時的外在物質生活條件和環境也提出了「五美四惡」的看法〔註94〕，當時靈峰山是地處偏遠、交通不便、遊跡所罕及之地。但，他願意住在這種「病時醫藥難、者貧時借貸難、大風能飄瓦、者地瘠多砂，所生穀菜味皆劣」的寂靜處，還用「四屏」來摒除「四惡」，可知他是真心歡喜修行，真心喜歡靈峰。其「四屏」歸止修持方式是：

> 節口腹，慎寒暑，則少病。斯屏醫藥矣。少欲知足，則不貧，斯屏
> 借貸矣。緊覆茅，泥治壁，糊窗閉，斯屏風矣。依佛教戒，於美惡
> 食勿妄分別，趣療形枯，斯屏劣味矣。客拜曰善哉受教。請畢世依
> 君住。〔註95〕

〔註93〕〔明〕蕅益智旭：〈寄文學陳旻昭〉《淨信堂初集》，明學主編：《蕅益大師全集》第七冊（四川：巴蜀書社，2018年），頁438。

〔註94〕「靈峰有五美四惡。何謂五美：一者泉甘且多。二者黮陟不聞。三者暑不酷。四者寒燒柴火。五者蟲少。何謂四惡：一者病時醫藥難。二者貧時借貸難。三者大風能飄瓦。四者地瘠多砂，所生穀菜味皆劣」。〔明〕蕅益智旭：〈山客問答病起偶書〉《靈峰宗論》卷四之三，《蕅益大師全集》第十七冊（臺北：佛教出版社，2014年），頁10903。

〔註95〕〔明〕蕅益智旭：〈山客問答病起偶書〉《靈峰宗論》卷四之三，《蕅益大師全集》第十七冊（臺北：佛教出版社，2014年），頁10904。

在這種舍妄歸真的心態下，其於十二年後，四十五歲時第四次至靈峰結夏，賦作〈中秋後二日群鶴集於靈峰賦靈鳥〉有言「中秋後二日，群鶴集靈峰，野納喜之，有終其身之志焉，賦靈鳥」，賦中言及對靈峰產生「終其身之志」。爰以下將以文本梳理智旭九次出入靈峰之因，及選擇靈峰為根本道場之持念。

（二）以靈峰作為根本道場之因緣

本段以「崇禎辛未冬到靈峰安居之因」、「再復入山之因：社盟片石，友尚古今」，來探討智旭以靈峰作為根本道場之「以鬮問佛，定安居處」、為靈峰請藏和靈峰淨社等因緣。

1. 崇禎辛未冬到靈峰安居之因

前已述智旭自言大似「浮雲萍梗」，行縱緣會緣盡惟佛是聽而已。在反復細讀文本後，對其初入靈峰之因，分析如下直接和間接二點緣由。

（1）以鬮問佛，定安居處

他在〈靈岩寺請藏經疏〉中提到辛未冬到靈峰安居之因：

> 適欲先注梵網，提律學綱宗。以鬮問佛，定安居處。乃九鬮中，獨得靈峰山靈岩寺之百福禪院。院雖創自後樑，但淪為應院者已久，今忽改為禪，人人怕道心，而法法皆未備。予擬一年之後，注經既畢。仍向他方完閱藏初心。〔註96〕

他於崇禎庚午年（1631）三十二歲時，擬注梵網經，作宗賢首、宗天臺、宗慈恩、自立宗等四鬮問佛，頻頻拈得天臺鬮。在同時「以鬮問佛，定安居處」，得到的結果是「九鬮〔註97〕中，獨得靈峰山靈岩寺之百福院」。九鬮得一，機率極微，但他並沒有立刻到靈峰安居，因為這期間惺谷道壽、璧如廣鎬二盟友〔註98〕相繼因病去世，所以到三十三歲，才始入北天目靈峰山。

〔註96〕〔明〕蕅益智旭：〈靈岩寺請藏經疏〉《淨信堂初集》卷七，明學主編：《蕅益大師全集》第七冊（四川：巴蜀書社，2018 年），頁 472。

〔註97〕2019 年 11 月 17 日「蕅益大師與淨土法門研討會」與會人員九江學院盧山文化研究中心李勤合先生回饋意見「九鬮內容為何？」經查現有文獻，未有相關記載。

〔註98〕聖嚴法師在《明末中國佛教之研究》頁 175 說，智旭與惺谷道壽、雪航智楫、歸一受籌和璧如廣鎬等人為盟結毘尼社，期能以五位持律比丘傳承戒律。惟因惺谷道壽和璧如廣鎬在智旭三十三歲時示寂，而他在三十五歲拈得菩薩沙彌鬮，故之後在〈寄如是兄〉有言「猶幸歸師、緣幻師，徹因、慧幢二公和合共持，待仁者來，即為五比丘如法住世，正法賴以不滅」，未把自己算在五比丘之內。又，在《北天目靈峰寺志》卷四「僧侶」頁 33，載有「緣幻禪師，

（2）靈峰片石，不讓東林

上述為智旭到靈峰之直接原因，本文再推論另外一個間接但重要的因緣。

智旭於壬戌年二十四歲出家，在夏、秋二季作務於雲棲寺時，即與雪航智檝盟出世交。〔註99〕之後因律學，他在文稿中也提及與雪航公多次相處，〔註100〕所以，本文推論，其盟友雪航智檝在靈峰結淨土蓮社，成為他到靈峰之間接原因，最後並圓成晚年一心念佛求生淨土的心願，選擇歸臥靈峰之重要因緣。

有關靈峰結淨社淵源，分析如下：

a. 靈峰淨社始於明萬曆初

有關明末的靈峰山，智旭曾言「孝豐為蔑戾車地，靈峰為農佶民家。近因嚴抱一之坐逝此地，始知有佛法。因雪航公之宣導，此家始轉為禪林」〔註101〕，又說「石巋頎公，乘往昔願輪，托蹤應院，敦請雪航檝公述蓮師遺軌，結社茲山」〔註102〕，可知靈峰從不信佛法之地轉變成結淨社而佛聲浩浩之林，石巋頎公、雪航檝公等實是宣導之人。

石巋頎公，依《靈峰寺志》〔註103〕記載，即為石峨禪師（寺志記「崇禎末年逝」），字頎道。有關石峨禪師卒年，在崇禎壬申年（1632），智旭三十四歲第二次入靈峰山結夏安居時，作〈靈峰寺為惺璧二友及石峨禮懺文〉，

手裝靈峰藏經成冊，築樓藏之」。未知是否為同一人，此資料並同敘明。〈寄如是兄〉，《淨信堂初集》卷六，明學主編：《蕅益大師全集》第七冊（四川：巴蜀書社，2018 年），頁 443。

〔註99〕〈樂如法佺四十壽語〉有言「予壬戌夏，出家行腳，首至雲棲，即與雪航檝兄盟出世交」，於〈尚友錄序〉亦載「且如雪公與我，久已盟交於五雲」。〈尚友錄序〉《淨信堂初集》卷五，頁 389。〈樂如法佺四十壽語〉《靈峰宗論》卷八之二，《蕅益大師全集》第十八冊（臺北：佛教出版社，2014 年），頁 10219～10220。

〔註100〕〈毗尼事義集要緣起〉「戊辰春，遇雪航檝公，欣然有嚴淨毗尼之志。因念向以入山心迫，所錄猶多疎漏，乃就龍居禪窟，再檢藏文」，《淨信堂初集》卷五，頁 438、〈八不道人傳〉：「三十歲，出關朝海，將往終南。道友雪航，願傳律學，留住龍居，始述《毗尼事義集要》及《梵室偶談》」，《靈峰宗論》卷首，頁 10219～10220、〈為雪航檝公講律刺血書願文〉：「崇禎己巳春，正月十有五日，菩薩戒比丘智旭，為同學比丘智檝，講四分戒本」，《淨信堂初集》卷一，頁 264。

〔註101〕〔明〕蕅益智旭：〈寄文學陳旻昭〉《淨信堂初集》卷六，明學主編：《蕅益大師全集》第七冊（四川：巴蜀書社，2018 年），頁 430。

〔註102〕〔明〕蕅益智旭：〈靈峰寺淨業緣起〉《淨信堂初集》卷五，頁 383。

〔註103〕《北天目靈峰寺志》卷四「僧侶」，民國 24 年歲次乙亥春重印，頁 32～33。

懺文記載：

> 又為現在叢林主人，抱病菩薩，沙彌大頎，普運慈心，共興勝意，
> 相與和合一心，肅恭三業。……次念大頎沙彌，棄應歸禪，重興蓮
> 社，雖破戒犯齋，錯因昧果，現生之惡業洪深而任怨任勞，不覆不
> 退，一念之善緣亦厚，乃纏奇症，備受苦辛。固或轉重而就輕，尤
> 望速瘥以慰眾。……〔註104〕

依引文所述，石峨禪師在壬申年重病，智旭至靈峰結夏時為其禮懺文祈願。
然，在靈峰期間，智旭復作〈為石峨舉火文〉〔註105〕，即為石峨禪師荼毗儀
式，舉火所作之文，文中有言「幸而撞著素華道人，依舊完汝平生公案，打破
皮囊，莫教重受。放開心眼，應念知歸。大眾還見麼：業運已從薪火盡，優曇
早向焰中開」。所以，本文推論石峨禪師卒年為崇禎五年。

　　因石峨禪師與雪航智檝〔註106〕為友，明隆慶己巳年（1569）六如沙彌請
師至靈峰說法，萬曆初，雪航禪師游靈峰，偕石峨禪師結社演經，此社應是
「淨社」。〔註107〕

　　b. 復淨社於明崇禎辛未年

　　《靈峰寺志》記載淨社始於萬曆初，惟智旭在辛未年（1631）初到靈峰
時，稱靈峰淪為「應院」已久〔註108〕，由前引文言及石峨禪師「棄應歸禪，
重興蓮社」，推論在萬曆年初創社後曾歸於沉寂。而〈西指抱一粹沙彌傳〉，
則記載靈峰淨社在明崇禎辛未年復社相關資料：

> 歲庚午，雪航檝公就其庵結冬，激以速現僧相，欣然允之。時有
> 執平昔之言而阻者，則應曰：予今耳已重聽，安能保至七十耶？
> 辛未春偕雪公入杭，剃除鬚髮，遙禮季賢師為和尚，予為授十戒
> 法。以年踰六旬，遵佛制不進具，又發大心，從予受菩薩戒，次
> 復禮舍利於鄮峰，行分衛於古越，歸應靈峰百福院請，與雪公同
> 創淨業。於時清規初立，輿情未調，雪公日加督訓，而公以靜默

〔註104〕〔明〕蕅益智旭：〈靈峰寺為惺壁二友及石峨禮懺文〉《淨信堂初集》卷二，
　　　　明學主編：《蕅益大師全集》第七冊（四川：巴蜀書社，2018年），頁288。
〔註105〕〔明〕蕅益智旭：〈為石峨舉火文〉《淨信堂初集》卷七，頁463。
〔註106〕《北天目靈峰寺志》記載雪航法師「生卒年不詳，崇禎年間歿」，《北天目靈
　　　　峰寺志》卷四「僧侶」，民國24年歲次乙亥春重印，頁32～33。
〔註107〕《北天目靈峰寺志》卷四「僧侶」，民國24年歲次乙亥春重印，頁32～33。
〔註108〕〔明〕蕅益智旭：〈靈岩寺請藏經疏〉《淨信堂初集》卷七，頁472。

鎮之。不半年，道風一振。秋八月，暫回西指，微疾數日，沐浴
更衣，毅然坐逝。……〔註109〕

辛未年春，抱一粹沙彌偕雪航師入杭出家，時智旭在武林蓮居庵（浙江杭縣），
為抱一粹沙彌授十戒法和菩薩戒，之後至靈峰百福院，與雪航師復創淨社，
不到半年，道風一振。同年秋八月，抱一粹沙彌坐逝，智旭在是年冬入靈峰
後，為作詩偈〈挽抱一〉。並為此社作〈淨社小序〉，言「社以淨者，淨戒為
因、淨土為果、淨法為業、淨友為依，是出世之法社也」〔註110〕。

　　另外，在〈靈峰寺淨業緣起〉也記載有關淨土復結社之始，和對靈峰淨
社之期語：

惟茲淨土玄猷，始自匡嶽。以及五雲。或刻蓮漏於六時，或發妙
宗於三觀，或導萬善以同歸，或融一心於事理。總之法無不收，
機無不攝，故得法流益久，法道愈光。聲化所洽，遠及山谷。於
時郭〔註111〕南靈峰講寺，石戺顗公，乘往昔願輪，托蹤應院，敦
請雪航檝公述蓮師遺軌，結社茲山。於時左輔右弼者，復有抱一
粹沙彌、季清程居士。粹則甫著袈裟，儀同百臘。程則宗門角虎，
神棲九蓮。共稟彌陀弘願，同闡勢至法門。〔註112〕

引文述及淨土法門，始自盧山慧遠大師在東林寺一百二十三人結社刻蓮漏禮
六時之念佛、宋朝四明知禮《觀無量壽佛經疏妙宗鈔》之一心三觀、唐末五
代永明延壽《萬善同歸集》之導「眾善所歸，皆宗實相」或「融一心於事理」、
直至明末雲棲蓮池大師之大弘淨土，來說明淨土是「法無不收，機無不攝」
之殊勝法門。而在靈峰講寺，始自萬曆初結淨社，辛未年復有抱一粹沙彌、
程季清居士等護法，一起「共稟彌陀弘願，同闡勢至法門」，復啟靈峰之淨社。

　　智旭對靈峰之淨社演法，除了為文作〈淨社小序〉、〈靈峰寺淨業緣起〉、
〈淨社盟（料我同志易銘為盟）〉以記之，並在〈寄唵噦公〉書信中有句「靈
峰片石，不讓東林」〔註113〕，在其心中，實是將靈峰淨社比為盧山慧遠大師

〔註109〕〔明〕蕅益智旭：〈西指抱一粹沙彌傳〉《淨信堂初集》卷五，明學主編：《蕅
　　　　益大師全集》第七冊（四川：巴蜀書社，2018年），頁374。
〔註110〕〔明〕蕅益智旭：〈淨社小序〉《淨信堂初集》卷五，頁393。
〔註111〕古時郭邵（縣）為今浙江安吉縣西北。
〔註112〕〔明〕蕅益智旭：〈靈峰寺淨業緣起〉《淨信堂初集》卷四，頁382～383。
〔註113〕〔明〕蕅益智旭：〈寄唵噦公〉《淨信堂初集》卷六，明學主編：《蕅益大師
　　　　全集》第七冊（四川：巴蜀書社，2018年），頁430。

在東林寺一百二十三人結社念佛，均有往生瑞相之先聖大德事蹟，也是一種念參齊舉的期許。

（二）再復入山之因：社盟片石，友尚古今

智旭在三十三歲冬始入靈峰，離山之後繼續在各地接眾弘法，卻仍一再回靈峰，並且在示寂前二年的五十五歲，選擇晚年歸臥靈峰山，其中緣會，本文以近因和深遠之因二點來分析。

1. 近因：允作請藏因緣，復言俟裝藏完成為進山之期

他在〈靈岩寺請藏經疏〉末後曾提及「允久住之因」：

> 適欲先注梵網，提律學綱宗。以闍問佛，定安居處。乃九闍中，獨得靈峰山靈岩寺之百福禪院。院雖創自後樑，但淪為應院者已久，今忽改為禪，人人怕道心，而法法皆未備。予擬一年之後，注經既畢。仍向他方完閱藏初心。乃有六具周沙彌，遂發心捐資若干金，倡始徑請大藏入山，留予久住。予嘉其志，並愛山中人多篤實向道，故允其請。〔註114〕

因靈峰無藏經，他本擬在靈峰安居一年注梵網經，注經畢後再離山至他方閱藏，繼續完成其「一意宗乘，用補末世禪病之偏，如備采眾藥。自療療他之初心」〔註115〕之志。因六具周沙彌，發心捐資請藏經入山，以請求留他久住，他也嘉許六具沙彌發菩提之志，又愛山中人多篤實向道，故允眾人所請，這是他應允靈峰請藏後久住之始因。

但為何在癸酉年二月中，他為靈峰請藏三日後，卻旋即離山？究其原因，除了是他已「拈闍洞庭」結夏安居，另外，在文稿中也數處提到「靈峰之局，一年已完」之語：

> 靈峰之局，一年已完，明歲結夏，的在洞庭。雲鶴孤蹤，本無適莫。一來一去，總不敢自作主張，惟佛是聽而已。〈復程季清居士〉〔註116〕
>
> 明年決定小西湖結夏，歸師亦決作三年禁足。不肖雖分半身閱藏，然必以此為定局。〈復曹源洵公〉〔註117〕

〔註114〕〔明〕蕅益智旭：〈靈峰寺淨業緣起〉《淨信堂初集》卷五，明學主編：《蕅益大師全集》第七冊（四川：巴蜀書社，2018 年），頁382～383。

〔註115〕〔明〕蕅益智旭：〈靈岩寺請藏經疏〉《淨信堂初集》卷七，頁472。

〔註116〕〔明〕蕅益智旭：〈復程季清居士〉《淨信堂初集》卷六，頁432。

〔註117〕〔明〕蕅益智旭：〈復曹源洵公〉《淨信堂初集》卷六，頁433。

不肖靈峰之期已及一年，雖欲勉強再過殘冬，復被季清接出，可見佛前之鬮，決不可強。後會未期，幸各努力，以為刮目之地。吾在山一年，德薄福淺，不能廣作利益，但大悲種子，堅諸寸衷。〈寄文學沈九申〉〔註118〕

……貧納與歸一師兄，本拈鬮結伴洞庭，誓不相舍離，而同志數人，亦皆忘身為法，去住共俱。倘一日捐西湖而之虎丘，此間仍復一空。雖云將來尚可再至，而倏聚倏散，殊違出家規式，一不可也。律中既許彼處安居，不容輒改。今設應命，違律不祥，二不可也。此間之局已始，孝豐之案未終，凡夫身力，豈能更應余方，三不可也。〈與水部胡遠志〉〔註119〕

他離山后，於〈又復萬韞玉〉言「進山之期，必俟藏完，未可以明秋為訂」〔註120〕，在〈寄文學沈九申〉書信中復言：「藏經春初決回，莊嚴之責，尤非居士不能。倘藏無完成之期，貧納亦無進山之期。俟完藏後，飛一的信，自當飄然復入山矣」〔註121〕，把藏經莊嚴之責，先交付沈九申居士，並應允只要接到靈峰確切裝藏完成資訊，定再復入山。

惟至清順治壬午年（1642），即請藏九年後靈峰山中藏經才裝成。而靈峰九年才裝藏完成之因，推論是前提及「孝豐之案未終」之公案。靈峰山位在當時浙江孝豐，「孝豐」隱指「靈峰」，或許是與這段公案有關。這段公案詳情不明，在〈復文學沈九申〉和〈復雪航檄公〉稍有言及因此段公案，智旭為避杯弓蛇影之疑及待時節因緣，故直至裝藏完成時才依諾復到靈峰：〔註122〕

雪師公案，豈敢忘懷。但俟時節因緣以為效忠之地，非僅為遠嫌避疑計也。〈復程權可居士〉〔註123〕

裝藏之議，誠如所云……前晤古師，言許九月十五始事矣。待講期畢，再議藏事，方有條敘。但貧納此翻進山，必得航公有柬，或彼

〔註118〕〔明〕蕅益智旭：〈寄文學沈九申〉《淨信堂初集》卷六，明學主編：《蕅益大師全集》第七冊（四川：巴蜀書社，2018年），頁436。

〔註119〕〔明〕蕅益智旭：〈與水部胡遠志〉《淨信堂初集》卷六，頁439。

〔註120〕〔明〕蕅益智旭：〈寄文學沈九申〉《淨信堂初集》卷六，頁435～436。

〔註121〕〔明〕蕅益智旭：〈寄文學沈九申〉《淨信堂初集》卷六，頁435～436。

〔註122〕四篇引文時間順序為〈與水部胡遠志〉、〈復文學沈九申〉、〈寄志隆泰公〉、〈復雪航既公〉。

〔註123〕〔明〕蕅益智旭：〈復程權可居士〉《淨信堂初集》卷六，頁433。

肯自來方妙。否則姑俟一年二年，留作未了公案，不應急促，以致
弓蛇人杌之疑也。〈復文學沈九申〉〔註124〕

靈峰殘局，爾我一體，兄既棄如敝屣，不肖復何羨乎。倘憐大藏將
至散失，不惜運神通力一成就之，亦足仞弘誓深心，有始有終也。
〈復雪航檝公〉〔註125〕

上述引文是按《淨信堂初集》所收順序而列，依前述引文內容可推論，「孝豐
之案」未終，而裝藏之事便擱置了，其再入山之事也一再延宕。後來，智旭三
十九歲在安徽九華山時，撰〈完梵網香文〉內容有「六者痛念孝豐所請藏經，
未獲供養。代為菩薩比丘心見，供養三寶，願心見比丘，福慧增隆，成茲勝
事」〔註126〕，可見，他雖遁跡九華山，但仍心念靈峰裝藏一事，在願文中供
養靈峰藏經，祈願早日莊嚴。

2. 深遠之因：再啟建靈峰淨社舊盟

他曾於初入靈峰時為靈峰淨社作〈淨社盟〉〔註127〕，復於清順治甲午年
十二月十三日，五十六歲大病時在靈峰啟建靈峰淨社，再結淨社舊盟，作〈乙
未元旦二首〉有句云「況兼已結東林社，同志無非法藏臣」〔註128〕。更於〈大
病中啟建淨社願文〉中，將念佛求生淨土之理稱為「咸歸秘藏」：

又願同行法侶，無論旭存與否，堅志同修，有始有卒。又願外護沙
彌，無論旭存與否，誠心營事，勿懈勿失。以此殊勝淨因，回向無
上極果，普與含生，咸歸秘藏。〔註129〕

「秘藏」即《涅槃經》所說大涅槃所具之三德（法身德、般若德、解脫德）之
秘密藏，即見性成佛。智旭將念佛求生淨土之理稱為「咸歸秘藏」，就是把念
佛求生淨土視為見性成佛之三德秘密藏，也是他一生「損己利人」窮研教理
著述，矻矻教眾生出生死成菩提之道。

〔註124〕〔明〕蕅益智旭：〈復文學沈九申〉《淨信堂初集》卷六，明學主編：《蕅益
　　　　大師全集》第七冊（四川：巴蜀書社，2018 年），頁 440～441。

〔註125〕〔明〕蕅益智旭：〈復雪航檝公〉《淨信堂初集》卷六，頁 472。

〔註126〕〔明〕蕅益智旭：〈完梵網香文〉《絕餘編》卷一，頁 535。

〔註127〕〔明〕蕅益智旭：〈淨社盟〉《淨信堂初集》卷七，頁 488。

〔註128〕〔明〕蕅益智旭：〈乙未元旦二首〉《靈峰宗論》卷十之四，《蕅益大師全集》
　　　　第十八冊（臺北：佛教出版社，2014 年），頁 11765～11766。

〔註129〕〔明〕蕅益智旭：〈大病中啟建淨社願文〉《靈峰宗論》卷一之四，頁 10382。

（三）本段研究所得史料：靈峰片石舊盟新

本段以第一手資料為主，首次探究「智旭與靈峰山之因緣」，一切皆因道會：請藏因緣而始，因靈峰淨社這一線貫連這一因緣，直至示寂前重建靈峰淨社門續舊盟。

本段分析智旭九次進出靈峰山、辛未冬到靈峰安居之因、一再復入靈峰之緣等，除了論證他與靈峰之因緣，也期能在學術海，以這些研究結果，對靈峰山的歷史，以及《蕅益大師年譜》內容作史料補充之一滴貢獻。有關本段研究所得相關史料之補充、研究限制和未來展望，整理如下：

一、探討智旭九次出入靈峰之因緣、時間和行跡，可補《蕅益大師年譜》記載。

二、「智旭九次出入靈峰行跡年表」在靈峰完成的文稿和著作，以文題、內容、時間有明顯記載者或可明確推論為限，補充《年譜》和聖嚴法師在《明末中國佛教之研究》第肆章所做之「《宗論》所錄文獻編次年代一覽表」內容。

三、本文首次整理出有關「靈峰請藏因緣，六具沙彌發心，歸一受籌為尋藏經，智旭與歸一師一起送藏入靈峰山，但只住三天即離山」之事蹟。

四、推論出石襄頎禪師卒年為明崇禎五年、靈峰淨社起社及辛未年復社之史。

五、靈峰裝藏九年之因，推論是「孝豐之案未終」之公案。

六、智旭在〈寄如是兄〉提及五比丘如法住世為歸一受籌師、緣幻師，徹因果海、慧幢及如是道昉師（誦帚師），並未把自己算在五比丘之內。又，在《北天目靈峰寺志》卷四「僧侶」頁33，載有「緣幻禪師，手裝靈峰藏經成冊，築樓藏之」，目前尚未有其他資料證明與「緣幻師」是否為同一人。

惟，智旭七本文集現僅存《淨信堂初集》和《絕餘編》，而這二本文集所收是他四十歲那年秋天之前的文稿，爰現依二本原稿所能補其年譜之史料限制，只有在智旭四十歲秋天之前，之後相關史料補闕，有待其他五本亡佚文集因緣再現。

此外，聖嚴法師所做「《宗論》所錄文獻編次年代一覽表」，是目前最完整的《宗論》文稿編序表，本文在第一節「智旭九次出入靈峰行跡年表」時，

對上開「編次年代一覽表」有關在靈峰所作之文稿著作年代有些疑義。因本文限於靈峰山時期作品研究，未來可以《淨信堂初集》和《絕餘編》二本原稿文集，就「《宗論》所錄文獻編次年代一覽表」做四十歲秋天之前全面補充及校對之研究。

二、《靈峰宗論》之架構及補遺

本段先介紹《宗論》之內容架構，再探討三篇補遺及「藕益」、「蕅益」之辨。

（一）《靈峰宗論》之架構

乙未年（1655）臘月十四日，輯《宗論》之成時在〈靈峰蕅益大師宗論序〉[註130] 言「而七部彙總以宗論收之。合十大卷，分三十八子卷」。次日臘月十五日，成時復撰〈靈峰蕅益大師宗論序說〉：

> 今輯七槁為一，作者海印炳現，讀者古鏡全收。庶天朝採錄，無零落割裂之虞矣。大卷唯十，避繁也。一一卷中，復開子卷，備梵冊也。文以類出，取便耳，非以文體也。見文則昧道，因文則明道，達文則證道。證道，而後知文無體也。[註131]

由上述兩段引文可知，為避繁，成時輯七部文集及其他單行本為十大卷，分三十八子卷，另為輯書方便，以文稿內容相類似來分，非是以文體為分類。有關《宗論》架構，分別介紹如下：

1. 卷一：願文

依以下「《淨信堂初集》、《絕餘編》和《宗論》願文整理比較表」分析，卷一「願文」分四小卷，《宗論》「卷一之一願文一」收《淨信堂初集》卷一「願文」21 篇，是三十三歲前之願文，「卷一之二願文二」收《淨信堂初集》卷一、二「願文」17 篇，壬申年 34 歲到 38 歲的願文。《絕餘編》卷一「願文」6 篇收於《宗論》「卷一之三願文三」。《宗論》其他 13 篇願文是收錄於《閩遊集》、《西有寱餘》、《幻遊襍集》和《幻住襍編》五本亡佚文集。

〔註130〕〔明〕堅密成時：〈靈峰蕅益大師宗論序〉《靈峰宗論》卷首，《蕅益大師全集》第十六冊（臺北：佛教出版社，2014 年），頁 10197。

〔註131〕〔明〕堅密成時：〈靈峰蕅益大師宗論序說〉《靈峰宗論》卷首，頁 10201。

【表十五】《淨信堂初集》、《絕餘編》和《宗論》願文整理比較表

		淨信堂初集　絕餘編		靈峰宗論	
1	淨信堂初集　卷一願文（上）	四十八願 （天啟元年辛酉 7 月 30 日）	卷一之一願文一	1	四十八願
2		受菩薩戒誓文 （天啟四年甲子 12 月 22 日）		2	受菩薩戒誓文
3		刺血書經然香願文 （崇禎元年戊辰秋 7 月 29 日）		3	刺血書經願文（戊戌）
4		書佛名經然香迴向文 （崇禎元年季冬 15 日）		4	書佛名經回向文
5		為雪航檝公講律刺血書願文 （崇禎己巳春正月十五日）		5	為雪航檝公講律刺血書願文
6		發心持呪然香文 （崇禎二年二月廿九日）		6	持呪先白文
7		禮大報恩塔偈（同然香者一十五眾）		7	禮大報恩塔偈（同然香者一十五眾）
8		為母三周求拔濟啟 （崇禎二年六月初一）		8	為母三周求拔濟啟
9		為母然香發願回向文 （崇禎二年六月初一）		9	為母發願回向文
10		禮慈悲懺疏 （崇禎二年七月十二日）			
11		持準提神呪願文		10	持準提神呪願文
12		禮大悲銅殿偈		11	禮大悲銅殿偈
13		然香起呪文		12	起呪文
14		己巳除夕然香文 （崇禎二年除夕）		13	己巳除夕白三寶文
15		庚午二月禮懺總疏		14	閱律禮懺總別二疏（庚午）
16		又然香文		14	閱律禮懺總別二疏（庚午）
17		為歸兄乃翁禮懺疏 （崇禎三年二月中）			
18		庚午安居論律香文		15	安居論律告文

19	為母四周然香文		16	為母四周願文
20	為父十二周年啟薦拔文		17	為父十二周年求薦拔啟
21	結壇水齋持大悲呪願文（崇禎三年庚午十一月初五日）		18	結壇水齋持大悲呪願文（十一月初五日）
22	為父然香回向文		19	為父回向文（日月同上）
23	為惺谷持呪發願偈			
24	楞嚴壇起大悲呪偈（崇禎四年辛未五月初六日）		20	棱嚴壇起呪及回向二偈（辛未）
25	為惺谷作誠語誓（五月十七日）			
26	為道友持滅定業真言偈（六月三十日）			
27	為新伊法主持咒偈（名大真）			
28	為五人持咒偈			
29	為惺谷懺願文			
30	然香迴向普發願偈		20	棱嚴壇起呪及回向二偈（辛未）
31	為雪航持咒偈			
32	續持回向偈（壬申正月初八日）		21	續持回向偈
33	龍居禮大悲懺然香文（壬申二月十九日）	卷一之二願文二	22	龍居禮大悲懺文（壬申）
34	靈峰寺為惺璧二友及石峨禮懺文			
35	結壇持大悲呪偈（壬申四月十五日）		23	結壇持大悲呪偈
36	結壇持往生呪偈（壬申五月十六日）		24	結壇持往生呪偈
37	結壇念佛回向文（六月二十二日）		25	結壇念佛回向文
38	禮金光明懺文（八月初八日）			
39	又完懺香文（十四日）			
40	結壇禮大悲懺文（九月十六日）		26	結壇禮大悲懺文
41	補總持疏（八月二十六日起）		27	補總持疏

42		為父母普求拯拔啟		28	為父母普求拯拔啟
43		再禮金光明懺文（十月）		29	再禮金光明懺文
44		結壇禮懺並回向補持呪文		30	結壇禮懺並回向補持呪文
45	卷二 願文 （下）	龍居禮大悲懺文（十一月）			
46		又然香願文（十二月）		31	禮大悲懺願文
47		禮淨土懺文（癸酉正月）		32	禮淨土懺文（癸酉）
48		西湖寺癸酉夏安居疏		33	西湖寺安居疏
49		供鬮香文		34	前安居日供鬮文
50		拈鬮然頂香文（自恣日）		35	自恣日拈鬮文
51		禮淨土懺香文（八月二十九日）		36	禮淨土懺文
52		禮金光明懺香文（甲戌三月二十九日）		37	禮金光明懺文（甲戌）
53		講金光明懺香文（乙亥二月）		38	講金光明懺告文（乙亥）
54		代惺谷願文			
55		代沙彌傳鉅傳挺傳偉願文			
56		代石雲願文			
57		代敬水求戒願文（大報恩前然香）			
58		代松韻願文（大報恩前然香）			
59		代一還願文			
60		代智度願文			
1	絕餘編 卷一 願文	九華地藏塔前願文（丙子三月）	卷一 之三 願文三	39	九華地藏塔前願文（丙子三月）
2		十周願文（六月初一日）		40	十周願文（六月初一日）
3		持呪文		41	持呪文
4		閱藏願文		42	閱藏願文
5		完梵網告文（丁丑）		43	完梵網告文（丁丑）
6		滅定業呪壇懺願文		44	滅定業呪壇懺願文
				45	陳罪求哀疏（戊寅）
				46	為如是師六七禮懺疏（己卯）
				47	盂蘭盆大齋報恩普度道場總別合疏（己卯）

		卷一之四願文四	48	鐵佛寺禮懺文（壬午）
			49	甲申七月三十日願文
			50	佛菩薩上座懺願文
			51	大悲行法道場願文（乙酉五月初三日）
			52	禮千佛告文
			53	祖堂結大悲壇懺文
			54	占察行法願文（丙戌）
			55	大悲壇前願文
			56	閱藏畢願文（甲午九月初一日）
			57	大病中啟建淨社願文（十二月十三日）

　　智旭雖在癸亥（天啟三年，1623）二十五歲時徑山大悟，但在之後的二十多年間仍然持續精進禮懺、持咒和念佛的加行修持。由上表可以看出，《淨信堂初集》收文稿到丙子年春38歲，共60篇願文，《絕餘編》收丙子（38歲）春入山後至戊寅（40歲）秋前之文稿，有6篇願文。另外，從以上願文的比較表還可以分析出，40歲到57歲示寂的17年間的《閩遊集》、《西有寱餘》、《幻遊寱集》和《幻住寱編》五本亡佚文集，《宗論》只收13篇願文。由此可推論智旭修持所撰寫之願文、迴向文、懺文加行多在二十四歲出家後至三十八歲期間。

　　智旭每次的加行修持都會寫願文、迴向文、懺文，請求三寶加被並迴向法界眾生。由這些「以願導行」的願文，可以看到智旭以大菩提心願力的修行力量和方向。智旭是在乙未年（57歲）元月二十一日示寂，前一年甲午年九月初一日仍作〈閱藏畢願文〉，十二月十三日又在大病中作〈大病中啟建淨社願文〉。

　　另外，再三詳讀其願文，發現實可另以專文研究，應可得到對智旭大菩提心及某些史料之研究成果。

　　2. 卷二：法語

　　「法語」分五小卷，「法語」是智旭對教內和教外的人開示的一些修行理論和方法，共169篇。《淨信堂初集》有50篇法語，《絕餘編》有10篇，《宗論》分別收32篇、9篇。

3. 卷三：答問

「答問」分三小卷，29 篇。「答問」大部份是有人提出問題來問智旭，他加以解答，有 23 篇。其中二篇分別是代答和擬答上博山禪師的問題，一篇是《林間錄》所載唐朝白居易問寂音禪師書的擬答。其中一篇〈答壇中十問十答〉是自觀印闍梨在崇禎丁丑年（1637）到九子別峰訪智旭，商證梵網、佛頂二經要旨。他見自觀印闍梨躬行有餘，慧解不足，因設壇中十問拶之。這十問也讓其他人各答。因見答者大約平日依文解義處多，入理觀心處少，故不能遊刃於節間，於是他之後更作十答，〈續一問答〉是十問十答之續答，〈性學開蒙答問〉即壇中第四問廣答，《嘉興藏》錄有《性學開蒙》單行本原稿。《淨信堂初集》有 8 篇答問，有一篇在「雜文」之〈評參究初心方便說〉，《宗論》改篇名為〈荅人問參究初心方便說〉放在答問，《絕餘編》未收答問。

4. 卷四：普說、茶話、說、文、偶錄、解

分三小卷，所收之文類有普說、茶話、說、文、偶錄、解等六種。

（1）普說：《禪林象器箋》十一曰：「舊說曰：普說即陞座也。上堂亦陞座也。但普說不炷祝香、不搭法衣，以為異。自真淨始，三佛亦行之，到大慧方盛，普說須是知見廣博人而始得。」普說跟上堂說法不同，不炷祝香、不搭法衣，是在一般時日對大眾開示正法。《宗論》收有 3 篇：〈祖堂幽棲寺丁亥除夕普說〉、〈歙西豐南仁義院普說〉、〈歙浦天馬院普說〉，《淨信堂初集》和《絕餘編》均未有是類文章。

（2）茶說（茶話）：是在特別的節日，設茶招待大眾，在茶會中為大眾開示。《宗論》收有 6 篇，《淨信堂初集》的〈擬答卓左車茶話（原問博山啟附）〉放在雜文類，《宗論》將此篇放在「茶說」，《絕餘編》未有是類文章。

（3）說、文、解、偶錄：在《宗論》是因文章內容或名而立之分類。

「說」體文是闡述某種義理，也就是以自己發明之見解，對事物義理的解釋和說明，使閱者樂於接受，有論說的性質，但不強調雄辯。從所收 17 篇「說」之作品可看出內容廣泛，有闡發經義、佛理等類型。

「文」不在古文體裁分類，是一種「篇章」，章法脈絡的條理較「說」體裁嚴謹，在結構上會先有前言，然後再講正文內容，最後結論。《宗論》有〈戒婬文〉、〈勸戒殺文〉、〈惠應寺放生社普勸戒殺念佛文〉等 3 篇。《淨信堂初集》有一篇〈攝心為戒文〉，《絕餘編》未收。

「解」是為剖析疑難，解除困惑，對某個觀念的詮釋，有時會有議論之實。《宗論》有〈致知格物解（約佛法為唐宜之說）〉、〈藏性解難五則〉共 2 篇，《淨信堂初集》和《絕餘編》均未有是類文章。

「偶錄」是智旭記錄自己的解行心得，除了自我警惕也跟眾生結緣。《宗論》收 5 篇，其中《梵室偶談》為單行本，《淨信堂初集》和《絕餘編》均未有是類文章。

5. 卷五：書、論、辯、議、記

分三小卷，所收之分類有書、論、辯、議、記等六種。

(1)「書」：指「書信」，應用文的一種，《古文辭類纂》分為「書說類」。《宗論》有 85 篇，《淨信堂初集》有 83 篇，《絕餘編》11 篇。因成時輯《宗論》時，多刪改文稿之人時地事等資料。而二本文集書信原稿，經再三細讀後，發現《宗論》二本文集未收之 57 篇書信，記載了許多智旭在出家後至四十歲之前的史傳資料，在本節第一段「智旭與靈峰山」的討論，補充了上述期間的年譜。

(2)「記」：指記載山、川、景、物、人、事等，《古文辭類纂》分為「雜記類」。《宗論》有〈介石居記〉、〈遊鴛湖寶壽堂記〉、〈端氏往生記〉、〈祖堂幽棲禪寺大悲壇記（并銘）〉、〈祖堂幽棲禪寺藏經閣記〉、〈明慶寺重建殿閣碑記〉等 6 篇。《淨信堂初集》有一篇〈重修寄心庵記〉未收，《絕餘編》未有記體文章。

(3)論、辯、議：《古文辭類纂》分為「論辨類」。

「論」：陳述考量，收錄 4 篇：〈儒釋宗傳竊議〉、〈戒衣辯譌〉、〈戒衣辯譌〉、〈戒衣辯譌〉。

「辯」：判別是非，收錄 2 篇：〈戒衣辯譌〉、〈戒衣辯譌〉。

「議」：謀定事宜，僅收錄一篇〈儒釋宗傳竊議〉。

6. 卷六：緣起、序

分四小卷，所收之分類有緣起、序等二種。

「緣起」：是做某事、著作之因緣，收錄 6 篇：〈儒釋宗傳竊議〉、〈戒衣辯譌〉、〈戒衣辯譌〉、〈戒衣辯譌〉。

「序」是在文章著作之前，收錄 75 篇。

7. 卷七：題跋、疏

分四小卷，所收之分類有題跋、疏等二種。

「題跋」：是寫在文章之後，收錄 61 篇。

「疏」：為陳述之義，宋魏齊賢《五百家播芳大全文粹》卷七十五至八
十二，專列「釋疏」一類，將佛教疏文分為：聖節、國家祈禱、
雨暘祈禱、國忌資薦、請疏、勸緣疏、祝贊疏。於「請疏」再
分：住持、住庵、開堂、講經。「祝贊」又分：祝聖、生日、
修造佛事、祈禳賽謝、淨獄、祈雨、謝雨、祈晴、謝晴、祈雪、
謝雪、追薦等類。收錄 33 篇。

8. 卷八：傳、壽序、塔誌銘、祭文

分三小卷，所收之分類有題跋、疏等二種。

「傳」：是記載當時修行人的事蹟，收錄 11 篇。從本節第一段之探討
可知，「傳」所收文稿，對史料是最有幫助的，可惜《宗論》
所收數量和內容不完整，而原文集又亡失四本。除了史料，智
旭所作傳，多非當代有名之人，而是在修行上有成之人，讀之
可啟發修行之道心，如〈誦帚師往生傳〉。

「壽序」：雖是祝壽文辭，但智旭的祝壽文辭都能會歸到佛法，收錄
13 篇。

「塔誌銘」：刻在往生者塔前石碑，記載往生者事蹟之文，收錄 11 篇。

「祭文」：弔祭亡者之文，收錄 7 篇祭文哀情動人，尤以〈祭了因賢
弟文〉提及其十名弟子先他而去，為法嗣凋零，文字特別哀
傷。

9. 卷九：頌、銘、箴、詞、贊

分四小卷，所收之分類有頌、銘、箴、詞、贊等五種。

「頌」：歌詠讚美之辭，收有 11 篇。

「銘」：有警戒之作用，所收 14 篇為借物以寓理。

「箴」：規誡之文，只收 1 篇〈止觀十二事箴〉。

「詞」：只收 1 篇〈祈雨詞〉。

「贊」：也有頌揚和品評之意，所收 41 篇都是對佛菩薩讚歎，雖為贊
辭，但皆蘊佛法意涵。

10. 卷十：詩偈

「詩偈」：有四小卷，以「詩偈」分類，指佛家偈頌的詩作，所收詩偈
詩題有 166 首，共 438 首詩。

（二）三篇補遺及「藕益」、「蕅益」之辨〔註132〕

在研究之初便開始尋找智旭手跡，現存手跡找到三種，其中「般若波羅蜜多心經」手書尚有待辨明真偽，其他二種手書列為補遺。另，因手書落款有「藕益」、「蕅益」之寫法，一般研究智旭著作文章也見此二種寫法，爰本文試整理相關文獻探討之。

1. 三篇補遺

智旭示寂根本道場靈峰講寺現任慈滿方丈，在北京故宮尋得一幅智旭〈仁義院古佛堂改禪寮引〉行書真跡，並依真跡作仿本。〔註133〕此手書落款題「甲午燈節後二日」，即清順治甲午年（1654）正月十七日，是智旭五十六歲所作，而新安仁義院在現今安徽歙西。依此文寫作時間，應是收在亡佚之《幻遊襍集》，但《宗論》未收錄，故列為補遺，全文為：

> 江南形勝，唯新安稱最。而新安山水之秀、人物之盛，又唯豐南稱。自有宋祥符負天都而面天馬，右金竺而左飛布，洵大觀哉。予自黃海邊歙浦曾一憩，足歎其規模軒晃。
>
> 隨喜法會，僭為大眾拈金剛淨土要，於是主人一光濬公請曰：從來宗門有坐禪之堂，教下有修觀之堂，方可深詣此道。所謂百工居肆以成其事，君子學以致其也。今此三院三房鼎列，唯事瑜伽法事，曾無禪觀寮宇。雖獲聞出世法要，將何以臻且修實。蓋竊念古佛堂弘廠軒豁，稍加改葺，便可永作趺坐究心之地，不同白地起建之難。敢藉一言以告同志，必有欣然樂助願者矣。予善其說，遂書此以為引。

甲午燈節後二日北天目蕅益旭題

第二篇是《蕅益大師文集》所收智旭手書〈刻大乘止觀釋要序〉〔註134〕照片，在《靈峰宗論》亦有收錄。文稿作於甲申年（1644，明崇禎十七年，清順治元

〔註132〕本段研究內容已於 2020 年 5 月《中國語文月刊》第 755 期刊出，本文內容有再增修。

〔註133〕感謝北天目靈峰寺現任住持慈滿方丈在筆者於 2019 年 6 月 28 日參訪之行接受訪談，且提供北京故宮蕅益大師「仁義院古佛堂改禪寮引」真跡照片，在此致上謝忱。

〔註134〕智旭〈刻大乘止觀釋要序〉手稿照片，《蕅益大師文集》目錄後之頁。〔明〕蕅益智旭；于德隆、徐尚定點校：《蕅益大師文集》（北京：九州出版社，2013年）。

年），是年他四十六歲，在留都（江蘇南京）普德講堂演法，此原稿應收於《淨信堂續集》。第二節已討論成時在輯《宗論》時對原稿會刪減內容和數量，爰本文在此做對照表之補遺：

【表十六】〈刻大乘止觀釋要序〉手稿及《靈峰宗論》內容對照表

《宗論》〈刻大乘止觀釋要自序〉〔註135〕	〈刻大乘止觀釋要序〉手書原稿
大乘者，心性之異名也。止觀者，寂照之異名也。世顧離心性別覓大乘，離止觀別談寂照，何異騎牛覓牛，丙丁童子求火乎。儒者之道，有見而知之，有聞而知之，佛道亦然。北齊大師，悟中論四句偈義，直接龍樹心印，一傳南嶽，再傳天台，天台述為摩訶止觀等書，由是止觀法門，盛聞於世。頓漸不定，三法並圓。乃南嶽所示，曲授心要，世皆罔聞。今試細讀，實為圓三止觀總綱，文不繁而義已備。獨慈雲懺主。五百年後。序而行之。迄今又將五百餘年。微言將絕。予愧不敏。未能聞道。姑效盲人摸象。述為釋要，以助其傳。李石蘭張孺含二居士。集眾緣付梓。大乘緣起。為弁簡端。	夫大乘者，心性之異名也。止觀者，寂照之異名也。世乃離心性而別覓大乘，離止觀而別談寂照。何異騎牛覓牛，丙丁童子來求火乎。儒者之道，有見而知之。有聞而知之，而佛道亦然。北齊大師，悟中論四句偈義，直接龍樹心印，一傳于南嶽，再傳于天台，天台述為摩訶止觀等書，繇是止觀法門，始盛聞于世。頓、漸、不定，三軌並圓。顧南嶽所示曲授心要，世皆罔聞。今試細讀，實為圓三止觀總綱，文不繁而義已備。獨慈雲懺主，五百年後，序而行之。迄今又將五百餘年，微言將絕。予愧不敏，未能聞道，姑效盲人摸象。述為釋要以助其傳。稿脫已經二載，適因弘演留都，李石蘭張孺含二居士始集眾緣而付諸梓。有以知此方人士，夙植大乘種不淺也，故後序其緣起，以弁簡端。 崇禎甲申季春望日蕅益智旭書于普德講堂

　　第三篇是〈靈鳥賦〉，據所收三種版本對照：《靈峰宗論》、李光一所著〈清秀雋永，飄逸高遠──明高僧蕅益大師及其「靈鳥碑」〉〔註136〕（以下簡稱〈靈鳥碑〉）和《北天目靈峰寺志》〔註137〕，三者之〈靈鳥賦〉內容有不同之處，整理如下表：

〔註135〕〔明〕蕅益智旭：〈刻大乘止觀釋要自序〉《靈峰宗論》卷六之三，《蕅益大師全集》第十七冊（臺北：佛教出版社，2014年），頁11151～11153。

〔註136〕李光一：〈清秀雋永，飄逸高遠──明高僧蕅益大師及其「靈鳥碑」〉，黃公元主編：《靈峰蕅益大師研究》（北京：宗教文化出版社，2011年），頁37～39。

〔註137〕《北天目靈峰寺志》影本，民國24年歲次乙亥春重印，頁3。

【表十七】三種〈靈鳥賦〉內容對照表

來源	〈靈鳥賦〉
〈靈鳥碑〉	中秋後二日，群鶴集靈峰，野納喜之，有終其身之志焉，賦靈鳥。 矯矯靈鳥集於山，娛我多士，終朝永閑。 矯矯靈鳥集于阿，娛我多士，雍雍以和。 翮翮鶴舞百千其羽，娛我多士，於焉永聚。 猗歟靈羽有集如雲，娛我多士，於焉永欣。 有懷樂土，實多靈羽，羨此東林。式瞻西戶，送想功成，覿面斯睹。 靈鳥五章，四章章四句，一章章六句。癸未孟夏，踐舊約，再入郢南，覺山境幽雅，較昔倍秀，仲秋復感此瑞，漫賦俚言。乃旌邑劉開公謂：「堪與風雅並驅，堅請勒石，以長不朽。」劉君鐫法為海內今時第一名手，予書何足副之，然藉此為山寺重興之兆，則又弗敢固辭矣。漚益道人智旭識。
《靈峰宗論》	矯矯靈鳥集於山。娛我多士。終朝永閑。 矯矯靈鳥集于阿。娛我多士。雍雍以和。 有懷樂土。實多靈羽。羨此東林。式瞻西戶。送想功成。覿面斯覩。
《北天目靈峰寺志》	中秋後二日，群鶴集於靈峰賦靈鳥。 矯矯靈鳥集於山，娛我多士，終朝永閑。 矯矯靈鳥集于阿，娛我多士，雍雍以和。 翮翮鶴舞百千其羽，娛我多士，於焉永聚。 猗歟靈羽有集如雲，娛我多士，於焉永欣。 有懷樂土，實多靈羽，羨此東林。式瞻西戶，送想功成，覿面斯睹。 癸未孟夏，踐舊約，再入郢南，覺山境幽雅，較昔倍秀，仲秋復感此瑞，漫賦俚言。迺旌邑劉開公謬為，「堪與風雅並驅，堅請勒石，以長不朽。」劉君鐫法為海內今時第一名手，余書何足副之，然藉此為山寺重興之兆，則又弗敢固辭矣。漚益道人智旭識。 按此賦並跋，有石刊於寺之東方丈室壁間，書法鐫法俱極勁秀

　　上述三篇文稿以〈靈鳥碑〉全文據原碑文及拓本所記載，最為詳細，而《北天目靈峰寺志》所載〈靈鳥賦〉本文與〈靈鳥碑〉形式和內容相同，都是「五章，四章章四句，一章章六句」，只是二者在序和跋內容有些微不同，另外，在《北天目靈峰寺志》附記此賦有碑刻。三者比較之下，《靈峰宗論》所收〈靈鳥賦〉只有三章，被編輯者堅密成時刪減二章四句之文字，且無序和跋。

2.「藕益」、「蕅益」之辨

《說文解字》對「蕅」的釋義為「扶渠根」〔註138〕，但未查到「藕」字。不過，後世反而以「藕」字為蓮藕的寫法，現在似乎在提到智旭時，才會寫到「蕅」字。

在閱讀研究智旭之文獻中，可看到研究者用「藕益」、「蕅益」的不同寫法。而從現存二篇手書發現真的有「藕益」、「蕅益」之寫法時，便興起整理智旭所著釋論署名、序、跋之署名寫法，以推論「藕益」、「蕅益」之辨相關論點。

【表十八】釋論署名整理

年齡	釋論書名	署名、序	跋	內容自稱	書後所載版本	備註
30	學菩薩戒法	明菩薩戒弟子古吳智旭述	此學戒法。定於戊辰之夏。業已刊入毘尼後集。		同治十三年夏四月金陵刻經處識	
30	梵室偶談	古吳沙門智旭書				
33	重定授菩薩戒法	明菩薩戒弟子古吳智旭述	時崇禎四年辛未季秋古吳智旭謹識		同治十三年春三月金陵刻經處識	
35	占察善惡業報經行法	明古吳比丘智旭集				
37	佛說盂蘭盆經新疏	菩薩沙彌古吳智旭新疏				
37	佛說戒消災經略釋	明菩薩沙彌古吳智旭述				
38	淨信堂初集	蕅益道人智旭著「序」：崇禎壬午仲夏蕅益道人智旭書		明崇禎間十五年釋普滋等刻本		丙子年春，三十八歲，自輯《淨信堂初集》
39	佛說梵網經菩薩心地品合註	明菩薩沙彌古吳智旭述〈梵網合註緣起〉時歲在丁丑後安居第一褒灑陀日菩薩戒弟子智旭撰於九子別峰之梵網室中				

〔註138〕〔漢〕許慎撰，〔清〕段玉裁注：《說文解字注》（高雄：高雄復文出版社，2000年）。

39	佛說梵網經菩薩心地品玄義	明菩薩沙彌古吳智旭述			
39	讚禮地藏菩薩懺願儀	明菩薩沙彌古吳智旭述			
39	性學開蒙	方外史旭求寂撰			
40	絕餘編	蕅益道人智旭著「序」：崇禎壬午仲夏蕅益道人智旭書於吳興之鐵佛觀堂		明崇禎間十五年釋普滋等刻本		戊寅年，四十歲，自輯《絕餘編》
41	首楞嚴經玄義	明菩薩沙彌古吳智旭撰述〈重刻大佛頂經玄文序〉甲申春日古吳蕅益智旭書「原序」：時崇禎己卯春三月二十有七日下筆故序			
41	首楞嚴經文句	明菩薩沙彌古吳智旭文句	是歲秋八月二十有五日閣筆故序		同治十三年冬十二月金陵刻經處識
42	金剛般若波羅蜜經破空論	明菩薩沙彌智旭際明造論			同治十年秋如皋刻經處識
42	般若波羅蜜多心經釋要	明菩薩沙彌智旭述			
42	金剛般若波羅蜜經觀心釋	菩薩沙彌智旭際明述			
42	妙法華蓮經玄義節要	蕅益比丘智旭節	庚辰仲夏二十有六日智旭謹識		
43	妙法蓮華經綸貫	古吳蕅益道人智旭述	蕅益智旭謹識		
44	大乘止觀法門釋要	古吳蕅益沙門智旭謹識「序」：崇禎甲申季春望日蕅益智旭書于普德講堂			光緒二十二年春三月京口丹徒縣李培楨捐資敬刊大乘止觀釋要全部

45	學菩薩戒法	明菩薩戒弟子古吳智旭述	此學戒法。定於戊辰之夏。業已刊入毘尼後集。今癸未夏日。重更一二。附於梵網合註之後。此後當以是為準云。蕅益智旭敬識。		同治十三年夏四月金陵刻經處識	
45	刻辟邪集	癸未秋日越溪天姥峰呆庵釋大朗書				
45	天學初徵	金閶逸史鍾始聲振之甫著		鍾子		
45	天學再徵	金閶逸史鍾始聲振之甫著		鍾子		
45	辟邪集附			鍾振之居士寄初徵與際明禪師柬		
46	佛遺教經解	明古吳蕅益釋智旭述	甲申九月二十日記。			
46	佛說四十二章經解	明古吳蕅益釋智旭著				
46	八大人覺經略解	明蕅益釋智旭解				
46	周易禪解	北天目道人蕅益智旭著 崇禎辛巳仲冬旭道人書于溫陵之毫餘樓	右圖說有八。或與舊同。或與舊異。只貴遙通儒釋心要而已。觀者恕之蕅益敬識。	蕅益子	民國四年夏六月金陵刻經處識	
49	佛說阿彌陀經要解	清西有沙門蕅益智旭解	西有道人蕅益智旭閣筆故跋時年四十有九			
49	成唯識論觀心法要	蕅益沙門智旭述	蕅益沙門智旭閣筆故跋。時年四十有九。			

49	相宗八要直解	明古吳蕅益釋智旭述			（佛歷二千九百五十二、中華民國十四）年紀次乙丑（陰、陽）歷（六、七）月（初三日、廿三號）屆大暑節竣工	
49	四書蕅益解	丁亥孟冬九日古吳西有道人智旭漫識（時在順治四年）		蕅益子		
52	占察善惡業報經玄義	蕅益沙門古吳智旭述				
52	占察善惡業報經疏	古吳蕅益沙門智旭述	前安居第四襃灑陀前一夜蕅益智旭閣筆故跋			
52	妙法蓮華經台宗會義	古吳後學蕅益智旭述	庚寅仲春朔日巳刻。閣筆故跋。	蕅益子		
53	菩薩戒本經箋要	北天目蕅益沙門智旭箋要				
53	選佛譜	癸巳夏五北天目蕅益沙門智旭述於歙浦迴龍精舍	蕅益道人五十五歲。盡遣學侶。單丁行腳。至歙浦。是為五月初三。越十日無事。舉筆述譜。		光緒十七年秋八月金陵刻經處識	
54	楞伽阿跋多羅寶經玄義	支那蕅益沙門釋智旭撰述				
54	楞伽阿跋多羅寶經義疏	支那蕅益沙門釋智旭撰述	蕅益旭識於蕅花洲		清宣統元年諦閑法師募款	
55	大乘起信論裂網疏	靈峰蕅益沙門智旭述	是月二十有八日閣筆故跋。			
56	閱藏知津	甲午重陽後一日北天目沙門釋智旭撰				
56	法海觀瀾	甲午重九後一日北天目蕅益沙門釋智旭撰				

著作年齡不明					
靈峰宗論	靈峰蕅益大師宗論序 靈峰蕅益大師宗論序說 靈峰蕅益大師自傳		成時〈靈峰始日大師私謚竊議〉文稱「蕅益老人」		
菩薩戒羯磨文釋	明菩薩弟子智旭釋			同治十三年春二月金陵刻經處識	
優婆塞戒經受戒品	明智旭箋要				
佛說優婆五戒相經箋要	明沙門智旭箋要				
佛說齋經科註	明求寂男智旭科註			民國八年六月北京刻經處識	
梵網經懺悔行法	明菩薩戒弟子蕅益智旭述			同治十三年夏五月金陵刻經處識	
教觀綱宗	北天目蕅益沙門智旭重述				
教觀綱宗釋義	北天目蕅益沙門智旭重述				
見聞錄	古吳沙門智旭隨筆				

依據第一節三篇補遺之〈刻大乘止觀釋要序〉手書，作於明崇禎十七年，其時年四十六歲，落款寫「蕅益智旭」，在同年的〈重刻大佛頂經玄文序〉也是寫「甲申春日古吳蕅益智旭書」。而第二篇〈仁義院古佛堂改禪寮引〉真跡，是在清順治順治十一年，五十六歲寫法是「蕅益旭題」，落款印陰文為「智旭」，陽文為「蕅益」。觀本文整理之【表十七】智旭釋論署名，現存最早刊刻版本是明崇禎十五年釋普滋刊刻的《淨信堂初集》和《絕餘編》，在此二本文集序署名分別為「崇禎壬午仲夏蕅益道人智旭書」、「崇禎壬午仲夏蕅益道人智旭書於吳興之鐵佛觀堂」。

李光一先生曾於靈峰寺親見，在崇禎十六年（1644）據智旭手書所刻「靈鳥碑」，並據此碑撰〈清秀雋永，飄逸高遠──高僧蕅益大師及其「靈鳥碑」〉一文，此篇文章內容記載該碑文末題「蕅益道人智旭識」，落款有「一陰一陽

兩印」，陰文為「釋智旭印」，陽文為「蕅益」。〔註139〕另外，經細查《淨信堂初集》、《絕餘編》，及《宗論》所收文稿，內容未有出現自述「蕅益」者，而《絕餘編》是收智旭四十歲秋天之前的文稿。

除了《淨信堂初集》和《絕餘編》文集序署名，最早出現「蕅益」署名之釋論為四十二歲所作《妙法華蓮經玄義節要》之「蕅益比丘智旭節」。綜觀上述五點文本資料論證，可推論約在四十二歲左右，智旭已使用「蕅益」之號。至於是先寫「藕益」，還是先寫「蕅益」，因現存手書資料太少，無法推論。但再加上他四十三歲所述《妙法蓮華經綸貫》署名「古吳藕益道人智旭述」，跋為「藕益智旭謹識」的資料，則可推論「蕅益」和「藕益」寫法或許並行五、六年，但之後推論應只有「蕅」字寫法，而智旭弟子成時在其師示寂後所編《宗論》，就是以「蕅益」為寫法。

另外，本文更推論，因其曾自言「蕅益」之名來由為「賴有一串數珠，卻是生平祕訣，所以喚作蕅益」〔註140〕，是為顯示念佛法門具蓮之花果同時深意，亦是《法華經》因果同時之殊勝思想，此即智旭著《阿彌陀經要解》所言持名念佛之「即事持達理持，即凡心是佛心」的不可思議功德。因果同時之意亦有至心念句阿彌陀佛名號之因，就同時召來阿彌陀佛無量劫來萬德果之益，能念所念沒有分別，這是自他俱念之持名念佛「全他即自」、「自他不二」之果教門奧妙：

> 自他俱念者，了知心佛眾生三無差別。眾生是諸佛心內眾生，諸佛是眾生心內諸佛。托彼果上依正，顯我自心理智。如觀經云：「是心作佛，是心是佛」。由我心性本具功德不可思議，諸佛果中威力不可思議，故感應道交、自他不隔。極果圓因，稱理映發。〔註141〕

「托彼果上依正，顯我自心理智」即「託彼名號，顯我自心」，因「自心本具功德」和「諸佛果中威力」，都是「不可思議」，所以能藉持念名號之因而「感應道交、自他不隔」，顯我自性本具和諸佛果中相同之不可思議功德莊嚴果。

〔註139〕李光一：〈清秀雋永，飄逸高遠——明高僧蕅益大師及其「靈鳥碑」〉，黃公元主編：《靈峰蕅益大師研究》（北京：宗教文化出版社，2011年），頁37～39。

〔註140〕〔明〕蕅益智旭：〈自像贊三十三首〉《靈峰宗論》卷九之四，《蕅益大師全集》第十八冊（臺北：佛教出版社，2014年），頁11637。

〔註141〕〔明〕蕅益智旭：〈淨然沙彌化念佛疏〉《靈峰宗論》卷七之四，頁11361～11362。

意即，念阿彌陀佛名號，聽此佛名就是自己，此即《觀經》云：「是心作佛，是心是佛」。

「蕅益」之名含有如此圓頓一乘深義，惟「蕅」字寫法因之後俗成為「藕」，為讓眾生明瞭，他於數年來以寫「藕」字併行輔之。此實是，智旭大菩提深心。

3. 本段研究所發現之史料論點

最後，提出一個由【表十七】釋論署名整理和《淨信堂初集》所發現之史料論點。智旭在三十八歲春自輯《淨信堂初集》，於四十歲秋天前輯《絕餘編》，但此二本文集序言落款都是在其四十四歲之「壬午年」（1642）。而明崇禎丙子（1636）年，在他三十八歲遁隱九華山前，於乙亥年（1635）冬，三十七歲時寫給弟子徹因果海之〈退戒緣起並囑語〉，在文末有一段後記：

> 乙亥冬囑付海公，丙子春，入九華。是冬，海公復來同住，戊寅同往溫陵。壬午，同出苕霅，癸未相別。不謂丙戌正月海公竟先我而逝。仍囑其弟，以集要復歸於我。未知此後，何人嗣此一線也。己丑夏日較閱，感而識此。〔註142〕

因智旭弟子果海於丙戌年（1646）時先逝，爰果海囑其弟將智旭手書《毘尼事義集要》全帙歸還。智旭於己丑年（1649）夏，五十一歲重校閱集要時，因感嘆未知此後何人可嗣戒律法脈，而在〈退戒緣起並囑語〉文末加上這段後記以識之。

復於〈刻大乘止觀釋要序〉也記載著「稿脫已經二載，適因弘演留都，李石蘭張孺含二居士始集眾緣而付諸梓」之因緣，說明他於四十四歲已完成《大乘止觀釋要》，直至四十六歲才由居士發起募刻出版一事。

另外，在本章第一節已探討堅密成時在乙未年（順治12年，1655）臘月前應已輯成《宗論》，當時依捐款金額陸續刊刻出版，至己亥年（1659）冬才全書初刻版完成。

綜理上述資料，本文有二個推論，其一為，在壬午年（1642），即智旭四十四歲由溫陵月台寺返回吳興之鐵佛觀堂時，是年仲夏由釋普滋等人募款一起刊刻為《淨信堂初集》和《絕餘編》之初版，之後重刊版才在〈退戒緣起並囑語〉加上五十一歲之後記。

〔註142〕〔明〕蕅益智旭：〈退戒緣起并囑語〉《淨信堂初集》卷五，明學主編：《蕅益大師全集》第七冊（四川：巴蜀書社，2018年），頁387。

　　第二個推論是，因甲申（1644）年，即明崇禎十七年三月，李自成攻破北京，崇禎帝煤山自縊，同年四月清兵入山海關，是歲十月清順治帝北京即位。因連年戰亂及改朝換代，使得原先壬午年（1642）刊刻一事未能全部完成，直至七年之後才刊刻完成而流通，因而《淨信堂初集》所收之〈退戒緣起並囑語〉，才會有己丑年（1649）夏之後記。

　　崇禎是明朝的最後一個皇帝，期間天災人禍頻繁，生活動盪，世人或有印經積福的觀念，釋論經典刊刻發行可能較容易些。而在戰火連綿的時代，若能多次付梓出版，流傳廣，存留至今的機會就增加。這或許是，智旭現存文集是最早刊刻發行流傳的《淨信堂初集》和《絕餘編》，而非四十歲後自輯之五本文集留存於今的原因。

　　由前述完稿集成到出版歷時多年之論證，在智旭五十七歲示寂前二年歸臥靈峰時所輯之《幻遊襍集》、《幻住襍編》，雖於輯文稿時已為文集寫序，但有可能未及付梓。倘係上述推論之第二個情況，因戰亂而使《淨信堂初集》和《絕餘編》刊刻完成之事延至七年後，則現今亡佚之《閩遊集》、《西有寱餘》、《幻遊襍集》和《幻住襍編》四本文集，可能在當年均未及付梓流通。若當時四本文集只留手書，因靈峰寺歷經戰亂，文集原稿再現之機會就希微了。

　　智旭晚年曾言「道不在文字，亦不在離文字。執文字為道，講師所以有說食數寶之譏也。執離文字為道，禪士所以有暗證生盲之禍也。」〔註143〕，並感嘆其「種種著述，僅與天下後世結般若緣」〔註144〕。雖其現存原文集僅有《淨信堂初集》、《絕餘編》和本文所輯佚之三篇原稿，幸而他已完成之釋論著述留存於今約有五十餘種，也成為影響後世之文字般若。

〔註143〕〔明〕蕅益智旭：〈示如母〉《靈峰宗論》卷二之五，《蕅益大師全集》第十
　　　　六冊（臺北：佛教出版社，2014 年），頁 10577～10578。
〔註144〕〔明〕蕅益智旭：〈示用晦二則〉《靈峰宗論》卷二之五，頁 10582。

第叁章　智旭《靈峰宗論》之思想

　　智旭五十四歲時自言「三十年來，自利既不究竟，利他又無所成。雖種種著述，僅與天下後世結般若緣。而重興正法之志，付諸無可奈何矣，豈不大可慟哉」，故本章期能以《宗論》及《宗論》原稿《淨信堂初集》、《絕餘編》之探討再現智旭「名字位中真佛眼」所流露之「文字般若」思想。而有關文字、觀照、實相三般若，他在《金剛般若波羅蜜經破空論》有深說三般若：

　　　　實相者，非有相，非無相，非非有相，非非無相，非有無俱相。離一切相，徧為一切諸法作相，故名實相。此實相者，即是般若波羅蜜體，體自寂照，不可思議。如理而照，照不異寂，即名觀照般若。如理詮寂，寂詮即照，是名文字般若。夫實相者，為觀照體，為文字體。夫觀照者，照於實相，照於文字。夫文字者，詮於實相，詮於觀照。此一非一，舉一即三。此三非三，言三即一。為令眾生頓悟諸法自體性故，但舉實相冠三般若，以實相體統諸法故。此之實相，本自非有。亦復非無，非亦有無，非非有無。實相離四句，故觀照、文字亦離四句。四句既離，百非自絕，以彼百非總不出四句故。〔註1〕

引文先以四句「是有」、「是無」、「非有非無」、「又有又無」，和「非有無俱相」釋「實相」，而此離四句及百非之「實相」，就是般若波羅蜜的本體，「寂

〔註1〕〔明〕蕅益智旭：《金剛般若波羅蜜經破空論》，《蕅益大師全集》第八冊（臺北：佛教出版社，2014 年），頁 4874～4875。

照」是說明此本體自然而然「寂而常照」，不可思議。其「離一切相」，但又「徧為一切諸法作相」，即一切萬法都依此「實相」而成萬相紛然，無相的本體而顯現一切事相，這就是「實相」。能契悟到此「實相」本體，就是實相般若。

接著說明觀照般若是「如理而照，照不異寂」，在空寂中產生此用。文字般若是從實相般若自然流露出來的，如實表明何謂「寂」、「照」。由此來看，「實相」是觀照般若和文字般若的本體，觀照般若是實相之用，文字般若是表達實相、說明如何觀照。進一步說，「實相」以「三般若」來說，是為令眾生明白諸法自本性而有，因此將一「實相」冠以「三般若」之名而分說，實則「此一非一，舉一即三。此三非三，言三即一」，也就是說「實相」和「三般若」，一也就是三，三實則是一。有關上述「實相」之義，在本章第一節將製表整理。

在閱讀文獻時發現，歷來對其思想之研究，除了陳彥戎在其博士論文《蕅益智旭《周易禪解》儒佛會通思想研究》，以「化解生命憂患」儒佛立教宗旨和天台宗思想詮釋二者之會通。以及羅鈴沛在〈蕅益《周易禪解》會通《易》理與如來藏的本體論詮釋〉一文提出「蕅益《周易禪解》，簡言之就是以如來藏佛性思想來詮釋《周易》」的見解，這二者研究理路稍見不同外，先賢研究多著墨在智旭註《周易》及《四書》是為了「儒釋道三教合一」、「儒佛會通」、「藉儒家之言說佛家之理」等論點作抉發。故而在閱讀歷來研究成果後，產生「三教為何要合一？」、「會通是要讓彼此互相接受？」等問題意識，另外，本文也不再糾纏於上述歷來論點，爰於第一節提出有關智旭「儒釋道三教合一、會通」之命題再省思。

歷來研究對智旭有「消禪歸淨」、反對「禪淨雙修」等論點，但，他出家時究心宗乘又一生持守淨土道念，加上筆者多次細讀相關文本，對前賢上述研究結論，在第二節對智旭是否「消禪歸淨」及反對「禪淨雙修」作探討，並得出一些新論點。

智旭弟子成時在〈靈峰蕅益大師宗論序說〉曾言「而發明介爾一念，在續集窾餘尤詳」，對於智旭發明之「介爾一念」，筆者發現，是他在著述的核心思想、大前提，也就是「關捩子」。能徹底明白智旭的「介爾一念」思想，再讀他的作品，對其著作所有的文字般若理解就不會有偏差。所以，在第三節嘗試以《靈峰宗論》探討智旭發明的「介爾一念」是何心。

第一節　智旭「儒釋道三教融會」思想

　　本文以為，儒、釋、道三教各有其修持實踐方式和最後歸向目的，沒有對錯好壞，就是各人選擇：要成聖就學儒、要成仙就學道、要了生死見真如本性就學佛。各取所需，何必衝突？何必硬要有高下之分？何必勉強會通或合一？因為，勉強的會通或合一，只是看到彼此間不斷攀援比附的文字內容，並不能真正說服儒、釋、道任何一方接受另一方論點。本文推論，即使有所謂的融會之說，應該只是在三教實踐方式上之文字援用融會，以助於利用所知之教門修行方法來理解其他教派入門及修行方法。

　　佛教傳入中土後，與中土的儒、道一直是既交流又競爭的局面，自來歷代在儒、釋、道間存在著衝突、批判、會通或融合這些議題，牟子《理惑論》首開論述三教關係之風，至明太祖開國，尊儒學為基本統治思想，以佛道二教輔助的「三教並舉」治國政策。有關「儒釋道三教合一」、「儒佛會通」這股論點洪流到明末的發展，因陽明心學，而在士大夫和讀書人間燦然盛行。

　　林義正在〈儒佛會通方法研議〉從後漢魏晉南北朝時期開始至民國時間，對三教和儒佛會通方法做一分析與歸納所得會通類型有：「名異實同論、教異道同論、跡異理同論、本末內外主伴論、判教融攝論、殊途同歸論、萬法同源（一心）論、超越體證論等八種」，並且從已往會通言論文獻中，整理出「會通」有以下意義：

> 從已往會通言論中，知道「會通」有「兼取」、「調和」、「互補」、「互含」、「互用」、「統合」、「折中」、「一致」、「一體」、「融攝」、「合一」、「一貫」、「一道」、「一理」、「一家」、「一心」、「互含」、「同本」、「同源」、「無二」等等意含。〔註2〕

據智旭著作表面來看，應是類似於「萬法同源（一心）論」，而「會通」之意含為「一道」、「一理」、「一家」、「一心」、「同本」、「同源」，但不論會通類型或意含，其中都明白顯示，儒、釋、道三教因立教之最後歸終目的不同，因此對「心」的解釋並不同，如何同源？本文將以其相關文本來分析。

　　另外，杜保瑞在〈蕅益智旭溝通儒佛的方法論探究〉則提出智旭注儒書在「教化作用」：

> 智旭以佛理詮解儒書，以心學溝通儒佛，復以佛教世界觀定位儒學

〔註2〕林義正：〈儒佛會通方法研議〉，《佛學研究中心學報》第7期（2002年7月），頁185～211。

價值，在在顯示清楚明確的佛教立場，儒者不可即以智旭之作理解
儒學，因為注解所依之義理皆即是佛學，智旭之作真有教化作用者
首在於引儒入佛，其次在於藉儒批佛，批其未能真正實踐佛法教義
之佛弟子，智旭之一切所言，最終歸趣仍是佛家。〔註3〕

引文指出智旭僅只「藉儒說佛」，並非有義理上的儒佛融會，因此不以「會通」
說之。而荒木見悟對「儒釋道三教合一」思潮，則提出了較深的見地：「三教
一致不是串同三教，也不是湊集三教之長，而是超越三教，從根本源頭重新
認識三教。因此即使講三教一致，依然有各種各樣的形態與活動樣式」〔註4〕。
但對超越三教的「根本源頭」，並未看到進一步的論述。

所謂「超越三教的『根本源頭』」，應是證得「根本源頭」之高僧才能以
實相般若自然流露的文字般若說得洞澈，爰本節企圖就明末四大高僧對此議
題之論述，來推論「超越三教的『根本源頭』」，自然就能如探討出荒木先生
所言之「因此即使講三教一致，依然有各種各樣的形態與活動樣式」的理論，
也是本節開頭再探此議題之研究目的：「尊重儒、釋、道三教各有其修行方式
和最後歸向目的」。

智旭為明末四大高僧之一，其他三位為雲棲袾宏（1535～1615）、紫柏真
可（1543～1603）、憨山德清（1546～1623），除紫柏真可之外，未出家前都是
由儒入佛，而真可，於十七歲出家後也是閉門讀書，亦嫻熟儒家經典。本節
擬以比較的觀念，將四大師依出生先後順序，對此議題分別討論，先分析三
大高僧之代表性觀點，然後再探討智旭之在這方面的思想，最後就能力所及，
對四位高僧各別的觀點給予合理的解釋，澄清疑點以推論「超越三教的『根
本源頭』」，和對三教之間的觀點。

一、明末三大高僧相關論點

本段依序，分別以雲棲袾宏作品集《雲棲法彙》、紫柏真可著作《紫柏尊
者全集》、憨山德清之《憨山老人夢遊集》，整理出對「儒釋道三教合一」和
「儒佛會通」的核心論點。

〔註3〕 杜保瑞：〈蕅益智旭溝通儒佛的方法論探究〉，華梵大學第七屆儒佛會通暨文
　　　　化哲學學術研討會論文集（2003 年 9 月），頁 340～350。
〔註4〕 〔日〕荒木見悟，廖肇亨譯：〈鄧豁渠的出現及其背景〉，《明末清初的思想與
　　　　佛教》（台北：聯經出版公司，2006 年），頁 190。

（一）雲棲袾宏

智旭十三歲時就外傅習儒家聖學，即以千古道脈為任，自言當時是「囂囂自得」。是年又開葷酒，作論數十篇闢異端。至十七歲，閱袾宏〈自知錄序〉，及《竹窗隨筆》，乃不謗佛，並取所著闢佛論焚之。二十四歲出家，次年遂發菩提心，跪於袾宏師像前，「然香頂受二種戒本，以附私淑之科」，故對袾宏尊稱「得戒和尚」。

袾宏（1535～1615）於明嘉靖乙丑年（1565），三十一歲出家，隆慶辛未年（1571），至雲棲山以雲棲寺為弘法中心，後世淨土宗尊為第八代祖師。他復興戒律、力弘淨土亦不廢禪學，並特別重視戒殺生與放生之行。未有專門註解儒道經典，對三教議題論述散見《雲棲法彙》。整理重要觀點如下：

1. 正訛：三教一家，非漫無分別之謂

袾宏在〈三教一家〉文中同意「三教一家」說，但對世傳「三教漫無分別」訛言，以「長幼尊卑親疏」來論其分別：

> 人有恆言曰：三教一家。遂至漫無分別，此訛也。三教則誠一家矣，一家之中，寧無長幼尊卑親疏耶。佛明空劫以前，最長也，而儒道言其近。佛者天中天，聖中聖，最尊，而儒道位在凡。佛證一切眾生本來自己，最親也，而儒道事乎外。是知理無二致，而深淺歷然。深淺雖殊，而同歸一理，此所以為三教一家也。非漫無分別之謂也。〔註5〕

因「理無二致，而深淺歷然」，他以「佛明空劫以前，最長」、「佛者天中天，聖中聖，最尊」、「佛證一切眾生本來自己，最親」三最來與儒道二教做分別，並明訛言之誤。三教深淺分別雖不同，但「同歸一理」，此所以為「三教一家」之因。另外，在〈三教同說一字〉也有相同的論述：「二教以一為極，而佛又超乎一之外也」〔註6〕。

2.「三教一家」譬喻說：以倫理血脈、樹之根枝葉為喻

第1點的〈三教一家〉文，以「長幼尊卑親疏」述三者之別，又以「祖孫父子」、「樹之根枝葉」進階說明儒、釋、道三教「不可謂不同，亦不可謂盡同」：

〔註5〕〔明〕雲棲袾宏：〈三教一家〉《正訛集》，《雲棲法彙》《嘉興藏》第 33 冊，
　　　　CBETA, J33, noB277, p. 0077a23。

〔註6〕〔明〕雲棲袾宏：〈三教同說一字〉《正訛集》，CBETA, J33, noB277, p. 0078c09。

　　三教一家，不可謂不同。雖云一家，然一家之中有祖孫父子，亦不可謂盡同。必欲約而同之，使無毫髮之異，則壞世相，為害不淺矣。

　　如一株樹然。有根有枝有葉。終不可以枝葉而認作根也。〔註7〕

以世間倫理面貌而言，「祖孫父子」同一血脈，但祖、父、孫各代在形體聰愚或其他項目上並不會完全相同，各有各的特質，也造就這世間的多樣性。故而，袾宏以「祖孫父子」世相喻三教之同和不同。再比之以「樹之根枝葉」，儒、釋、道有如一樹有根，才能長成枝和葉的根枝葉關係，所以，終不能誤將枝葉認作根，強將三者簡化合成是完全相同的。

3. 對儒、佛、道關係之論

　　對儒佛關係，袾宏有些特別的觀點：

（1）儒釋和會：第一義和戲論

　　在〈儒釋和會〉一文，提出「第一義」和「戲論」之說：

　　有聰明人，以禪宗與儒典和會。此不惟慧解圓融，亦引進諸淺識者不復以儒謗釋，其意固甚美矣。雖然，據麤言細語皆第一義，則誠然誠然。若按文析理，窮深極微，則翻成戲論，已入門者又不可不知也。〔註8〕

對聰明人將「禪宗與儒典和會」，即所謂援佛入儒或儒佛會通，袾宏認為此舉是「引進諸淺識者不復以儒謗釋」，立意良善。不過，也對已入佛門者提出警語，若是據第一義麤言細語則可，如是個人依文解義，則只是翻成戲論。

（2）因未見中道第一義諦，訛佛教為虛無寂滅之異端

　　對好會同儒釋的人，謂良知「即是佛說之真知」，袾宏認為「未可」，原因如下：

　　宋儒謂釋氏只要心如槁木死灰，遂斥為異端，虛無寂滅之教。此訛也。為此說者，蓋未曾博覽佛經，止見小乘枯定，未見大乘定慧雙修中道第一義諦。止見空如來藏，未見不空如來藏，又何況中道不居，空不空如來藏耶。彼以為槁木，吾以為萬樹方春。彼以為死灰，吾以為太陽當午。識者自應平心等量，勿以先入之言為主，而被宋

〔註7〕〔明〕雲棲袾宏：〈答桐城孫鏡吾居士廣宇〉《雲棲法彙》遺稿卷二《嘉興藏》
　　　　第 33 冊，CBETA, J33, noB277, p. 0129b10。
〔註8〕〔明〕雲棲袾宏：〈儒釋和會〉《竹窗隨筆》，《雲棲法彙》《嘉興藏》第 33 冊，
　　　　CBETA, J33, noB277, p. 0025a14。

儒誤卻大事。〔註9〕

第一義諦又稱為中諦，即天台宗所說空、假、中三諦的中諦。佛法有真（空）、俗（假）二諦法，加上中（第一義）諦，便是三諦法。俗諦就是世俗的知見，對山河大地種種事物都認為是實有，在佛法認為這些都是虛幻的有，所以稱為「假」。真諦是出世的道理，世間森羅萬象大地山河即是虛幻，實相真如所現萬法皆空，這是空諦，即真諦。

但在世俗卻是以虛幻斷滅為「空」，和世俗所認為萬象的「有」對立。因為，世人眼前看這萬事萬物明明在那裡啊！所以，真（空）諦的理一直是難懂的攔路虎，在科學上，愛因斯坦說宇宙間就是「場」，是原子的波動和能量集中形成種種現象，沒有物質。而在佛法，則稱「萬法唯是識」，所見萬事萬物種種皆是「識」也就是「心」的動相。《六祖壇經》有個公案可以說明：

> 一日思惟：「時當弘法，不可終遯。」遂出至廣州法性寺，值印宗法師講《涅槃經》。時有風吹旛動，一僧曰：「風動。」一僧曰：「旛動。」議論不已。惠能進曰：「不是風動，不是旛動，仁者心動。」一眾駭然。〔註10〕

六祖惠能（638～713）說無一物，是「心動」這動相之根，讓我們錯認種種一切有、無。在第一義諦更進一步，是即真即俗，非真非俗，亦真亦俗，意即「一切境界唯心妄起故有，若心離於妄動則一切境界滅，唯一真心無所不遍」〔註11〕。所謂「一切境界，唯心妄起故有」是俗（假）諦，「若心離於妄動，則一切境界滅」是真（空）諦，而「唯一真心，無所不遍」則是中諦，也就是第一義諦。真心遍一切，萬法種種境界縱橫紛然，真心者清淨本然，一心不動，不受外境沾染。舉例而言，如菩薩已是覺悟者，但是為度眾生還是到世間，但不受世間種種境界所擾。

所以，佛法並非宋儒所言「釋氏只要心如槁木死灰」、「虛無寂滅之教」，宋儒所見只見「小乘枯定」、「空如來藏」，是落入禪定空境之二乘法，所以智

〔註9〕〔明〕雲棲袾宏：〈槁木死灰〉《正訛集》，《雲棲法彙》CBETA, J33, noB277, p. 0079a03。

〔註10〕〔唐〕惠能著，宗寶編：〈行由第一〉《六祖大師法寶壇經》《大正藏》第 48 冊，CBETA, T48, no2008, p. 0349c08。

〔註11〕〔唐末五代〕永明延壽：《宗鏡錄》卷第四十二：「所謂一切境界，唯心妄起故有。若心離於妄動，則一切境界滅。唯一真心，無所不遍。此謂如來廣大性智究竟之義」。《大正藏》第 48 冊 CBETA, T48, no2016, p.0684b06。

旭在〈金剛經破空論自序〉言：「經云：寧起有見如須彌山，勿起惡取空見如芥子許。蓋空見撥無因果，能斷五乘善根故也」〔註12〕，以此論破一切都落於空的偏見。他更深入的說：「金剛般若大旨，應無所住而生其心一語，足以蔽之」〔註13〕，重要的是心，不落「空」、「有」二邊的清淨心，即不落「空諦」，也不落「俗諦」，合於中道第一義諦。

故而，袾宏勸人「勿以先入之言為主，而被宋儒誤卻大事」。由此也可發現，所謂三教會通，若見識淺陋，不免會有訛誤之遺毒。

（3）良知：「真」之與「良」固當有辨

對好同儒釋的人，謂良知「即是佛說之真知」，他認為「未可」，原因如下：

> 新建創良知之說，是其識見學力深造所到，非強立標幟以張大其門庭者也。然好同儒釋者，謂即是佛說之真知，則未可。何者？良知二字，本出子輿氏，今以三支格之。良知為宗，不慮而知為因，孩提之童無不知愛親敬長為喻，則知良者美也，自然知之而非造作者也。而所知愛敬涉妄已久，豈真常寂照之謂哉？真之與良固當有辨。〔註14〕

「三支比量」是佛教因明法，以宗、因、喻之三分立比量，比量者以因喻之二者，比知宗義。意即以「宗」為所立之義，「因」為成宗之理由，「喻」為助成宗之譬喻。袾宏以三支比量來論證「良知」，以「良知」為宗義，用「不慮而知」之因來說明良知是人本有不慮而知之良善本能，這個向善本能以「孩提之童無不知愛親敬長」為喻，來論證良知之「良」。但，「愛親」是心念之動，已涉妄想分別，和「真常寂照」之真知不同。

「良知」為識見學力深造所到而建立的學說，是「所知愛敬涉妄已久」之識見分別、起心動念的妄念染著。而佛說之「真知」，是「真常寂照」，與世俗那種有相對性的「愛敬」、「識見」之認知，完全不同。對於佛說之「真知」自性，袾宏在《彌陀疏鈔》有言：「靈明洞徹，湛寂常恆……不可得而思議者」

〔註12〕〔明〕蕅益智旭：〈金剛經破空論自序〉《金剛般若波羅蜜經破空論》，《蕅益大師全集》第八冊（臺北：佛教出版社，2014年），頁4869。

〔註13〕〔明〕蕅益智旭：〈金剛經破空論原跋〉《金剛般若波羅蜜經破空論》，頁4985。

〔註14〕〔明〕雲棲袾宏：〈良知〉《竹窗隨筆》，《雲棲法彙》《嘉興藏》第33冊，CBETA，J33, noB277, p. 0029c08。

〔註15〕，是超乎我們一般所理解的這種相對性的明白，「靈」是「靈明」；「寂」是清楚；「照」是智慧，沒有分別，如鏡照人，人走鏡不留像，也就是對是非善惡自然清楚明白其究竟之理，所以不升好壞喜歡厭惡之別。與世俗人用識之「想」，在面對萬相後即開始起心動念、生好惡分別心，是完全不同的。

因此，他對「靈明洞徹，湛寂常恒」之心的本體真「知」，用「真常寂照」，來說明靈明之真「知」從不昏昧，寂而常照。明言空寂常照的「真」知不是起心動念的「良」知，故而「真」知和「良」知當然有辨。

（4）圓機之士，於儒佛二之、合之，兩無病焉

〈儒佛交非〉〔註16〕一文對歷代「儒者非佛，佛者復非儒」之爭，袾宏認為是佛法初入中國，崇佛者眾，而儒者為世俗道理計算，非難佛教未為過。後來，因為儒者既非難佛教，情況變成疑佛者眾，佛教為出世道計，辯駁之亦未為過。不過，在道士傅奕、儒家學者韓愈批評佛教之後，後人又一再仿效非難佛教之舉，就是過分了，因為「雲既掩日，不須更作煙霾」。同樣的道理，待明教契嵩禪師、空谷景隆禪師著書反駁儒者後，後人又效法辯駁，這也是過分了。因為「日既破暗。不須更作燈火」。

所以，他舉實例提出儒佛「不當兩相非。而當交相贊」之論；

> 試舉其略，凡人為惡，有逃憲典於生前，而恐墮地獄於身後，乃改惡修善，是陰助王化之所不及者佛也。僧之不可以清規約束者，畏刑罰而弗敢肆。是顯助佛法之所不及者儒也。今僧唯慮佛法不盛，不知佛法太盛，非僧之福。稍制之抑之，佛法之得久存於世者，正在此也。知此。則不當兩相非。而當交相贊也。〔註17〕

〔註15〕〔明〕雲棲袾宏：〈初明性〉：「靈明洞徹，湛寂常恒，非濁非清，無背無向。大哉真體，不可得而思議者，其唯自性歟。」《阿彌陀經疏鈔》《卍新續藏》第22冊，CBETA, X22, no0424, p. 0604a12。

〔註16〕〔明〕雲棲袾宏：〈儒佛交非〉前半段原文：「自昔儒者非佛，佛者復非儒。予以為佛法初入中國，崇佛者眾，儒者為世道計，非之未為過，儒既非佛。疑佛者眾，佛者為出世道計，反非之亦未為過。迨夫傅韓非佛之後，後人又彷效而非，則過矣。何以故？雲既掩日，不須更作煙霾故。迨夫明教空谷非儒之後，後人又彷效而非，則過矣。何以故？日既破暗，不須更作燈火故。覈實而論，則儒與佛不相病而相資。」《竹窗二筆》，《雲棲法彙》《嘉興藏》第33冊，CBETA, J33, noB277, p. 0045a29。

〔註17〕〔明〕雲棲袾宏：〈儒佛交非〉《竹窗二筆》，《雲棲法彙》《嘉興藏》第33冊，CBETA, J33, noB277, p. 0045a29。

在期許儒佛二教能「不相非而交相贊」，進一步在〈儒佛配合〉〔註18〕說「儒佛二教聖人，其設化各有所主，固不必歧而二之，亦不必強而合之」，因為「儒主治世。佛主出世」。治世，當用儒典，倘理論過於高深，於世間綱常倫理則難以設立和安定。對於出世之法，自然應「窮高極深」，方得能成解脫目的。若定要將儒、釋強而合之，對二者而言都是有損害的，因為：

> 若定謂儒即是佛，則六經論孟諸典璨然備具，何俟釋迦降誕、達磨西來？定謂佛即是儒，則何不以楞嚴法華理天下？而必假羲農堯舜創制於其上、孔孟諸賢明道於其下？〔註19〕

綜上論點，儒釋二教「二之合之，其病均也」。不過，在最後，他提出了圓解：「圓機之士，二之亦得，合之亦得，兩無病焉。又不可不知也」。見中道第一義諦、如來藏之圓機之士，是見三教究竟之源，所以超越三教，當然三教各別門庭朗朗，用之無礙，則何有病焉？

（5）解佛經多引用六經諸子：借儒道語，不用其意

對「佛典本出老莊」之言，袾宏之解說為：

> 宋儒云：佛典本出老莊，世人不知，駭謂奇語。譬之被虜，劫去家珍，反從虜借用。此訛也。老莊之書具在，試展而讀之，其所談，虛無自然而已。虛無自然，彼說之深深者也，尚不及佛法之淺淺，而謂佛從老莊出，何異謂父從子出耶。清涼大師以邪因無因二科斷老氏為外道，況莊又不及老，而宋儒膚見至此，可哂也。〔註20〕

其言老莊之書，談「虛無自然而已」，所談「虛無自然」說之深深者尚不及佛法之淺淺。袾宏此說，約是以二乘真俗二諦之「淺淺」來比較老莊「虛無自然」之深深說，更何況，大乘佛法還有之空、假、中之大乘三諦究竟說。故以「何異謂父從子出」來比喻世所謂「佛典本出老莊」之言。

另外，對歷來以「解佛經者，多引用六經諸子」來說佛法出自儒道之言，其說：

> 或又云，解佛經者，多引用六經諸子，何也？噫！此方文字，惟孔老為至極，不此之引，而將誰引？然借其語，不用其意，深造當自

〔註18〕〔明〕雲棲袾宏：〈儒佛配合〉《竹窗二筆》，CBETA, J33, noB277, p. 0052b12。

〔註19〕〔明〕雲棲袾宏：〈儒佛配合〉《竹窗二筆》，《雲棲法彙》《嘉興藏》第 33 冊，CBETA, J33, noB277, p. 0052b12。

〔註20〕〔明〕雲棲袾宏：〈佛典本出老莊〉《正訛集》，《雲棲法彙》，CBETA, J33, noB277, p. 0074c12。

得之。〔註21〕

因孔、老等六經諸子之言，為儒道等世間文字之至善極致，所以，解佛經時，為讓世人了解，自然借六經諸子之文字而用。但，祩宏進一步說明「借其語，不用其意」，因儒佛道經解文字之「名相」雖因同而用，但，三教究竟目的不同，所以只能借「名相」，不用其意，三教之究竟意，當各自深究。

4. 祩宏三教之論重點

（1）三教一家，非漫無分別：不可謂不同，亦不可謂盡同。

（2）對儒、佛、道關係之論：借儒、道語，不用其意。

（3）超越三教，看待三教之基本原理：見中道第一義諦、如來藏者。即「圓機之士，於儒佛二之、合之，兩無病焉」。

（二）紫柏真可

真可（1543～1603），俗姓沈，法名達觀，後改名真可，號紫柏老人，後世尊稱其為紫柏尊者。天資雄猛，慷慨激烈，貌偉不群，嘉靖己未年十七歲時仗劍遠遊塞上，行至蘇州閶門，遭大雨不得前行，時遇虎丘僧人明覺，以傘蔽之，遂同歸虎丘寺寄宿。是夜聽僧念誦八十八佛名，心大開悅心大快悅。清晨，即解腰纏十余金授覺，令設齋，遂禮明覺為師。是夜即兀坐達旦，之後更閉戶讀書。明萬曆己卯年（1579），其與浙江嘉興知府陸光祖等人發願募集刊刻《大藏經》，十年後，終於萬曆己丑年（1589）在五臺山開版，即後世所知之《嘉興藏》。

智旭尊真可有「重振僧風」之德，在〈十八祖像贊並序略（有引）〉讚真可「佛法不作人情」〔註22〕，故以「達大師家風」作〈囑徹因比丘書〉：「不得曲媚權貴，須如達大師家風始得。若不能造此地位，寧死不宜出頭」〔註23〕，〈毗尼事義集要緣起〉則說到「每懷紫柏之風，護法忘身，願續匡山之派」〔註24〕，是以他在〈自像贊三十三首〉第一首所言「憲章紫柏可」，應是指此「佛法不作人情」、「護法忘身」之「達大師家風」。他又讚真可「刻書本藏」之功是「深知教外旨，終藉文字傳。創刻方冊藏，助顯直指禪」。

〔註21〕〔明〕雲棲祩宏：〈佛典本出老莊〉《正訛集》，《雲棲法彙》《嘉興藏》第33冊，CBETA, J33, noB277, p. 0074c12。

〔註22〕〔明〕蕅益智旭：〈紫柏尊者達大師像贊二首〉《靈峰宗論》卷九之三，《蕅益大師全集》第十八冊（臺北：佛教出版社，2014年），頁11582。

〔註23〕〔明〕蕅益智旭：〈囑徹因比丘書〉《淨信堂初集》卷六，明學主編：《蕅益大師全集》第七冊（四川：巴蜀書社，2018年），頁456。

〔註24〕〔明〕蕅益智旭：〈毗尼事義集要緣起〉《淨信堂初集》卷五，頁381。

〔註25〕另外，真可於憨山德清被誣入獄時言「三大負」〔註26〕，而智旭在四十歲作〈陳罪求哀疏（戊寅）〉自陳「七大負」。〔註27〕

真可也未有專門註解儒道二家經典，有關他對三教合一和會通的觀點，將依《紫柏尊者全集》，及錢謙益在康熙癸卯年（1663）所編之《紫柏尊者別集》二本書為研究材料。

1. 儒釋老，皆名焉；實者，心也

歷代儒、釋、老三教互非，對此，真可有言：

> 宗儒者病佛老，宗老者病儒釋，宗佛者病孔病李。既咸謂之病，知有病而不能治，非愚則妄也。或曰：敢請治病之方。曰：學儒而能得孔氏之心、學佛而能得釋氏之心、學老而能得老氏之心，則病自愈，是方之良。蒙服之而有徵者也，吾子能直下信而試之，始知蒙不欺吾子也。〔註28〕

其直言，三教之一，若宗一教必病其他二教之非，要治癒此訛非他教之病，即「學儒而能得孔氏之心、學佛而能得釋氏之心、學老而能得老氏之心」，在各教能真正通各教之心法並真實踐，就是治此病之良方。他更深入說明如下：

> 且儒也、釋也、老也，皆名焉而已，非實。實也者，心也。心也者，所以能儒能佛能老者也。噫！能儒能佛能老者，果儒釋老各有之耶？共有之耶？又已發未發、緣生無生、有名無名、同歟不同歟？
>
> 知此乃可與言三家一道也，而有不同者名也，非心也。〔註29〕

古來真正見實相般若之祖師大德，都是直與「三世諸佛一鼻出氣」〔註30〕的，

〔註25〕〔明〕蕅益智旭：〈十八祖像贊并序略（有引）〉《靈峰宗論》卷九之四，頁11620～11621。

〔註26〕憨山德清撰〈徑山達觀可禪師塔銘〉：「每歎曰：法門無人矣。若坐視法幢之摧，則紹隆三寶者，當於何處用心耶。老憨不歸，則我出世一大負。礦稅不止，則我救世一大負。傳燈未續，則我慧命一大負。若釋此三負，當不復走王舍城矣」，後世稱真可「平生三大負」〔明〕憨山德清：《憨山老人夢遊集》卷第二十七「塔銘」《卍新續藏》第 73 冊，CBETA, X73, no1456, p.0652b16。

〔註27〕〔明〕蕅益智旭：〈陳罪求哀疏〉《靈峰宗論》卷一之三，頁 10346～10349。

〔註28〕〔明〕紫柏真可：《紫柏尊者全集》卷之九「法語」《卍新續藏》第 73 冊，CBETA, X73, no1452, p.0224b10。

〔註29〕〔明〕紫柏真可：《紫柏尊者全集》卷之九「法語」《卍新續藏》第 73 冊，CBETA, X73, no1452, p.0224b10。

〔註30〕〔明〕蕅益智旭：〈寄文學沈九中〉《淨信堂初集》卷六，明學主編：《蕅益大師全集》第七冊（四川：巴蜀書社，2018 年），頁 435。

紫柏正與袾宏一鼻孔出氣，皆以實相真如之心來看待三教，說通徹語。自始以來，有一物一事便會安一名，故儒、釋、老，不過皆是「名稱」、「名相」。在佛法而言，「名相」是因緣聚散、虛妄不實的，只有真如本來之心，才是實相。「實相」，是離一切相，又「徧為一切諸法作相」，所以「實相」遍一切法、遍一切處、遍一切眾生，能「居方而方，止圓而圓；在天而天，處人而人」，故而能在儒能儒、在佛能佛、在老能老。

　　以「實相」之高度來看儒、釋、老，在世間之「名相」是可分別的，但究竟卻也都是「實相」之同，所以，真可反問「果儒釋老各有之耶？共有之耶？」，但，其中之同與不同，要知「實相」之真如心，才能言之。

2. 得華嚴事事無礙之旨，則以世間書釋出世間書亦可

　　真可對文字語言的看法是「一切文字語言，都從虛明流出，自然文天而機妙」：

> 離乃心之象也，如玩象而得意，則虛而明者，在我而不在文字語言。
> 若一切文字語言，都從虛明流出，自然文天而機妙也。唐李長者，
> 每以南無釋曇謨義，文字之師往往笑之，以為長者不辯華梵。殊不
> 知長者獨得華嚴事事無礙法界之旨。〔註31〕

所以，文字語言本身不重要，重要的是從何「心」所流出。真可說唐朝李通玄獨得華嚴事事無礙法界之旨，但文字之師卻識見有限，誤認李通玄長者不辯文字語言之華梵。所謂「華嚴事事無礙法界之旨」，在《羅湖野錄》卷一有則圜悟克勤公案，圜悟禪師曾言：「事事無礙法界，法界量滅，始好說禪」〔註32〕，而「法界量滅」在《大佛頂萬行首楞嚴經》有言：「性德圓成，法界量滅，名法界無量迴向」〔註33〕。當修學行人性德圓成，則「體無不徧，用無不周。是以一塵一毛，皆等法界，無復限量」〔註34〕。

　　「一塵一毛，皆等法界」之「事事無礙法界」，是《華嚴經》所獨有，華嚴立十玄門以表事事無無礙法界。《華嚴經》中寂靜音海夜神得到一個念念出

〔註31〕〔明〕紫柏真可：《紫柏尊者全集》卷之九「義井筆錄」，CBETA, X73, no1452, p. 0226c16。
〔註32〕〔宋〕江西沙門曉瑩集：《羅湖野錄》卷一，CBETA, X83, no1577, p. 0377c13。
〔註33〕〔唐〕般剌密帝譯：《大佛頂萬行首楞嚴經》卷第八《大正藏》第十九冊，CBETA, T19, no0945, p. 0142b21。
〔註34〕〔明〕交光真鑑：《大佛頂首楞嚴經正脉述》卷第八，CBETA, T12, no0303, p. 0410b03。

生廣大喜莊嚴解脫，所形容的正是「事事無礙法界」：

> 得此解脫已，能入十不可說不可說佛剎微塵數法界安立海，見彼一
> 切法界安立海一切佛剎所有微塵，一一塵中有十不可說不可說佛剎
> 微塵數佛國土。一一佛土皆有毘盧遮那如來坐於道場，於念念中，
> 成正等覺，現諸神變；所現神變，一一皆遍一切法界海。〔註35〕

引文說的「事事無礙法界」，在一個微塵裏頭，有無量的佛土，無量的佛土中，都有毘盧遮那都在那成佛、說法、現神變。所現的神變遍滿一切法界海。這些都是超情離見，不可思議，這些小大多寡完全不是一般人們識量所知的概念：一個個的微塵裏頭有無量佛剎，大的可以包括小的，小的包括大的；多包括一，一包括多。而這正是性德圓成之「事事無礙法界」之旨，也就是「須彌納芥子，芥子納須彌」之佛性。

故而真可又說：

> 既曰事事無礙，即以梵語釋華言亦可，華言釋梵語亦可，以世間書
> 釋出世間書亦可，以出世間書釋世間書亦可，以惡言明善言亦可，
> 以善言明惡言亦可。言明則意得，意得則至虛而明者，常為其君，
> 一切染淨善惡華梵是非好惡，皆臣妾也，皆語言三昧也。〔註36〕

「一切染淨善惡華梵」文字不過是工具，而以性德圓成「事事無礙法界」之佛性，即三德秘藏心所流出之文字，是語言三昧，故能「以世間書釋出世間書亦可，以出世間書釋世間書亦可」。

4. 真可三教之論重點

因「儒、釋、老，皆名焉而已，非實也；實者，心也」，因此，惟有「得華嚴事事無礙法界之旨，則以世間書釋出世間書亦可，以出世間書釋世間書亦可」。

（三）憨山德清

智旭於明天壬戌年（1622）出家，是時「紫柏尊者，已寂圓中。雲棲老人，亦遷安養」，當時憨山德清（1546～1623）七十七歲，遠遊曹谿。智旭自言「力不能往。其餘知識非予所好，乃作務於雲棲，坐禪於雙徑，訪友於天

〔註35〕實叉難陀奉制譯：《大方廣佛華嚴經》卷第七十一「入法界品第三十九之十二」《大正藏》第 10 冊，CBETA, T10, no0279, p. 0386c16。

〔註36〕〔明〕紫柏真可：《紫柏尊者全集》卷二十二《解易》《卍新續藏》第 73 冊，CBETA, X73, no1452, p. 0226c16。

台」。〔註37〕袾宏駐錫雲棲寺，而憨山德清為真可舉行荼毗儀式，真可舍利供奉於徑山寂照庵，世稱紫柏塔。智旭出家前曾「三夢大師接引」，尊德清為「夢中接引」，在所作〈憨翁法祖真容讚〉〔註38〕，署名自稱「心嗣法孫」。

德清於明嘉靖丙辰年（1556）十一歲時發出家之志，十二歲，讀書通文義，鄉族咸愛重之。是年十月至報恩寺西林永寧法師門下，誦習佛經，兼通儒學、道家，善賦詩述文。嘉靖甲子年（1564），十九歲時盡焚棄所習，披剃出家，專意參究一事。二十六歲時離開報恩寺參師問友，也廣交晚明士林。萬曆癸酉年（1573），二十八歲遊五臺山，至北臺見有憨山，他默取為號，詩以志。

他在四十八歲作《觀老莊影響論》，於萬曆乙未年（1595），五十歲時遭陷入獄，是年冬遣戍廣東。在廣東十八年期間，除中興曹溪，還著有儒家經典三部：《中庸直指》、《春秋左氏心法》、《大學決疑》，著《老子道德經解》、《莊子內篇注》二本道家經典。有關他的全部著作，後世編為《憨山老人夢遊集》。本文即以其儒道相關著作及自述年譜，整理其三教合一和會通的精要論點。

1. 著儒、道書之因緣

憨山曾言三教學者之弊在「習儒者拘，習老者狂，學佛者隘」〔註39〕，各教僅執我教為是，他教為非之我執，「力破我執，則剖破藩籬，即大家矣」〔註40〕，此為究三教而著述破三教藩籬之因。以下為其在《憨山老人自序年譜》自述著儒、道書之因緣：

（1）因有歸依諸士子未入佛理，著中庸直指以發之

明萬曆丁酉年（1597），德清五十二歲，遭陷已遣戍廣東第三年，於夏四月，著楞伽筆記成，「因諸士子有歸依者，未入佛理，故著中庸直指以發之。」

（2）春秋乃明因果之書，遂著春秋左氏心法

明萬曆甲辰年（1604），時五十九歲，春正月時：

> 以達師之故，通行至按院，檄予還戍所。遂去曹溪，往雷州。因憶

〔註37〕〔明〕蕅益智旭：〈退戒緣起並囑語〉《淨信堂初集》卷五，明學主編：《蕅益大師全集》第七冊（四川：巴蜀書社，2018 年），頁 385。

〔註38〕〔明〕福善記錄，福徵述疏：《憨山老人年譜自敘實錄疏》《大藏經補編》第 14 冊，CBETA, B14,no0085, p. 0453a10～0454a02。

〔註39〕〔明〕憨山德清：《憨山老人夢遊集》卷第四十五《道德經解發題》之〈發明體用〉《卍新續藏》第 73 冊，CBETA, X73, no1456, p. 0772a15。

〔註40〕〔明〕憨山德清：《道德經解發題》之〈發明體用〉內容。

達師云：「楞嚴說七趣因果，世書無對解者。」予曰：「春秋乃明明
因果之書也」。遂著春秋左氏心法。〔註41〕

達師即紫柏真可，其於萬曆癸卯年（1603），因第二次妖書案受牽連入獄，獄
中遭拷打定罪，真可言：「世法如此，久住為何？」，於是年十二月十七日辰
時，沐浴端坐，數稱毗盧遮那佛而逝。真可與德清在萬曆丙戌年（1586）嶗山
一談後結為至交，在德清被誣以「私創寺院」罪名入獄時，紫柏為救德清，曾
言「老憨不歸，則我出世一大負」〔註42〕。

（3）俗弟子請為《道德經》注，十五年方成〔註43〕

明萬曆丁未年（1607），德清年六十二歲，春三月，是年注《道德經》成。
其自述「予幼讀老子，以文古意幽，切究其旨，有所得。俗弟子，請為之注」，
於萬曆壬辰年（1952）開始注經。其注經之慎重態度是「每參究透徹，方落
筆。苟一字有疑而不通者，決不輕放」。因此用功十五年，才完成。

（4）時諸士子，相依請益，述大學決疑〔註44〕

明萬曆辛亥年（1611），年六十六，春三月，居「端州鼎湖山養疴，初奉
赦」。在其獲赦免後，因「時諸士子，相依請益」，便述《大學決疑》。

（5）侍者廣益，請重述莊子內七篇注〔註45〕

明萬曆庚申年（明泰昌元年，1620），七十五歲。春課餘，侍者廣益，請
「重述起信、圓覺、直解、莊子內七篇注」。其言「莊子一書，乃老子之註疏。
故愚所謂老之有莊，如孔之有孟。是知二子所言，皆真實話非大言也。」，遂
重述發明趣向。

〔註41〕〔明〕憨山德清：《憨山老人夢遊集》卷第五十四《憨山老人自序年譜實錄下》
《卍新續藏》第73冊 CBETA, X73, no1456, p. 0842c10。

〔註42〕憨山德清撰〈徑山達觀可禪師塔銘〉：「每歎曰：法門無人矣。若坐視法幢之
摧，則紹隆三寶者，當於何處用心耶。老憨不歸，則我出世一大負。礦稅不
止，則我救世一大負。傳燈未續，則我慧命一大負。若釋此三負，當不復走
王舍城矣」，後世稱真可「平生三大負」〔明〕憨山德清：《憨山老人夢遊集》
卷第二十七「塔銘」，CBETA, X73, no1456, p. 0652b16。

〔註43〕本點引文均出自〔明〕憨山德清：《憨山老人夢遊集》卷第五十四《憨山老人
自序年譜實錄下》，CBETA, X73, no1456, p. 0843a18。

〔註44〕本點引文均出自〔明〕憨山德清：《憨山老人夢遊集》卷第五十四《憨山老人
自序年譜實錄下》，CBETA, X73, no1456, p. 0843c21。

〔註45〕本點引文均出自〔明〕憨山德清：《憨山老人夢遊集》卷第五十四《憨山老人
自序年譜實錄下》《卍新續藏》第73冊 CBETA, X73, no1456, p. 0845b18。

2. 以三界唯心，萬法唯識而觀，三教本來一理

德清在〈論心法〉，言以禪宗「習靜以觀心」之法明心見性後言「以三界唯心，萬法唯識而觀，不獨三教本來一理，無有一事一法，不從此心之所建立」：

> 余幼師孔不知孔、師老不知老。既壯，師佛不知佛。退而入於深山大澤，習靜以觀心焉，由是而知三界唯心，萬法唯識。既唯心識觀，則一切形，心之影也；一切聲，心之響也；是則一切聖人，乃影之端者；一切言教，乃響之順者。〔註46〕

其於四十一歲，自述一夕靜坐夜起，見「海湛空澄，雪月交光，忽然身心世界，當下平沉，如空華影落，洞然壹大光明藏，了無一物」。此禪悟境界，他即說一偈：「海湛空澄雪月光，此中凡聖絕行藏。金剛眼突空華落，大地都歸寂滅場」。即歸室取《楞嚴經》印正，開卷即「見汝身汝心，外及山河虛空大地，咸是妙明真心中物」。則以全經觀境，了然心目。隨筆述《楞嚴懸鏡》一卷，燭才燃半枝，著述已就。

他又說「唯吾佛出世說法四十九年，所集諸經，有一大藏，始終只說了八箇字，所謂「三界唯心，萬法唯識」，其雖以《楞嚴經》印正禪悟明心見性境界，但仍小心謹慎的說自己四十年來，才說破「萬法唯識一句之義」，猶未敢顯示「唯心之旨」，因「以唯心乃萬法之極則也」。而此「三界唯心，萬法唯識」之實相真如心，即三教和一事一法之理。所以，在〈論教乘〉又說：

> 或問：三教聖人，本來一理，是果然乎？曰：若以三界唯心，萬法唯識而觀，不獨三教本來一理，無有一事一法，不從此心之所建立。若以平等法界而觀，不獨三聖本來一體，無有一人一物，不是毗盧遮那海印三昧威神所現。〔註47〕

引文又再加強論證三教之本來一理和本體，無有一事一法和一人一物，無不是從此真如本心所建立，無不是毗盧遮那海印三昧威神所現。而此真如本心，即毗盧遮那海印三昧威神。

3. 以三乘分三教，三教之最初一步工夫同

雖然三教之究竟同出一理，但三教所施設，「有圓融行布，人法權實之異

〔註46〕〔明〕憨山德清：《憨山老人夢遊集》卷第四十五《觀老莊影響論》〈論心法〉，CBETA, X73, no1456, p. 0766c01。

〔註47〕〔明〕憨山德清：《憨山老人夢遊集》卷第四十五《觀老莊影響論》〈論教乘〉《卍新續藏》第 73 冊，CBETA, X73, no1456, p. 0767b18。

耳」。所謂「圓融」者:「一切諸法,但是一心,染淨融通,無障無礙」。而在施行布化,則有「十界五乘五教,理事因果淺深不同」,修行階段之不同。佛法有修行層次之不同,對三教而言自然也是有階段之差別。故言:

> 佛則圓悟一心,妙契三德,攝而為一,故曰圓融。散而為五,故曰
> 行布。然此理趣,諸經備載,由是觀之,則五乘之法,皆是佛法。
> 五乘之行,皆是佛行。良由眾生根器大小不同,故聖人設教,淺深
> 不一,無非應機施設,所謂教不躐等之意也。由是證知,孔子人乘
> 之聖也,故奉天以治人。老子,天乘之聖也,故清淨無欲。〔註48〕

十界指四聖六凡,五乘,指人、天、聲聞、緣覺、菩薩,五教是小、始、終頓、圓。十界五乘五教之法,皆是佛法,其行,皆是佛行。其差別只因「眾生根器大小不同」,所以應機施設。德清將儒分為人乘,道為天乘。其亦曾言為學有三要:「所謂不知春秋,不能涉世。不精老莊,不能忘世。不參禪,不能出世。此三者,經世出世之學備矣」,又說「以孔子專於經世,老子專於忘世,佛專於出世」。儒、道、佛之經世、忘世、出世三種不同究竟目的之用,是普遍認同之功能。

三者究竟之用雖不同,然德清又認為「其實最初一步,皆以破我執為主,工夫皆由止觀而入」、「假若孔子果有我。是但為一己之私,何以經世?佛老果絕世,是為自度,又何以利生?是知由無我,方能經世。由利生,方見無我。其實一也」,佛以出世為旨歸,但佛法何嘗不是以出世成佛後再應化入世度眾利生?所以,儒、道、佛之入世、出世,都是要經世、利生,其第一步都是由破我執之無我,才能經世,而由利生之舉,才能見無我。

4. 佛法以人道為鎡基,人道以佛法為究竟

除了三教門庭那最初一步之入手工夫同,德清還指出「三教以人乘為鎡基」:

> 原夫即一心而現十界之像,是則四聖六凡,皆一心之影響也,豈獨
> 人天為然哉。究論修進階差,實自人乘而立。是知人為凡聖之本也,
> 故裴休有言曰:鬼神沈幽愁之苦,鳥獸懷獝狨之悲。修羅方瞋,諸
> 天耽樂。可以整心慮,趣菩提,唯人道為能耳。由是觀之,捨人道
> 無以立佛法,非佛法無以盡一心。是則佛法以人道為鎡基,人道以

〔註48〕〔明〕憨山德清:《憨山老人夢遊集》卷第四十五《觀老莊影響論》〈論教乘〉,CBETA, X73, no1456, p. 0767b18。

佛法為究竟。〔註49〕

論修行層次，三教均以人為根本，德清在《觀老莊影響論》之〈論行本〉說明「人道」：「所言人道者，乃君臣、父子、夫婦之間民生日用之常也」。若人人能盡倫當之道，則君君臣臣父父子子，無貪欲競爭之心，那就有如「諸上善人。俱會一處」，此人道世界，為「極樂之國矣」。

　　但，人因財色名食睡此五者起貪愛之心，造成人和人之間互相鬥爭攻伐之禍，致使綱常倫理大亂，而變成君不君、臣不臣、父不父、子不子。所以，這人世才需要聖人提出治世之道，而佛陀愍眾生之「諸苦所因，貪欲為本」，所以「現身三界，與民同患」，並說離欲出苦之佛法。且佛陀要眾生在人道中解脫眾苦，故其不居天上。而乃生於人間，以正示「十界因果之相，皆從人道建立也」，並以其自身現由人道而出世成佛之典範：

> 故吾佛聖人。不從空生。而以淨梵為父。摩耶為母者。示有君親也。以耶輸為妻。示有夫婦也。以羅睺為子。示有父子也。且必捨父母而出家。非無君親也。割君親之愛也。棄國榮而不顧。示名利為累也。擲妻子而遠之。示貪欲之害也。入深山而苦修。示離欲之行也。先習外道。四禪處定。示離人而入天也。捨此而證正徧正覺之道者。示人天之行不足貴也。成佛之後。入王宮而昇父棺。上忉利。而為母說法。示佛道不捨孝道也。依人間而說法。示人道易趣菩提也。假王臣為外護。示處世不越世法也。此吾大師示現度生之楷模。垂誡後世之弘範也。〔註50〕

佛陀出世人間，示「君君臣臣父父子子，不識不知，無貪無競。」之善人行，後出家並非無君親父子夫婦，而是示「名利為累，貪欲之害，及離欲之行」。出又先習外道，示離人而入天，後成佛示人天之行不是最究竟者。成佛後至忉利天為母說法。示佛道不捨孝道，以人道之孝示法佛之大孝。後在人間說法度眾時以王臣為外護，示處世不越世法。佛陀示由人道而出世成佛，為後世證明「佛法以人道為鎡基，人道以佛法為究竟」，教後人如何以人道為本，成佛為究竟。

〔註49〕〔明〕憨山德清：《憨山老人夢遊集》卷第四十五《觀老莊影響論》〈論行本〉《卍新續藏》第 73 冊，CBETA, X73, no1456, p. 0769a07。

〔註50〕〔明〕憨山德清：《憨山老人夢遊集》卷第四十五《觀老莊影響論》〈論行本〉《卍新續藏》第 73 冊，CBETA, X73, no1456, p. 0769a07。

5. 德清三教之論重點

（1）著儒、道書之因緣，為利益俗世初信者之理會。

（2）以三界唯心，萬法唯識而觀，不獨三教本來一理，無有一事一法，
不從此心之所建立。

（3）以三乘分三教，佛法以人道為鎡基，人道以佛法為究竟。

二、明末第四大高僧：蕅益智旭論點

智旭著有《周易禪解》和《四書蕅益解》，對三教議題論述亦見於《宗論》
文章。本段依上開著述之文本出現順序分別討論如下：

（一）三教之究竟，未始同也，而門庭則未始異

對於儒、道、佛三教關係的看法，在〈刻三教聖經序〉有言：

> 三教之究竟，未始同也，而門庭則未始異。世人不明於同異之致，
> 或勉強會通，或互相排斥，徒增謗聖之愆。其於世出世法，兩奚當
> 也。蓮洲居士愍之，各取其最要之法而合梓流通，儒曰孝經、老曰
> 感應、釋曰華嚴二地章，名則不同，而義則不別。〔註51〕

他將三教關係定調為「三教之究竟，未始同也，而門庭則未始異」，儒、道、佛
三教各自追求之究竟目的不同，但在達目的前的具體修行方式，即三教門庭或
施設卻是相似的。而世人因不明三教之同和異，卻勉強會通或互相排斥，對各
別義理的扭曲和利用，只是增加毀謗聖人之言的罪過。儒道的世法和佛教的出
世法，二者所追求最終目的是不相同的。接著，對《三教聖經》這本選集所選
三教最要之法：儒曰孝經、老曰感應、釋曰華嚴二地章，他說這三本經典：「名
則不同，而義則不別」，是以此三教三經來說明「三教門庭未始異」之意：

> 盡孝之道，可以感天地，通神明，十善斯立，萬行斯成。達感應之
> 理，自必以孝親為急務，善業為要歸。信善要歸，信善惡果報不虛，
> 而感應之理斯極，出世大孝斯成。讀是三經，而猶謂三教門庭迥異
> 乎？然儒之孝，盡人倫之攸致。老之感應，顯天道之不誣。釋之十
> 善，圓稱性之極兼。即是三經而精忠細擇。其可謂三教究竟是同耶？
> 同而異、異而同，姑置勿論。請各從其教，如實躬行。〔註52〕

〔註51〕〔明〕蕅益智旭：〈刻三教聖經序〉《淨信堂初集》卷五，明學主編：《蕅益大
師全集》第七冊（四川：巴蜀書社，2018 年），頁397。

〔註52〕〔明〕蕅益智旭：〈刻三教聖經序〉《淨信堂初集》卷五，頁397～398。

舉儒家是《孝經》，因為孝道是人倫之基礎。在《觀無量壽佛經》，世尊告訴韋提希夫人，欲生西方極樂國土，當修三福，第一即是「孝養父母，奉事師長，慈心不殺，修十善業」〔註53〕。可見孝道不但是為人的基本，也是成佛作祖的基礎。「老曰感應」，即道藏第一善書《太上感應篇》，講善惡果報。「華嚴二地章」是《華嚴經》〈十地品〉第二十二之二，講「二地菩薩」，其「行十善道，亦令他人行此善道」〔註54〕。

所以，儒道釋三者的關係，由十善道的盡孝親之道開始，盡孝則感天地通神明，亦是善業，十善斯立。所以，行一孝道，則儒、道、佛三教的施設全行到，此即「三教門庭則未始異」之理，也是三教可融會之處。而三經再推之極細微處，儒家的《孝經》，是盡道人倫之旨趣。道家的感應，盡顯天道之因果報應不欺。佛教二地菩薩的之十善業，極盡則是如來稱性之華嚴圓教。由三經推究其細微說明後，智旭反問：「三教究竟是同耶？」

但，他接著又說對於三教之「同而異，異而同」，先「姑置勿論」，提出「請各從其教，如實躬行」見解。三教是同而異或異而同，這議題先擱置不論，最重要的是「請各從其教，如實躬行」。各教有其教理，但教理需親身實踐，才能把教理真實變成自己的知見，這也是他所發明的「真儒」、「真老」和「真佛（釋）」說法。

「三教之究竟，未始同也」，三教在其各別追求的所謂究竟目標是不同的：儒之究竟是「究竟人」，成聖；老之究竟是「究竟天」，成仙；釋之究竟是「究竟佛」，見性成佛。「門庭則未始異」，所以，儒、釋、老各從其教理施設，如實躬行，篤行一教施設，三教門庭齊行。

（二）為何「喜拈孔顏心學示人」

智旭在〈性學開蒙跋〉說明為何「喜拈孔顏心學示人」之緣由和目的。

1. 能兼通儒佛

在〈性學開蒙跋〉，其詳細的說明能兼通儒佛之道的原因：

良以兩家性學，世罕兼通。以習儒者未必習佛，雖習亦難窺堂奧。習佛者未必習儒，雖習亦不肯精研。憶予年十二時就外傳，驪知書

〔註53〕〔宋〕畺良耶舍譯：《佛說觀無量壽佛經》《大正藏》第12冊，CBETA, T12, no0365, p. 0341c04。

〔註54〕〔東晉〕天竺三藏佛馱跋陀羅譯：《大方廣佛華嚴經》卷第二十四「十地品第二十二之二」《大正藏》第12冊，CBETA, T12, no0365, p. 0549b22。

> 義，便以道學自期。故於居敬慎獨之功，致知格物之要，深心究之。
> 至年二十，看顏淵問仁一章，竊疑天下歸仁一語。苦參力討，廢寢
> 忘餐者三晝夜，忽然大悟，頓見孔顏心學真血脈、真骨髓。因謂孔
> 子聞知之傳，誠待其人，非漢宋諸儒能擬議也。〔註55〕

智旭十二歲接觸儒學，即以「千古道脈」自期，深心究之，並力行居敬慎獨之功，致知格物之要。二十歲遇疑，是「苦參力討，廢寢忘餐者三晝夜，忽然大悟」，頓見「孔顏心學真血脈、真骨髓」。智旭在家學儒時，是以道學自任，苦心深究，立志篤行，而非如一般士人讀書是為干祿的手段。發心不同，所得結果自然不同，故而他能得孔顏心學之「真血脈、真骨髓」。

他在學世間學問即發大心，在儒時為「真儒」，其二十四歲出家，亦發「復我本來面目」成佛之志，所以出家也為「真佛」。

> 越四年，知有出世大法，發心離俗，先參少室禪宗，後學天台教觀，
> 不啻皆如渤海。十五六載，僅沾一滴，方為向若之歎。反觀向日所
> 悟孔顏心學，又大海之一滴矣。嗟乎！道曠無涯，為若此也，世之
> 沾沾自足者，何啻井蛙也哉。〔註56〕

他大約在四十歲完成《性學開蒙》，所以自稱出家後，十五六載參禪修持、閱藏究宗乘所領悟心得，僅沾佛法大海之一滴，且反觀出家前所悟孔顏心學，也是佛法大海之一滴。在世出世學問真心學習的智旭，面對道曠無涯，不禁悲憫嘆息世間那些以儒釋學問沾沾自足者，實有如井蛙觀天。

2. 了知儒家一滴之性，即真如佛大海性

他後來深悟出家前所悟孔顏心學，只是佛法大海之一滴，佛法如此深廣，為何在著述中仍常引儒家學問施設來做為修學佛法之下手工夫？再看〈性學開蒙跋〉說明：

> 然又了知一滴之性，即大海性。故身為禪子，每喜拈孔顏心學示人。
> 知我者，謂我不忘其本；不知者，謂我酸習未除，予亦任之而已。
> 今十問中，既設此問，而同志皆所未諳，固請予略明梗概。遂於一
> 滴海中，復出滴許如此知，必為大方家所笑。然神龍得之，安知不

〔註55〕〔明〕蕅益智旭：〈性學開蒙跋〉《性學開蒙》，明學主編：《蕅益大師全集》
　　　　第七冊（四川：巴蜀書社，2018年），頁533。
〔註56〕〔明〕蕅益智旭：〈性學開蒙跋〉《性學開蒙》，明學主編：《蕅益大師全集》
　　　　第九冊（四川：巴蜀書社，2018年），頁533～534。

即此興雲霑雨？又安知不藉此騰歸滄溟也？〔註57〕

就因了知儒家那「一滴之性」，即真如佛法「大海性」之其中一滴，意即儒、老、釋之人乘、天乘、佛乘，終以佛乘大海為最究竟法。但在修行進階層次，實自儒家人乘而立，人是聖凡之本，儒學實佛法之基，其曾言「在世為真儒者，出世乃為真佛」。而佛學一乘法究竟處既如海深廣無邊，但聲聞、緣覺二乘法施設，與儒老二教之人天之學門庭相似，故智旭在出家為禪子之後，亦每喜拈孔顏心學示人，目的為接引眾生之方便，方法則如袾宏所言「借儒道語，不用其意」。

（三）三教門庭融會之法

對三教門庭融會之法，智旭提出「五句法」及「真儒」、「真老」、「真佛」之基調。

1. 五句融會法

智旭在《性學開蒙》指出，為讓歷代三教融會戲論永滅，諍論亦消，爰提出「五句法」以融會之：有「名同而義異者」，有「名義俱同而歸宗異者」，又「須知對待絕待二種妙義」，然後「約跡約權以揀收之」，「約實約本以融會之」。〔註58〕然後，他以圓教介爾有心和此「五句法」論述性學之辯，作為融會示範。並說明，以此五句法之各人融會，就是屬於自己之融會著作。

除了「五句融會法」，本段再論述其融會三教門庭方法。

2. 以「真儒」、「真老」、「真佛」為三教入道工夫之融通基調

在〈示郎上應〉就說儒與佛，究竟歸去目的雖別，但「為門略同」，在入道之門庭下手工夫是相似的，提出「未有在世不為真儒，出世堪為真佛者」之「真儒」、「真佛」的論點，而這個論點，本文認為，即智旭在儒、佛入道工夫理論上所發明之融通基調。在〈示沈驚百〉亦言：

> 世出世學問，固不可判作兩橛，亦不可混作一事。蓋真儒與真佛，其下手同，其要歸異。若不從真儒下手處下手，則學道無基。若不向真佛要歸處要歸，則真性不顯。所以東坡居士云：惟吾學佛，然後知儒。以宣聖出於春秋之世，眾生根性機緣未熟，故說教門，一往且就倫常指點。若以五乘法門格之，僅屬人乘。開露一二性理極

〔註57〕〔明〕蕅益智旭：〈性學開蒙跋〉《性學開蒙》，頁534。

〔註58〕〔明〕蕅益智旭：《性學開蒙》第五條，明學主編：《蕅益大師全集》第九冊（四川：巴蜀書社，2018年），頁528。

談，終不如內典之彰明較著。〔註59〕

在第二篇引文所見，也是「世出世學問，固不可判作兩橛，亦不可混作一事」、「其下手同，其要歸異」，要成為真佛，學道之基在從成為「真儒」這個下手處下手，但要顯真如佛性，則須向成為真佛之要歸處要歸，才能顯明「真性」，即人人本具有之真如本性。

真如本性既能開顯，以明鏡喻真如本性，鏡照萬事萬物，歷歷如在目前。深入討論，佛具根本智、後得智。佛之根本智，即謂「始本不二，理智一如。徹證三無差別之性，亦無能證所證可得。而佛之後得智，謂「佛果後普賢行，乃盡未來際常然大用之門。能同流九界，廣度含識」白牛頌。不論真如本性開開顯多少，能見法身，即「但得本莫愁末」，以根本之智學習枝葉之世法，自然不愁。是以東坡云：「惟吾學佛，然後知儒」之言。

3. 三教聖人不昧本心而已：在世為真儒者，出世乃為真佛

前述要成為真佛，學道之基在從成為「真儒」這個下手處下手，在〈示石耕〉更進一步說明「儒之德業學問，實佛之命脈骨髓」：

> 佛法之盛衰，由儒學之隆替。儒之德業學問，實佛之命脈骨髓。故在世為真儒者，出世乃為真佛。以真儒心行而學佛，則不學世之假佛。〔註60〕

為何「在世為真儒者，出世乃為真佛」？因為「以真儒心行而學佛，則不學世之假佛」，而真儒心行又為何？智旭說「三教聖人，不昧本心而已」，且「本心不昧，儒老釋皆可也。若昧此心。儒非真儒。老非真老。釋非真釋矣」。

他復以佛法解何謂本心：

> 本心不昧，儒老釋皆可也。若昧此心，儒非真儒、老非真老、釋非真釋矣。且喚甚麼作本心？在內外中閒邪？過去現在未來邪？有無亦有、亦無非有非無邪？果直知下落，百千三昧，恒沙法門，不啻眾星拱月。如或不然，堅持三歸五戒，以為緣因，時節若到，其理自彰。〔註61〕

〔註59〕〔明〕蕅益智旭：〈示沈驚百〉《淨信堂初集》卷三，明學主編：《蕅益大師全集》第七冊（四川：巴蜀書社，2018年），頁319。

〔註60〕〔明〕蕅益智旭：〈示石耕〉《靈峰宗論》卷二之四，《蕅益大師全集》第十六冊（臺北：佛教出版社，2014年），頁10537。

〔註61〕〔明〕蕅益智旭：〈示潘拱宸〉《靈峰宗論》卷二之三，《蕅益大師全集》第十六冊（臺北：佛教出版社，2014年），頁10459。

此不在過去現在未來，離四句絕百非之心即「佛性」，能照萬法如鏡，十界十如，三千性相，炳然齊現。所以，不昧本心，是儒是老是釋皆可，且如前述，能成為「真儒」、「真老」、「真佛」。

（四）述《周易禪解》、《四書蕅益解》之因

本段分述智旭著《周易禪解》、《四書蕅益解》之究竟目的：

1. 述《周易禪解》目的：以禪入儒，務誘儒以知禪

《周易禪解》的成書時間，自明末至清初，在〈周易禪解自跋〉有清楚的說明：

> 憶曩歲幻遊溫陵，結冬月臺，有郭氏子來問易義，遂舉筆屬稿。先成繫辭等五傳，次成上經，而下經解未及半。偶應紫雲法華之請。旋置高閣。屈指忽越三載半矣。今春應留都請。兵阻石城。聊就濟生庵度夏。日長無事。為二三子商究大乘止觀法門。復以餘力拈示易學。始竟前稿。〔註62〕

本書著述地，從閩至吳經三千餘里。從辛巳冬至乙酉夏，歷時一千二百餘日。另外，在〈周易禪解序〉，提出「以禪入儒，務誘儒以知禪」之目的：

> 吾所由解易者，無他，以禪入儒，務誘儒以知禪耳。縱令不得四益而起四謗，如從地倒，還從地起。置毒乳中，轉至醍醐，厥毒仍在。遍行為外道師，薩遮為尼犍主，意在斯也。〔註63〕

其在著述目的已明言「吾所由解易者無他」，很單純沒有其他目的，就僅是「以禪入儒，誘儒知禪耳」，單純要接引讀書人認識佛法。因為讀書人為求功名為官，所讀之書為儒家典籍，對儒家學說、為學和道德修養方法較為熟悉，故而便從儒家通行之易經為接引之下手處，讓讀書人在讀這此書的注解時，能在原本就對《周易》典籍熟悉度的基礎之下來認識佛理，並以儒家修養和學習方法的實踐作為佛法修持的基礎，或進一步在閱讀過程中產生接受佛理或發出疑情，結下佛法因緣。

所以，即使讀者「縱不得四益，起四謗，如從地倒，還從地起。置毒乳中，轉至醍醐，厥毒仍在。偏行為外道師，薩遮為尼犍主，意在斯也」，能結佛法緣，即使有訛誤之遺毒，但佛之一言如歷耳根永為道種，以薩遮尼犍主

〔註62〕〔明〕蕅益智旭：〈周易禪解自跋〉《周易禪解》，《蕅益大師全集》第二十冊（臺北：佛教出版社，2014 年），頁 13146～13147。

〔註63〕〔明〕蕅益智旭：〈周易禪解序〉《周易禪解》，頁 12572。

為例，即使歷劫為外道師是「背覺合塵」，但，只要結下佛因，終有機緣成熟，如「從地倒，還從地起」，真正遇佛而「背塵合覺」之時。

2. 述《四書蕅益解》目的：為人解粘去縛，助顯第一義諦

在〈四書蕅益解自序〉，提出「儒也，玄也，禪也，律也，教也，無非楊葉與空拳」之說：

> 逮大病幾絕，歸臥九華，腐滓以為饌，糠秕以為糧，忘形骸，斷世故，萬慮盡灰，一心無寄，然後知儒也，玄也，禪也，律也，教也，無非楊葉與空拳也，隨嬰孩所欲而誘之。誘得其宜，則啞啞而笑，不得其宜，則呱呱而泣。泣笑自在嬰孩，於父母奚加損焉。顧兒笑則父母喜，兒泣則父母憂，天性相關，有欲罷不能者。伐柯伐柯，其則不遠。今之誘於人者，即後之誘人者也。儻猶未免隨空拳黃葉而泣笑，其可以誘他乎。〔註64〕

「黃葉止啼」、「空拳誑小兒」，喻指世尊為度眾生之方便法。在其三十九歲歸臥九華山時，體會到「儒也，玄也，禪也，律也，教也」，實是度眾方便法。在序中，他說相從於患難顛沛的徹因比丘，「律學頗諳，禪觀未了，屢策發之，終隔一膜」。智旭至誠請命於佛，鬮得徹因比丘「須藉四書助顯第一義諦」，故「遂力疾為拈大旨，筆而置諸笥中，屈指十餘年，徹因且長往矣」。他在四十九歲時以餘力重閱四書舊稿，改其未妥，增補其未備，完成本書。〔註65〕

《四書蕅益解》著述目的本在助徹因比丘解悟「第一義諦」，所以，四書命名，皆與「第一義諦」同：

> 解論語曰點睛，開出世光明也，解庸學曰直指，談不二心源也，解孟子曰擇乳，飲其醇存其水也。佛祖聖賢皆無實法綴人，但為人解粘去縛，今亦不過用楔出楔，助發聖賢心印而已。〔註66〕

引文最後直言本書之旨和佛祖聖賢同：從上佛祖，本無實法與人。後世祖師之超情離見語，也無實法綴人，只是破盡凡夫心識，或斬破情關識鎖，也不過為人解黏去縛，或直下安心，令達妄想無性，直指人心、見性成佛之本旨。

〔註64〕〔明〕蕅益智旭：〈四書蕅益解自序〉《周易禪解》，《蕅益大師全集》第十九冊（臺北：佛教出版社，2014年），頁12346。

〔註65〕〔明〕蕅益智旭：〈四書蕅益解自序〉《周易禪解》，頁12345。

〔註66〕〔明〕蕅益智旭：〈四書蕅益解自序〉《周易禪解》，《蕅益大師全集》第十九冊（臺北：佛教出版社，2014年），頁12346。

（五）三教之究竟差別在於「發心」

智旭是證悟者，圓人沒有分別，看一切法就是法法皆圓，看小乘、儒、道也是圓法，都是萬善同歸成佛的大誓願海，只是要達到成佛目的前，要經過一段時間和不同階段修持的差別。因此，圓人說法，無法不圓，不會執於名相，而是利用文字表達圓解。只是，世間人已習於名相，執認現世所認識之名相，所以，要解儒道釋三教，自然要從三教之差別說起，才能釐正歷來因對三教不明所造成的合一或融會誤解。釐清差別後，自然要回到圓解，所以，在〈刻三教聖經序〉文末引《宗鏡錄》「非天非人者，固自能天能人」之言來進入圓解：

> 非天非人者，固自能天能人。究竟人究竟天，亦即是究竟佛。發跡顯本，自有月光、迦葉之懸記在，莫謂學佛知儒非真語實語也。〔註67〕

所引《宗鏡錄》卷九十一「云何見佛出興」之答，是解釋佛性無身無相、境界無量，離有無四句百非，所以能遍一切法、遍一切處、遍一切眾生，能「居方而方，止圓而圓；在天而天，處人而人」，「原夫能天能人者，豈天人之所能哉」，這非一般天人或人現量知見所能了解的道理。〔註68〕

而佛「發跡顯本」，出生於世，示現生老病死，以儒以老以二乘佛法的面貌，用循序漸進當機之法門貼進我們人的生命，最終是要開顯佛常住久遠的法身功德，讓眾生真實全面瞭解佛之知見，能讓眾生了悟後能發心將眾生知見轉換成佛之知見。所以能做到「究竟人」、「究竟天」每個位階，最後發心成佛亦是成「究竟佛」。所以，三教之究竟差別在於「發心」。

（六）智旭三教之論重點

1. 為讓歷代三教融會戲論永滅，諍論亦消，發明「五句法」以融會之。

〔註67〕〔明〕蕅益智旭：〈刻三教聖經序〉《淨信堂初集》卷五，明學主編：《蕅益大師全集》第七冊（四川：巴蜀書社，2018年），頁398。

〔註68〕〔唐末五代〕永明延壽：《宗鏡錄》卷第九十一：「當見自身，無身無心、無出無沒、無內無外、不動不寂、無思無求。世及出世，都無住處。無心所法，無心心法。心法無依，性無始末。以無依住智，說如斯法，教化眾生，皆令悟入。是名見佛出興。……佛身無為，但隨緣現。如肇論云、放光云：佛如虛空，無去無來，應緣而現，無有方所。然則聖人之在天下也，寂寞虛無，無執無競。導而弗先，感而後應。譬猶幽谷之響、明鏡之像。……。是以聖人，居方而方，止圓而圓。在天而天，處人而人。原夫能天能人者，豈天人之所能哉。果以非天非人故，能天能人耳。是以明鏡無形，能現萬形。聖人無心。能應萬心。隱不韜光。顯不現迹……」《大正藏》第48冊，CBETA, T48, no2016, p. 0911c28。

「五句法」為：有名同而義異者，有名義俱同而歸宗異者，又須知對待絕待二種妙義，然後約跡約權以揀收之，約實約本以融會之。

2. 以不昧本心之「真儒」、「真老」、「真佛」為三教入道工夫理論之融通基調，真儒為本。

3. 解儒書為以禪入儒，務誘儒以知禪，為人解粘去縛，助顯第一義諦。即使無法當世得益，以薩遮尼犍主為例，歷劫為外道師是「背覺合塵」，但，只要結下佛因，終有機緣成熟，如「從地倒，還從地起」，真正遇佛而「背塵合覺」之時。

4. 三教之究竟差別在於「發心」：究竟人究竟天，亦即是究竟佛。

三、超越三教的「根本源頭」

就上述分析明末四大高僧對「儒釋道三教合一、融通」此命題之論點後，綜理歷代諸祖與佛菩薩在此觀點上，一脈相傳之本源，也就是本節所要推論的「超越三教的『根本源頭』」，分析如下。

（一）古人鼻孔，亦決不向文字同異中卜度矣

智旭言「古人鼻孔，亦決不向文字同異中卜度矣」〔註69〕，古人是指歷代祖師。歷代祖師是不會在文字名相中執著異同的，是跟佛菩薩「同一鼻孔出氣」的。

所以，雲棲袾宏以超越三教來看待三教之基本原理，是見中道第一義諦、如來藏者。故而，其言「圓機之士，於儒佛二之、合之，兩無病焉」。

紫柏真可提出「儒、釋、老，皆名焉而已，非實也；實者，心也」。因此，得「華嚴事事無礙法界」之旨，則「以世間書釋出世間書亦可，以出世間書釋世間書亦可」。

憨山德清是「以三界唯心，萬法唯識而觀，不獨三教本來一理，無有一事一法，不從此心之所建立」。

蕅益智旭說「了知儒家一滴之性，即真如佛大海性」、「三教聖人，不昧本心而已」，此本心即離四句絕百非之「佛性」。

綜上，本文認為非具真常寂照之實相者，則「自大視細者不盡，自細視大者不明」，此亦本節從袾宏、真可、德清到智旭，這四位祖師對三教之「同

〔註69〕〔明〕蕅益智旭：〈與唐宜之〉《靈峰宗論》卷五之二，《蕅益大師全集》第十七冊（臺北：佛教出版社，2014年），頁10986。

一鼻孔出氣」之處，即關捩子：皆以三學一脈相傳之本源，即「真如實相」來明三教大者之源同、解三教細者之差異。此三教間難明之「極細」及「至大」事，非具真常寂照之實相者，不能明之。

（二）三學一脈相傳本源之「一法異名」

有關上述「實相」之異名，見於各佛典。智旭三十九歲述《梵網合註》，四十一歲作《大佛頂玄義文句》，五十二歲著《占察疏》，五十四歲草《棱伽義疏》，曾對大乘實相之「會通異名」、「一法異名」，做過論述，本文依四本著述時序整理編製下表。

【表十九】智旭對大乘實相之「會通異名」、「一法異名」整理表

經名	本體之名	會本經或諸經異名之解說	一體異名
佛說梵網經菩薩心地品玄義	釋體　諸佛本源心地	會諸經 此經與華嚴同一部味，當以法界為體。法界與諸佛本源心地，同體異名，更無別體。又諸大乘經，皆以實相為印，為經正體。實相亦即諸佛本源心地異名，以其離一切相，即一切法，超諸戲論，不可破壞，無相不相，故名實相。以其萬法之所從出，萬法之所歸趣，故名法界。以其在凡不減，在聖不增，迷悟宛然，體性常住，故名諸佛本源心地。	諸佛本源心地，或名：法界、實相、法住、法位、一切種智、一實境界、中道第一義諦等。 無量異名，無量異義，究竟總無別體也。
佛說梵網經菩薩心地品合註	體性	體性則實相真源，亦三德秘藏之異名耳。此秘密藏，一切眾生本來具足，為成佛之真因，諸佛如來究竟圓證，成常住之極果。今和盤托出，直使大眾當下見其若因若果之相，亦可謂直捷痛快者矣。	實相、三德秘藏
	明所說之法	如是一切佛，說無量一切法藏竟。	實相即「佛性」異名。
大佛頂玄義文句	正出體者，此經以「如來藏妙真如性」為體。 「會通異名	初會本經異名	初卷佛告阿難，一切眾生生死相續。皆繇不知「常住真心性淨明體」，即指此體。 次則阿難自誨責云，當繇不知真際所詣。「真際」亦是此體異名。

		又為二，初會本經異名、次會他經異名」		佛示第二根本云，「無始菩提涅槃元清淨體」。又云：何況「清淨妙淨明心性」，一切心而自無體，皆指此體。阿難又自責云：良繇不知寂常心性。佛又告云：吾今為汝建大法幢，亦令十方一切眾生。獲「妙微密性淨明心」，亦指此體。
				第二卷云：云何汝等遺失本「妙圓妙明心，寶明妙性」。又云：本是「妙明無上菩提淨圓真心」。又云：汝等聲聞狹劣無識。不能通達「清淨實相」。又云：其「性真為妙覺明體」。
				第三卷云：故我今時為汝開示「第一義諦」。又云：亦令當來修大乘者通達「實相」。
				第四卷云：普為此會宣「勝義中真勝義性」。又云：「一乘寂滅場地」。又云：「性覺妙明，本覺明妙」。又云：觀性元真，惟妙覺明。又云：故發真如妙覺明性。又云：寶覺真心，各各圓滿。又云：勝淨明心，本周法界。
				第六卷云：覺海性澄圓，圓澄覺元妙。又云：是則圓真實、是則通真實、是則常真實。
				第七卷云：妙性圓明，離諸名相。
				第九卷云：妙圓明無作本心。又云：本覺妙明覺圓心體。
				第十卷云：於涅槃天將大明悟。又云：精真妙明，本覺圓淨。如是等種種異名不同，義或各有所取，而體惟是一。
			次會他經異名 釋論云：除諸法實相，餘皆魔事。是故諸大乘經，同以實相為印，為經正體。今如來藏妙真如性，即是實相正印。但有異名。更無異體。又此實相正印。	華嚴名一真法界、維摩名不思議解脫、般若名一切種智。法華名一乘實相、涅槃名常住佛性。又智者大師觀音玄中，名為靈智合法身。光明玄中，名為法性。四明尊者妙宗鈔中，名為上品寂光。如帝釋一人，有千名字，會須尋名得體，不可昧體而徇名也。

占察疏	一實境界	一法異名者。	或名法界。法住。法位。法性。真如。實際。本際。實相。如來藏性。菴摩羅識。唯識性。自性清淨心。本源心地。正因佛性。菩提。涅槃。不可思議解脫。自覺聖智境界。無戲論。無顛倒。圓成實性。無漏界。清淨法身。大圓鏡智。中實理心。一切種智。不共般若。正徧知海。大佛頂。大方廣。圓覺。妙覺。究竟覺等，皆是一實境界異名。但可意知，不可言盡也。
棱(楞)伽義疏	以自心現量第一義境界為體。言自心者，心體絕待。	此經異名者，祇此自心現量第一義境界。	亦名自覺聖智境界、真識、真相識、如來自到境界、無所有佛地無生、海浪藏識境界法身、如來不可思議所行境界、常住法身、自覺聖究竟差別相、常不思議、如來藏自性清淨、空、無相、無願、如實際、法性法身、涅槃、離自性、不生不滅、本來寂靜、自性涅槃、無我如來之藏、如來禪、一乘、出世間上上無漏界、佛之知覺、佛自得法、本住法。如是等種種名字，皆是一體異名。如以眾指，共指一月也。
		他經異名者。	華嚴經名為「法界」、維摩經名為「不可思議解脫」、大般若經名為「一切種智」、金光明經名為「法性」、大佛頂經名為「如來藏妙真如性」、占察經名為「一實境界、法華經名為諸法實相、大涅槃經名為三德秘藏、梵網經名為本源心地。乃至諸經論中，各有多名所謂「大圓鏡智」、「菴摩羅識」、「中實理心」、「正徧知海」、「大寂滅海」、「大涅槃天」。如天帝釋，有千名字。如諸世尊，一一世界，各有十千名字，經體亦爾，並須尋名而悟體也。

　　智旭在文稿多次指出當代佛法是「末世競逐枝葉，罕達本源」，為解決「競逐枝葉」之病，他在著述即以「本源」為藥治之。其文字般若皆是一以貫之以圓解之旨，「會通諸經異名」。本文整理佛法本源、大乘實相本體之「一法異名」表是有大用處，因「宗本既同，則諸名義，自不相違」〔註70〕，能了達此表，在讀智旭著作及諸經佛典，即可貫通得解悟，不再有矛盾。另外，因佛性實相一體異名，名相紛然，在本章第三節將進一步探討智旭發明以「介爾一心」，將各宗「融以心鏡」。

（三）以三學本源融通三教：「於無差中作差別說」

　　圓融之中，一切平等，而有差別，有差別和無差別同時存在之理，智旭在〈達權書法華經跋〉提出「於無差中作差別說」、「差本無差」之說：

> 蓋法雖平等，眾生迷故，妄見差別。故一代時教，巧逗迷情，於無差中作差別說。至靈山極倡，方明差本無差，是會一切法皆成佛法者，全由法華之功。〔註71〕

　　在〈擬答白居易〉亦言：

> 如來出世本懷，惟為一乘。眾生根性不等，方便說三。雖復說三，究竟歸一。恐眾生不信沒在苦，故須鑒彼當機，恐以三乘作實法會，故云無有高下。〔註72〕

以上引文是說，在一切差別之中，要看到本無差別，即本來所具的實相本體是不二的。即是本體不二，所以，在無差別中，不應以眾生情見認為無差別才是對的，有差別就是錯的，這又是分別。所以，一切都是平等，但所見還是有凡有聖，意即雖有種種差別，但究竟是平等的；而雖然究竟平等，但有種種差別，這也就是佛之知見。「於無差中作差別說，於差別中作無差說」，於差別無差兩邊不落。眾生是落於兩邊情見，是二見分別：要平等就無差別，有差別就不平等。修行就是把這個「見」變化，將眾生的知見換成佛之知見。

　　有佛之知見，自是「心佛眾生三無差別」，無差別者是實相本體，凡事有

〔註70〕〔明〕蕅益智旭：《大乘起信論裂網疏》卷二，《蕅益大師全集》第十五冊（臺北：佛教出版社，2014 年），頁 9244～9245。

〔註71〕〔明〕蕅益智旭：〈達權書法華經跋〉《靈峰宗論》卷七之一，《蕅益大師全集》第十八冊（臺北：佛教出版社，2014 年），頁 11259。

〔註72〕〔明〕蕅益智旭：〈擬答白居易〉《淨信堂初集》卷四，明學主編：《蕅益大師全集》第七冊（四川：巴蜀書社，2018 年），頁 367～368。

體有相有用，在本體上無差別，可是在相用上就有差別。但，因為「不二」，差別和無差別是同時成立的，所以，袾宏說「圓機之士，於儒佛二之、合之，兩無病焉」，從佛之知見看待儒釋道三教，差別和無差別不二，同時存在，是為「於無差中作差別說，於差別中作無差說」。

第二節　智旭對禪淨修行法門之思想

歷來研究均指智旭批判雲棲袾宏之「參究念佛」說，反對「禪淨雙修」，主張「消禪歸淨」等。即使有些研究指出「智旭的淨土思想應當以『攝禪歸淨』名之，不應以『消禪』、『捨禪』指稱」，惟在研究過程中也是以智旭批判雲棲袾宏且否定禪宗參究之說來論證，且提出所謂「智旭的淨土思想應當以『攝禪歸淨』名之」論點，本文以為有待商榷。經反覆細讀智旭文本所得結論，與上述研究論點並不同，智旭是僅指出參究或體究念佛，是祖師教後人「攝禪歸淨」之「助行」，但此非其淨土思想，且另舉出其未有「消禪」、「捨禪」主張之論證。爰本節第一部分先討論智旭是否有上開論點，第二部分析其參禪念佛之見。

一、是否反對「參究念佛」及論「禪淨」之目的

以下先討論智旭是否有上開論點，次分析其論述「參究念佛」、參禪念佛等議題之目的。

（一）未有「是一非餘」之謗佛論

這部分的論證，以「佛之知見」的基調來分析，是很容易的。因為圓解之人，既達如來藏性，故而是門門透徹，法法貫通，無不互攝互融，佛祖、祖師是同一鼻孔通氣的。

1. 是一非餘，是為魔業

智旭在〈荅元賡問〉言「華嚴所謂受一非餘，魔所攝持也」〔註73〕，在其他文章也多次提到這個道理，在〈示開一〉也說「是一非餘，是為魔業」〔註74〕，而〈示萬韞玉〉是說「受一非餘，固為魔攝；無端泛涉，不入聞持」

〔註73〕〔明〕蕅益智旭：〈荅元賡問〉《靈峰宗論》卷三之一，《蕅益大師全集》第十六冊（臺北：佛教出版社，2014年），頁10651。

〔註74〕〔明〕蕅益智旭：〈示開一〉《靈峰宗論》卷二之三，頁10504。

〔註75〕，〈示閱藏四則〉亦言「無執一非餘。亦無猶豫兩楹」〔註76〕。

由上述引文可得知，智旭對於各宗門教法的看法，是依《華嚴經》卷第五十八「離世間品第三十八之六」，佛所說「菩薩摩訶薩有十種魔所攝持」之第四「受一非餘，魔所攝持」之理。〔註77〕原因，智旭也說了，即「以實相印之，法法皆歸佛道」、「法法無非中道」、「法法本唯心，何同復何異」。既然他在文章已明言八萬四千法門皆歸佛道，如有人受執一法，然後說其他法皆非，是謗法，則是魔業邪見，又怎會有不贊同「參究念佛」、反對「禪淨雙修」，主張「消禪歸淨」的「是一非餘」看法呢？

2. 法無優劣，機有抑昂

雖然後世以淨土祖師之執見看待智旭，但他在〈荅元賡問〉是說「真言與佛名，功德平等。機緣不同，各具四益。今勸持呪，與勸持佛名無異」〔註78〕，又說「法無優劣，機有抑昂」〔註79〕。「圓人受法，無法不圓」，智旭視諸法平等、功德平等。故而言持呪和持佛名只是機緣不同，對當機者而言，不論持呪或持佛名，只要一門深入皆具悉檀四益，故而「今勸持呪，與勸持佛名無異」。

有關「法法平等」、「法無優劣」的觀念，在智旭的著作文稿是一以貫之，《梵室偶談》即有兩處談到：

> 教門禪門，法無優劣，特以因地不真，利名奪志，不免作師子身蟲耳。果能反求其本，則禪本無病，何須求救？于教，教亦無病，何須求救？〔註80〕

> 法無優劣，應病則是藥皆靈；機有淺深，執方則因藥成病。〔註81〕

〔註75〕〔明〕蕅益智旭：〈示萬韞玉〉《淨信堂初集》卷三，明學主編：《蕅益大師全集》第七冊（四川：巴蜀書社，2018 年），頁 325。

〔註76〕〔明〕蕅益智旭：〈示閱藏四則〉《淨信堂初集》卷三，頁 343。

〔註77〕〔東晉〕天竺三藏佛馱跋陀羅譯：《大方廣佛華嚴經》卷第五十八「離世間品第三十八之六」《大正藏》第 12 冊，CBETA, T12, no0365, p. 0309a13。

〔註78〕〔明〕蕅益智旭：〈荅元賡問〉《靈峰宗論》卷三之一，《蕅益大師全集》第十六冊（臺北：佛教出版社，2014 年），頁 10651。

〔註79〕〔明〕蕅益智旭：〈荅卓左車彌陀疏鈔二十四問（原問附）〉第二十一問答，《淨信堂初集》卷四，明學主編：《蕅益大師全集》第七冊（四川：巴蜀書社，2018 年），頁 353。

〔註80〕〔明〕蕅益智旭：《梵室偶談》第十七條，明學主編：《蕅益大師全集》第九冊（四川：巴蜀書社，2018 年），頁 359。

〔註81〕〔明〕蕅益智旭：《梵室偶談》第二十二條，頁 361。

佛說八萬四千法門，若執言一法門為是，其他法門都是非，是謗佛說之法。但，「無端泛涉，不入聞持」，廣學宗乘是為知道何法門是適合自己，不是盲無目的四處泛涉道場，這在修持上只會一無所成。

所以，廣學擇定一法門後，要一門深入。故而法法本唯心，本無優劣，因眾生「機緣不同」、「機有淺深」，每個人問題、情況、因緣不同，對各宗各教法門的選擇自然不同，遇到一個法門能生起恭敬心，願意堅定的一門深入修持，就是當機的因緣，所以法無優劣，也不是脫離個人實際情況的，適合個人的當機之法即是應病靈藥，反之，修持只執死法而不觀機，反而會因藥成病。

綜上，其文字般若所言「是一非餘，是為魔業」和「無端泛涉，不入聞持」，即說明一切法都是法法無上，惟眾生根器深淺不同，機緣所遇各異，若僅無目的到處涉獵各門庭，則修行必無法深入見聞憶持不忘之境界，所以必需擇當機適合之法一門深入，才能成就。

3. 參究念佛：廢則缺萬行中之一行，執則以一行而礙萬行

雖然「是一非餘，是為魔業」，八萬四千法門皆是入實相之權法，法法皆平，惟，智旭也提出「蓋以立一法，必伏一弊，有一利必具一害」的警語461，故而倘未遇明師、或不明法門之理、或只是尋章逐句墮葛藤窠臼、或只學鸚鵡禪說食數寶，那只是在禪淨訛淆公案再添一筆。復因「參究之說，既與禪宗相濫，不無淆訛可商」〔註82〕，因歷來學人對參究之說與禪宗法門相似，未曾深究其中之異，反而造成錯會混淆之訛誤，所以，他作〈參究念佛論〉釋疑：

> 參究念佛之說，是權非實，是助非正，是不可廢，尤不可執。廢則
> 缺萬行中之一行，執則以一行而礙萬行故也。高明學道之士。試熟
> 計而力行之。〔註83〕

在文中，他深論參究念佛，並兼答禪淨之問，結論提出，如要禪淨雙修或以參究念佛，這些對淨土法門而言，應以淨土念佛為正行，其他為助行。又再次強調「是一非餘」之誤：「廢則缺萬行中之一行」，但未知法門之關鍵而盲修瞎練是危險的，反而是對修行是阻礙，所以他又說「執則以一行而礙萬行」，

〔註82〕〔明〕蕅益智旭：〈參究念佛論〉《淨信堂初集》卷四，明學主編：《蕅益大師全集》第七冊（四川：巴蜀書社，2018 年），頁 369。

〔註83〕〔明〕蕅益智旭：〈參究念佛論〉《淨信堂初集》卷四，頁 370。

這也是其深論參究之說、明禪淨法門在修行上差異之用心，願學道之士能有正確見解，以深思熟慮擇下手處而實踐力行，以達明心見性歸家路。

是以，綜觀智旭談到有關禪淨之述，均是釐清二者修持的特點及在修行上正輔相倍之論點，爰本文推論，一以貫之讚歎諸法的智旭並未有不贊同「參究念佛」、反對「禪淨雙修」，主張「消禪歸淨」等等「是一非餘」謗法之言行。

（二）論「禪淨」及參究之說目的

因智旭在文稿論述了「參究念佛」、參禪念佛等議題，後世不解其真意，以己意解智旭意，又產生另一段淆訛公案：認為他不贊同「參究念佛」、主張「消禪歸淨」及反對「禪淨雙修」等的研究論點。所以，本文嘗試討論，其論述「參究念佛」、參禪念佛等議題的目的。

1. 為釐正「攝禪歸淨」翻至「破淨成禪」之淆訛公案

《淨信堂初集》收錄〈荅卓左車彌陀疏鈔二十四問（原問附）〉、〈續荅卓居士十問（原問附）〉、〈荅印生四問（原問附）〉、〈擬答卓左車茶話（原問博山啟附）〉、〈參究念佛論〉，其中答問文稿多有參究念佛、參禪念佛等議題，智旭就這些世間淆訛的問題以其圓解之高度作出一語中的之精析。

在〈復卓左車（來書附）〉，卓左車寫信問「參究念佛論曾著筆否」，智旭回信「參究念佛論，承命勉強著筆矣」，又說「論一心持名有事有理……但一從解入，一從疑入，所以僅云相似，乃雲棲下語斟酌處也。此意曩已述於偶談，故論中不復贅及」。〔註84〕另外，他在〈八不道人傳〉自述，三十歲著《梵室偶談》，可推論出〈參究念佛論〉著作時間在《梵室偶談》之後。

從上開答問、《梵室偶談》和〈參究念佛論〉觀之，在智旭三十歲前後，因卓左車欲究禪淨、參究之訛謬，大量提出這方面的問題請智旭精析，故而他在這段期間著述禪淨訛淆辯析之議題。卓左車曾書智旭「雲棲以禪淨二途並歸一路，單提參究念佛，乃此一門中淆訛滋甚，本欲棲心淨域，翻至攝入宗門」〔註85〕，而智旭答曰：

> 可恨者，蓮大師本意原欲攝禪歸淨，而其子孫，翻至破淨成禪，淆

〔註84〕〔明〕蕅益智旭：〈復卓左車（來書附）〉、〈又復卓左車（來柬附）〉《淨信堂初集》卷六，明學主編：《蕅益大師全集》第七冊（四川：巴蜀書社，2018年），頁412～413。

〔註85〕〔明〕蕅益智旭：〈又復卓左車（來柬附）〉《淨信堂初集》卷六，頁412。

訛公案，貧衲扼腕久矣。況曩日先師翁曾有《淨土會語論》（亡佚），
輔翼蓮翁法輪。今居士以大悲心必欲究竟此門之訛謬，則貧衲亦安
敢不竭力以續憨翁之故武也。〔註86〕

原來，其在著作一再精析此議題，不怕自己陷入流俗誤解之謗，是為釐正「攝
禪歸淨」翻至「破淨成禪」之淆訛公案，以免修行人未明自己根器，又因此訛
傳，因腳跟不穩，最後「禪淨兩失」。他更有續弘護淨土法門之責，以免眾生
因訛誤邪見而毀成佛慧命。

2. 未反對《彌陀疏鈔》，而是釐清疏主本意

後世多論述智旭批判雲棲袾宏之參究念佛論，並因不贊同參究念佛論而
未將《阿彌陀經疏鈔》（以下簡稱《彌陀疏鈔》）收入《淨土十要》。本文在前
段已論證他並未反對「參究念佛論」，只是為釐正「攝禪歸淨」翻至「破淨成
禪」之淆訛公案，以免修行人因腳跟不穩，最後「禪淨兩失」。其也未批判《彌
陀疏鈔》，以下分析本文所持理由。

雲棲袾宏作《彌陀疏鈔》是用《華嚴經》的方式採十門分列，在第九門
才釋經題，經文講解列在第十門。是以，在看到講解經題和經文之前的八門，
若根機與其中一門不相契，就成了閱讀《彌陀疏鈔》的障礙和困難，俗稱「攔
路虎」，會因無法解悟而生種種疑問或誤解。也因此，才有智旭所作〈荅卓左
車彌陀疏鈔二十四問（原問附）〉、〈續荅卓居士十問（原問附）〉、〈荅印生四
問（原問附）〉、〈參究念佛論〉等諸問答及論著。智旭在這些著述中不斷釐清
疏主雲棲大師本意，以正本並解學人之疑。

智旭在《彌陀要解序》也敘明再述要解原由：

雲棲和尚著為疏鈔疏鈔，廣大精微。幽谿師伯述圓中鈔，高深洪博。
蓋如日月中天，有目皆覩。特以文富義繁，邊涯莫測，或致初機淺
識，信願難階。故復弗揣庸愚，再述要解。不敢與二翁競異，亦不
必與二翁強同。譬如側看成峰，橫看成嶺，縱皆不盡廬山真境，要
不失為各親見廬山而已。

「法無優劣，機有抑揚」，是以，袾宏和智旭著作並列，無有高下優劣，對修
學者而言，當機得以體悟為最要，也就是引文所言「側看成峰，橫看成嶺，縱
皆不盡廬山真境，要不失為各親見廬山」。其爰以天台宗五重玄義法，以「辭

〔註86〕〔明〕蕅益智旭：〈又復卓左車（來柬附）〉《淨信堂初集》卷六，明學主編：
《蕅益大師全集》第七冊（四川：巴蜀書社，2018 年），頁 413。

不繁而炳著」之目的，直截了當以圓教見解來述彌陀經大旨。

　　蓮池大師是禪宗大開悟者，也是淨土八祖，其所著《彌陀疏鈔》之文字結合禪宗，而禪宗的語言是不好懂的，後人理解就較為困難，所以卓左車才有「彌陀疏鈔二十四問」等提問。智旭著述就是圓人依圓教作圓解，直截了當。倘眾生願意相信，破邪見就正見，是不難的。

　　以下將以智旭在三十歲前後期間，就流俗所傳禪淨、參究訛謬，所作精闢解析論點，整理其參禪念佛之見。

二、對參禪、念佛之獨特見解

　　從上段的討論可知，在禪淨論述，智旭並未有謗法之言行，相反的，他在著述對禪宗和淨土修持之法，有獨特的發明見解。

（一）念佛求生淨土，乃一門圓攝百千法門，非舉一廢百

　　在〈示石友〉中有言「念佛求生淨土，乃一門圓攝百千法門」〔註87〕，何以言之：

> 淨土玄門，理無不該，事無不攝。從華嚴寶積、大集般若、乃至法華，無不道歸安養。〔註88〕

> 統論修證法門，浩若塵沙，非止八萬四千而已，然五門收之，罄無不盡。何者？欲遊佛海，先資戒航，戒淨則解行可遵，行圓則祕密斯證，證入則依果自嚴。故首律宗，明造修之始。次諸教，明開解之塗。次禪觀，明實踐之行。繼密宗，明感應之微。終淨土，明自他同歸之地也。中峰本公，謂密呪如春，教乘如夏，南山律宗如秋，禪宗如冬。……。只此四門，罔不以淨土為歸，亦猶土之寄王四時也。〔註89〕

其言修證法門浩若塵沙，非止八萬四千，然以律、教、禪、密、淨四門收萬法，罄無不盡。又說，律、教、禪、密四門，皆以淨土為歸，「猶土之寄王四時」。故而念佛求生淨土，本該一切宗教，一門圓攝百千法門。

〔註87〕〔明〕蕅益智旭：〈示石友〉《靈峰宗論》卷二之四，《蕅益大師全集》第十六冊（臺北：佛教出版社，2014年），頁10511。

〔註88〕〔明〕蕅益智旭：〈合刻彌陀金剛二經序〉《靈峰宗論》卷六之四，《蕅益大師全集》第十七冊（臺北：佛教出版社，2014年），頁11215。

〔註89〕〔明〕蕅益智旭：〈法海觀瀾自序〉《法海觀瀾》，《蕅益大師全集》第三冊（臺北：佛教出版社，2014年），頁1859～1860。

　　淨土一門雖圓攝五宗，頓該八教，且「末世眾生，捨淨土一門，而求脫生死。不可得矣」，然他也說「非舉一廢百」，因「參禪、念佛及修教觀，各有夙根」〔註90〕。所以，其在著述中說淨土一門，發願決定往生，以持名為正行，「餘一切戒定慧等為助。正助合行，如順風之舟，更加板索，疾到岸矣」〔註91〕。

（二）禪淨不二：二見紛然，正見滅矣

　　智旭在〈擬答卓左車茶話（原問博山啟附）〉中說「宗乘與淨土，二俱勝妙法。眾生根性異，不免隨機說」，文末言「若欲智納僧家事，不妨借中峰一偈，為居士通箇消息。偈曰：禪外不曾談淨土，須知淨土外無禪。兩重公案都拈卻，熊耳峰開五葉蓮」。〔註92〕熊耳峰位於河南盧氏縣南方，禪宗初祖菩提達磨葬於此山。中峰明本禪師在詩偈以「熊耳峰」喻禪，「五葉蓮」喻淨土，因「禪外不曾談淨土，須知淨土外無禪」，拈卻禪淨這兩重門庭諍論公案。他引中峰禪師偈來說明「禪淨一致」之理，此理一貫見於其文。其曾言「二見紛然，正見滅矣」：

> 甚矣，二見之為害也。煩惱與菩提、生死與涅槃，同依於一心，而判然為二。宗乘與教乘，同傳於一佛，而判然為二。法性與法相同秉于一音，而判然為二。慧解與行門，同詮于一教，而判然為二。
> 二見紛然，正見滅矣。〔註93〕

引文之「一心」、「一佛」、「一音」、「一教」名異而義同，皆指實相真如，佛之知見，對此，其在《梵室偶談》有言「名異而實同者，如台宗謂之一心三觀、賢首謂之一真法界、相宗謂之勝義、惟識禪宗謂之向上一著，蓋未始少異也。譬如同一帝都，或曰北京、或曰燕都、或曰順天府，名雖異而實同」〔註94〕，但後人失卻如來出世垂慈設教，教眾生就路還家之旨，棄本逐末，只在說同說異糾葛，門庭之見熾然。

　　此棄本逐末情況，他續以例說明：「今有盛談北京之勝，而顧鄙燕都為陋

〔註90〕〔明〕蕅益智旭：《梵室偶談》第二十二條，明學主編：《蕅益大師全集》第九冊（四川：巴蜀書社，2018年），頁361。

〔註91〕〔明〕蕅益智旭：〈示石友〉《靈峰宗論》卷二之四，《蕅益大師全集》第十六冊（臺北：佛教出版社，2014年），頁10511～10512。

〔註92〕〔明〕蕅益智旭：〈擬答卓左車茶話（原問博山啓附）〉《淨信堂初集》卷四，明學主編：《蕅益大師全集》第七冊（四川：巴蜀書社，2018年），頁360。

〔註93〕〔明〕蕅益智旭：《梵室偶談》第四十三條，頁366。

〔註94〕〔明〕蕅益智旭：《梵室偶談》第四十七條，明學主編：《蕅益大師全集》第九冊（四川：巴蜀書社，2018年），頁368。

劣。或盛談燕都之勝,而復鄙順天為陋劣」〔註95〕。「歸元性無二,方便有多門」,禪淨是門,門雖異,但若知「全性起修,全修在性」〔註96〕,則禪淨皆一致,如何是異?因此,說同說異只是增戲論,忘失真正歸家路,即「二見紛然,正見滅矣」。

除上述之論,他還舉歷代祖師語,證明淨土非心外求法,是「禪淨不二」,「大集經偈云:若人但念彌陀佛,是名無上深妙禪」〔註97〕、「永明云:有禪有淨土,猶如戴角虎」〔註98〕、「中峰云:禪者淨土之禪,淨土者禪之淨土」〔註99〕。

(三)參禪念佛,二俱能悟道·俱能生西

《梵室偶談》中說,一般人皆謂「參禪則悟道,不必求生西方。念佛則生西,未必即能悟道」,但,智旭點出世人錯誤觀念,言「悟道之後,尚不可不生西方,況未必悟耶」。〔註100〕其舉天如大師云:「若果悟道,淨土之生,萬牛莫挽」、雲棲大師云:「悟後不願往生,敢保老兄未悟。」為證。〔註101〕

他又說「參禪者欲生西方,不必改為念佛,但具信願二字,則參禪即淨土行也」,且「念佛至一心不亂、能所兩忘,即得無生法忍,豈非悟道?」因此,即使眾人的觀念是「悟道屬參禪,生西屬念佛」,但他獨謂「二俱能悟道,二俱能生西也」。〔註102〕

雖然種種法門是平等的,只要迴向求生淨土,都可以得到往生,但只有念佛是往生正因。舉例而言,就有如現今正式學制和同等學歷的人,都可以繼續升學,不過,在正式學制畢業的人應該會比同等學歷的人還多。這即是

〔註95〕〔明〕蕅益智旭:《梵室偶談》第四十七條,頁 368。

〔註96〕《大佛頂萬行首楞嚴經文句》卷第四:「大佛頂首楞嚴王三昧,全性起修,全修在性,故名為妙。修德有功,性德方顯」〔明〕蕅益智旭:《大佛頂萬行首楞嚴經文句》卷第四,《蕅益大師全集》第六冊(臺北:佛教出版社,2014 年),頁 4180。

〔註97〕〔明〕蕅益智旭:〈贈鄭完德念佛序〉《靈峰宗論》卷六之四,《蕅益大師全集》第十七冊(臺北:佛教出版社,2014 年),頁 10511～10512。

〔註98〕〔明〕蕅益智旭:〈荅卓左車彌陀疏鈔二十四問(原問附)〉第十四問答,《淨信堂初集》卷四,明學主編:《蕅益大師全集》第七冊(四川:巴蜀書社,2018 年),頁 350。

〔註99〕〔明〕蕅益智旭:〈荅卓左車彌陀疏鈔二十四問(原問附)〉第十四問答,頁 350。

〔註100〕〔明〕蕅益智旭:《梵室偶談》第三十四條,頁 364。

〔註101〕〔明〕蕅益智旭:〈參究念佛論〉《淨信堂初集》卷四,頁 369。

〔註102〕〔明〕蕅益智旭:《梵室偶談》第三十四條,頁 364。

同中之一點不同，不同之中又有相同之處。

接著，他又深入提出禪淨二者但在「有疑則參，無疑則念」〔註103〕，各在當人參禪或念佛之下手時，自己斟酌選擇。

那下手斟酌之理為何？他列出三種人可參禪：

> 惟三種人可參話頭：一者夙具靈根，著手便判身心世界，全體放下。金剛寶劍當下提起，直待大事了畢。然後或見知識，或觀契經印證自心，接引後學。二者雖于道路未甚明白，得依真實具眼宗匠，死心參究到岐途處，自能為我指點到根節處，自能為我解闢到轉關處，自能為我拶入。三者既未深明道路，又無真實師，依必先洞徹教理，方乃死心參究。雖不能通三藏眾典，而楞嚴一部則不可不精熟也。
>
> 譬如有人獨自遠行，若不預問路程，斷有錯誤。〔註104〕

第一種人是「夙具靈根」，第二種和第三種人都是具「死心參究」特質者，不同在第二種人有幸得依「真實具眼宗匠」而參禪。除此三種，其餘悠悠泛泛之人，而想參禪悟道，智旭說「敢保十個，錯有五雙」。所以，修行人可以上述三種條件來檢視自己之根性，擇一法門深入。

因擔心修學人不能完全習得至理，將參話頭誤認為參禪之本，他又深一層的提憨山大師將「話頭」喻為「敲門瓦子」之至言，續解如下：

> 惟識得本無實法，方能用法，而不被法縛。或病其說破，令人不生切心，則金剛筏喻，圓覺標指，亦有過耶。且惟說破，方知瓦非是實，亟在敲門。若不說破，必且忘其敲門，終日玩瓦。大師此語，真救病神丹，而人顧病之，得無愚且狂乎。〔註105〕

「話頭」喻為「敲門瓦子」，跟「金剛筏喻」〔註106〕、「圓覺標指」〔註107〕的

〔註103〕〔明〕蕅益智旭：〈荅卓左車彌陀疏鈔二十四問（原問附）〉第八問答《淨信堂初集》卷四，明學主編：《蕅益大師全集》第七冊（四川：巴蜀書社，2018年），頁348。

〔註104〕〔明〕蕅益智旭：《梵室偶談》第二十條，明學主編：《蕅益大師全集》第九冊（四川：巴蜀書社，2018年），頁360

〔註105〕〔明〕蕅益智旭：《梵室偶談》第二十條，頁360

〔註106〕鳩摩羅什（344～413）譯：《金剛經》：「汝等比丘，知我說法，如筏喻者，法尚應捨，何況非法。」《大正藏》第 8 冊，CBETA, T08, no0235, p. 0749b07。

〔註107〕《圓覺經》：「修多羅教如標月指。若復見月，了知所標，畢竟非月，一切如來種種言說，開示菩薩，亦復如是。」《大正藏》第 17 冊，CBETA, T17, no0842, p. 0917a24。

意義一樣,《金剛經》以筏喻法,學法為「明心見性」,在達見性的彼岸後,就應捨筏才能真正登岸。《圓覺經》是將「一切如來種種言說,開示菩薩」以「標月指」喻,以「指」標「月」,「月」喻「真如實相」,對未達真如實相(月)者,以八萬四千法(指)來使人見實相真如(月),但見月應忘指,莫誤認指為月。

故而「參話頭」也只是引入「正法眼藏,涅槃妙心」無上深妙禪之「敲門瓦子」。倘「明心見性」之門既開,「敲門瓦子」就應丟棄,而非誤成「忘其敲門,終日玩瓦」之失。

(四)參究或體究念佛,是「攝禪歸淨」之助行

本段以〈參究念佛論〉文章脈絡為主〔註108〕,其他文本為輔作分析,整理如下:

1. 念佛正行及參究念佛之辨析

〈擬答卓左車茶話(原問博山啟附)〉中有言:「參究誰字與攝心數息等,皆非淨土極則事」〔註109〕,智旭論淨土極則事為「無念外之佛,為念所念。無佛外之念,能念於佛」,即聲聲是心,念念即佛,淨土念佛到極點就是達到「正下手時便不落四句百非,便能通身入理。但見阿彌陀佛一毛孔光,即見十方無量諸佛。但生西方極樂一佛國土,即生十方諸佛淨土。此便是向上一路」。〔註110〕這淨土極則事之「向上一路」,即禪宗千聖不傳,破第三關向上一著之毘盧頂上行。所以,智旭說「宗乘與淨土,二俱勝妙法」、「向上一著,非淨非禪,即禪即淨。才言參究,已是曲為下根」,〔註111〕意即法法都是明心見性之妙法,惟因眾生根性異,佛陀不免隨緣應機說法門。有關念佛法門及參究念佛之辨析,試分述之。

(1)法門雖異,同以淨土為歸

淨土法門之正行,以念佛為首。有關念佛一行,歷來有多途:

〔註108〕為修潔註腳,本點引自〈參究念佛論〉文句不逐筆加註,〔明〕蕅益智旭:〈參究念佛論〉《淨信堂初集》卷四,明學主編:《蕅益大師全集》第七冊(四川:巴蜀書社,2018 年),頁 368〜370。

〔註109〕〔明〕蕅益智旭:〈擬答卓左車茶話(原問博山啟附)〉《淨信堂初集》卷四,頁 360。

〔註110〕〔明〕蕅益智旭:〈擬答卓左車茶話(原問博山啟附)〉,頁 360。

〔註111〕〔明〕蕅益智旭:〈擬答卓左車茶話(原問博山啟附)〉,頁 360。

　　小經重在持名，楞嚴但令憶念，觀經主於觀境。大集觀佛實相。後
　　世智徹禪師，復開參究一路。雲棲大師極力主張淨土，而亦不廢其
　　說。但法門雖異，同以淨土為歸。

小經是指《佛說阿彌陀經》，智旭以天台「五重玄義」方法作《佛說阿彌陀經要解》，在第三明宗「以信願持名為修行之宗要」。《楞嚴經》是〈大勢至菩薩念佛圓通章〉，以母子相憶念喻眾生心，憶佛念佛，現前當來，必定見佛之憶念法。《佛說觀無量壽佛經》主於以「諸佛正徧知海。從心想生。是故眾生心想佛時。是心即是三十二相。八十種好。是心作佛。是心是佛」。《大方等大集經》是觀佛實相念佛。

　　元朝智徹禪師著《禪宗決疑集》一卷，依修行時序自述一生行履。其二十六歲即受戒持齋專心念佛，至三十一歲出家為僧參禪請益。其師雲峯和尚令參「萬法歸一，一歸何處？」，他以三年死限誓云：「我若懶墮欲求坐臥取安身粘床橙，陷入無間地獄永無出期」〔註112〕，以死心的工夫參究，「只向這一字上切切用疑」，終能達到「方知是淨念相繼，制之一處的工夫」之境界。〔註113〕他因死心參究得念佛制心一處之益，所以在〈復懲懈惰止境息迷〉篇章說：「或有參無字者，或有參本來面目者，或有參究念佛者。公案雖異，疑究是同，故經云。歸元性無二，方便有多門。於此學人各將本參話頭，自重自保勇猛挨拶將去。」〔註114〕

　　可惜，後人只見智徹禪師因參究話頭而得念佛一心之利，未見其以「死心」為參究之極則工夫，反而衍生「念不猛念，參不力參，既未能融二非二，又未肯捨一就一，志圖坐收淨土之益，又不失禪客之名」之偷心葛藤、訛淆公案，遺害後世眾生。

　　引文最後，智旭提到雲棲大師極力主張淨土法，亦不廢智徹禪師參究之說。不論是持名、憶念、觀境、觀佛實相、參究等念佛法門，方法雖不同，但同以淨土為歸終目的。

〔註112〕〔西蜀〕智徹述：〈離塵精進門〉《禪宗決疑集》《大正藏》第48冊，CBETA，T48, no2021, p. 1009c20。

〔註113〕〔西蜀〕智徹述：〈離塵精進門〉《禪宗決疑集》，CBETA, T48, no2021, p. 1009c20。

〔註114〕〔西蜀〕智徹述：〈復懲懈惰止境息迷〉《禪宗決疑集》，CBETA, T48, no2021, p. 1015a15。

（2）參究、體究和念佛

「念佛是誰」，本是禪宗門庭追拶語。智旭認為後世祖師將此法收作淨土法門，是「善權方便」、「欲顯淨土可以攝禪，救有禪而無淨土之病」，並為參究、體究和念佛關係作一辨析，本文是以表列明之：〔註115〕

【表二十】體究、念佛比較表

體究	念佛
與下疑情相似 舉話頭人以參悟為主，未必迴向西方	修淨業人以持名為主，不妨隨即究理是用
功同而宗趣不同，二者僅曰相似	

【表二十一】參究（提話頭）、體究念佛比較表

參究（提話頭）	體究念佛
1. 單提話者貴在驀直追窮。 2. 參話頭屬後方便，以死學人偷心。〔註116〕	必須連舉佛號是參
情同而入手不同，二者僅曰相似	

【表二十二】參究、念佛正助行關係〔註117〕

參究	念佛
1. 皆屬行攝。 2. 參究切、以信願前導，則往生。 3. 不切，念佛亦不往生。 4. 無信願為前導，皆不往生。 5. 今不猛念，參不猛參，既未能融二非二，又未肯捨一就一，志圖坐收淨土之益，又不失禪客之名，是則真偷心耳。	

〔註115〕 比較表資料來源為〈荅卓左車彌陀疏鈔二十四問（原問附）〉第八問答者，不逐筆加註。〔明〕蕅益智旭：〈荅卓左車彌陀疏鈔二十四問（原問附）〉第八問答《淨信堂初集》卷四，明學主編：《蕅益大師全集》第七冊（四川：巴蜀書社，2018年），頁347～348。
〔註116〕 〔明〕蕅益智旭：〈擬答卓左車茶話（原問博山啓附）〉，頁360。
〔註117〕 〔明〕蕅益智旭：〈參究念佛論〉《淨信堂初集》卷四，頁369。

除了表列參究、體究和念佛三者之關係，智旭認為「若信願為前導，則直念苦參無非正行。若參念不猛力，則淨信淨願亦屬虛名」〔註118〕。他進一步說「參禪者欲生西方，不必改為念佛，但具信願二字，則參禪即淨土行也」〔註119〕。

另外，他也為蓮池大師所著《彌陀疏鈔》（以下簡稱《疏鈔》）中發明之「體究」、「體究念佛」作正訛傳之闡明：

a. 體究念佛，未嘗不攝在實相念佛

教分持名、觀像、觀想、實相四種念佛，未列體究一門，智旭認為「未嘗不攝在實相念佛」，因「知向蘊處入推窮，而云誰是佛者，即觀佛實相也」，「今向正念佛時體究，而云念是誰者，即觀身實相也」。他說《疏鈔》之意，是「以實相為指歸，而以持名通實相」。〔註120〕

b. 辨「執持名號是事一心，參究誰字是理一心」之訛

蓮池大師在《疏鈔》發揮念佛法門，曰「有事一心不亂，有理一心不亂」，然而當代人訛淆為「執持名號是事一心，參究誰字是理一心」。智旭解析為：

> 夫事一心者，則現前歷歷明明、不昏不散者是也。理一心者，則默契無生、洞明自性者是也。是則參時話頭純熟，猶屬事門；念時心佛兩忘，即歸理域。安得以事獨指念，理獨指參也？〔註121〕

所以，稱名和體究是可互通的，不必單以持名為事持，參究是理持。他又深一層的指出「又參誰字謂之究理則可，謂之理一心則不可」，達「理一心」則是達真如本心，為佛知佛見境界，故而不能訛言，更重要的原因是「事有挾理之功，理無隻立之能」。

c. 執理而廢事，反受落空之禍〔註122〕

《疏鈔》雖重理持，是為教人「即事入理」，不是要「以理奪事」。智旭

〔註118〕〔明〕蕅益智旭：〈答印生四問（原問附）〉第三問答《淨信堂初集》卷四，頁361。

〔註119〕〔明〕蕅益智旭：《梵室偶談》第三十四條，明學主編：《蕅益大師全集》第九冊（四川：巴蜀書社，2018年），頁364。

〔註120〕〔明〕蕅益智旭：〈答卓左車彌陀疏鈔二十四問（原問附）〉第八問答《淨信堂初集》卷四，明學主編：《蕅益大師全集》第七冊（四川：巴蜀書社，2018年），頁347。

〔註121〕〔明〕蕅益智旭：《梵室偶談》第四十二條，明學主編：《蕅益大師全集》第九冊（四川：巴蜀書社，2018年），頁366。

〔註122〕本點引文出自〔明〕蕅益智旭：〈答卓左車彌陀疏鈔二十四問（原問附）〉第十三問答《淨信堂初集》卷四，頁347。

說：「當知持名是正行，理觀是所通，話頭是持名轉局也」，又指出《疏鈔》通序大意云：「著事而念能相繼，不虛入品之功。執理而心實未明，反受落空之禍」。由此可知，《疏鈔》亦未專重理持。在此也又再證明，古來真正見實相般若之祖師大德，實是「直與三世諸佛，同一鼻孔出氣」。所以，智旭說，處處明理持者，這些人恐是狂罔禪和謗淨土為凡愚的行為。

因此，即使明白法門不二，機緣深淺看各人，但，他仍不禁嘆曰：「後裔無知，反執理而輕事。落空之禍，誰代受之？」

2. 參究之說，既有大利亦有大害，宜以淨土為主，參究助之〔註123〕

前已分段敘明參究、體究和念佛之別，也說到「執理而輕事，反受落空之禍」。而智旭在〈參究念佛論〉深論參究之說之大利和大害，其言「心佛眾生三無差別，果能諦信，直下知歸。未了之人，不妨「疑」著。故誰字公案，曲被時機，既有大利，亦有大害」。可知，能明心見性者，是直下即知歸家路，不能者，可以參究誰字公案，是曲被時機之權法，然，參究念佛之權法有大利，亦有大害。其所言大利和大害，條列如下：

（1）言大利者

a. 以念佛時，或復疲緩，令彼深追力究，助發良多。

b. 又未明念性本空，能所不二，藉此為敲門瓦子，皆有深益。

c. 要必以淨土為主，參究助之。無論徹與未徹，俱不障往生也。

（2）言大害者

a. 既涉參究，或便單恃己靈，不求佛力。

b. 但欲現世發明，不復願往。甚則廢置萬行，棄捨經典。

c. 古人本意原欲「攝禪歸淨」，開此權機。今人錯會，多至「捨淨從禪」，翻成破法。斯乃全乖淨業正因，安冀往生彼國也。

綜上，參究之說，既有大利亦有大害，故「宜以淨土為主，參究助之」。

3. 智旭未反對參究或體究念佛，亦未主張「消禪」、「捨禪」

因廢則缺萬行中之一行，但執則以一行而礙萬行，所以：「參究念佛之說，是權非實，是助非正，是不可廢，尤不可執」。

〔註123〕 為修潔註腳，本點引自〈參究念佛論〉文句不逐筆加註，〔明〕蕅益智旭：
〈參究念佛論〉《淨信堂初集》卷四，明學主編：《蕅益大師全集》第七冊（四川：巴蜀書社，2018年），頁368～370。

三、智旭之禪、淨論點及兩則史料補充

本節在主題探究後，所發現之論點，整理如下：

（一）未有「是一非餘」謗佛之論。

（二）並未反對「參究念佛」，只是深論參究之說，係既有大利亦有大害，其
淨土思想是：「宜以淨土為主，參究助之」。

（三）其言「參禪念佛，二俱能悟道，二俱能生西」，故未曾主張「消禪歸
淨」，也未有反對「禪淨雙修」論點。只是提醒修學者，古人本意原欲
「攝禪歸淨」以為淨土助行，開此參究權機。但是今人錯會，多至「捨
淨從禪」，翻成破法。而此「捨淨從禪」主張「全乖淨業正因」，可惜
後人無知，反而執「理」（禪）而輕「事」（持名念佛）。最後參禪不成，
念佛不就，二頭落空之禍，誰代受之？

（四）智旭未批判蓮池大師，著述處處為《疏鈔》釐正辨析，明大師弘淨土之
心。

（五）編《淨土十要》未收《疏鈔》，非不贊同「參究念佛」。本文推論其因大
要有二：第一是其所引《疏鈔》通序大意云：「著事而念能相繼，不虛
入品之功。執理而心實未明，反受落空之禍」。第二是後人多錯會古人
和《疏鈔》本意原欲「攝禪歸淨」，是開參禪權機，卻翻成破法多訛淆
至「捨淨從禪」，反執理而輕事，受禪淨二失之禍。

在研究分析主題過程中，所附帶發現兩則與主題無關之史料補充：

（一）由〈擬答卓左車茶話（原問博山啟附）〉，和〈八不道人傳〉自述，三十
歲著《梵室偶談》，可推論出〈參究念佛論〉著作時間在《梵室偶談》
之後。

（二）憨山大師曾著有《淨土會語論》，此文名稱出現在《憨山老人夢遊集》
目錄：「卷之四十六，淨土會語（闕）（古本卷三十三）」，以及卷第十
七〈答王於凡〉，惟此文集已亡佚。在智旭文中所言，憨師著《淨土會
語論》是為「輔翼蓮翁法輪」，蓮池大師《雲棲法彙》收有〈書淨土會
語後（蘇郡以答曹魯川二書合刻名淨土會語）〉，此文有言「念末世說
此淨土法門，魯川盡力排之。誠恐華嚴不得入，淨土不得生，兩皆失
之，誤人不小，亦不得不辯」，與本節析論智旭所言之意相符。而此史
料，更可證明蓮池、憨山和蕅益三位明末高僧之禪淨思想，是「直與
三世諸佛，同一鼻孔出氣」。

第三節　智旭發明之「介爾一念」

前賢以智旭「現前一念心」為研究主題者，或單論、或與天台「現前一念心」作比較，研究結論多以此認定其思想為天台宗、或認為其側重以「如來藏性」的妄心思想來談、或認為其「現前一念心」特色在天台判教系統下歸納於別教。歷來係採各宗派思想來研究此一主題，但本文認為在此議題，智旭仍是一以貫之是以「圓教行人始自名字初心便用佛知佛見修行」之旨為文撰寫其發明之「介爾一念」。

天台智者大師（538～597）最早用「介爾有心」、「一念介爾起心」之「介爾」二字。而智旭弟子堅密成時在〈靈峰蕅益大師宗論序說〉有言「而發明介爾一念，在續集、瘣餘尤詳」〔註124〕，〈序說〉所言「續集」是指《淨信堂續集》，「瘣餘」是《西有瘣餘》。智旭是輯四十四歲夏天後至四十九歲冬之文稿為第四本文集《淨信堂續集》，而本文推論他在五十四歲時輯成第五本文集《西有瘣餘》。為釐清其著作於何時最早提及「介爾一念」，爰先整理文本製編表格，再依序討論。

一、「介爾一念」為何

本文以「《宗論》及文稿集」和「釋論」分別製表：

【表二十三】《宗論》及文稿集整理之「介爾一念」

數量	宗論及文稿集	文稿名	內容	備註
1	絕餘編卷二法語（靈峰宗論卷二之一法語）	示慧幢上座	予讀子輿氏書。至舜盡事親之道，而瞽瞍底豫，忽見圓頓觀心要旨焉。夫父雖至頑，不可捨之而別覓他父，雖頑父即我真父，不可如傲象之順命為惡，順命為惡非事親之道也，捨父別覓又可稱孝乎？現前介爾一念，亦復如是。全體即是無明，又全體即是法性。無明猶頑父也，法性猶真父也。順無明流，造業流轉，猶如傲象。捨妄覓真，別觀法性，猶如背父逃走。雖善惡途轍稍殊，其為不孝均矣。……。觀心亦爾，深信現前一念，全體法界，離波覓水，終不可得。然斷不可隨其生滅，不事觀察，直須以不思議一心三觀，深體達之，縱令惡無記心，尚成不思議境，況善心哉。知一念中圓具三德秘藏，事理兩重三千，互徧互融，深生信解，名之為慕。……	輯三十八歲春天之後至四十歲秋文稿

〔註124〕〔明〕堅密成時：〈靈峰蕅益大師宗論序說〉《靈峰宗論》卷首，《蕅益大師全集》第十六冊（臺北：佛教出版社，2014年），頁10205。

2	絕餘編卷二法語（靈峰宗論卷二之一法語）	示迦提關主	法華妙旨一乘妙旨，惟令一切眾生開示悟入佛之知見。然佛之知見非他，即諸法實相是也，諸法實相非他，即現前一念心性是也。現前介爾一念，不自生、不他生、不共生、不無因生。未生無潛處，欲生無來處。正生無住處，生已無去處。心無心相，則其性無生，無生故無住無異無滅。無生住異滅，即真法性，橫遍豎窮，不可思議。若於此無相妙心，妄謂有心相可得，則佛知見便成眾生知見。若即此妄相幻心，達其本非有相，則眾生知見便成佛之知見。而此一念心性，既舉體全空，亦復即假即中，以三諦宛然故，三觀亦自法爾。……	
3	靈峰宗論卷二之二法語	示本光	顯密二詮，理體無殊，功用亦等。須信五會真言。一字一句。無非全體三德祕藏。現前能持之心，介爾介爾。無非橫徧豎窮之性。乃至楮墨筆腕。一一無非法界。法界性不可改。即大定體。法界理不可昧。即不動智光。若念念與此定慧相應。便可謂常持如是咒。	
4	靈峰宗論卷二之三法語	示聽月	雖心佛眾生三無差別，但佛法太高，生法太廣，初機之人，觀心為易。但諦觀現前一念介爾之心，若自生何藉境。若他生何關自。各既不生。合云何有。合尚叵得。離何能生。仔細簡責。心之生相安在。心既無生。豈非覓不可得。心不可得。豈可喚作一物。心既非物求豈有人。無物無人。何收何放。盡大地是箇自己。心外更無別法。方知萬物皆備於我。十方虛空悉消殞。皆不得已而有言。言所不能盡也。	
5	靈峰宗論卷二之四法語	示六度	眾生無始來。不知一切惟心。妄計六塵緣影為自心相。故佛頂約七處徵之。中論約四性推之。智者約四運觀之。無非破緣影妄計而已。但不執緣影。則現前介爾一念。本自離過絕非。清淨周徧。百界千如。海印炳現矣。欲破緣影妄執。或就七處徧徵。或就四性橫簡。或就四運豎破。皆可。隨病服藥。法無一定。思而修之。存乎其人。	
6	靈峰宗論卷二之四法語	示爾介	介爾有心。三千具足。此圓人稱性而觀。稱性而悟。彈指超無學。一路涅槃門也。今有志之士。不能一超直入者。祇由妄認六塵緣影為自心相。不肯直下諦觀介爾之心。本自了不可得故也。如肯直觀。則知心無心相。既不認緣影為心。則虛空山河大地。咸吾介爾心中所現物矣。……	
7	靈峰宗論卷三之二答問	壇中十問十荅（有引）	［問。］天台明理具事造兩重三千，同於介爾心中具足。此亦不然。……。 ［荅。］心無形質。無分劑。不可割裂。落一界之一念。即全體之心。非心少分。既舉心之全體。成此一念。亦必舉心之全用。歸此一念。亦必即此	

		一念。頓具心之全體大用。如孔子為乘田。即以聖人之全體而牧牛羊。亦即舉出將入相之全用而歸諸牧牛羊人。亦即於牧牛羊時。問以文事武備。無不能知。安得牧時非孔子全體。無將相全能邪。……此天台性具之旨。觀心之要。所以真能傳佛心印。遠勝他宗也。	
8	性學開蒙（靈峰宗論卷三之二答問）	性學開蒙荅問（即壇中第四問廣荅）	……圓教則以介爾有心三千具足。豎窮橫徧無欠無餘為廣大。三千性相互具互徧。一色一香無非中道為精微。一心三智照窮法界為高明。無作四念一心三觀為中庸。即隨緣而不變為故。所以一切諸法無非性具。即不變而隨緣為新。所以權實因果施設無方。心佛眾生三無差別為厚。所以上合無緣慈力。下合同體悲仰。而熾然常行與拔上侍諸佛下應群機為禮。……	
9	淨信堂初集卷三序（靈峰宗論卷六之一序）	寓菴序	……嗟嗟。故鄉之夢，尚未全醒。客次之居，寧為究竟。惟有秉隨智教，作稱性觀，悟寂光於介爾，始可辨寓義之真非真淨矣。夫既謂之寓，則一切法趣寓，身土一如，理事平等，斯亦究竟寓也。一究竟一切究竟。……	
10	靈峰宗論卷六之一序	刻三千有門頌解後序	……讀者苟知介爾有心。即是不思議有。即是妙假。即是圓教初門。即是法界。具足三千諸法無欠無餘。豈非直指人心見性成佛。豈非不思議境。圓具九法。成一大乘。不生退屈。……	
11	絕餘編卷三序	安居止觀山房序	是故智者大師證法華三昧，乃攬本迹十妙，圓歸於介爾一心，示摩訶止觀法門，與今經所明妙奢摩他三摩禪那，若合符節。後之箋釋斯典者，無慮數十百家，苟欲捨摩訶止觀，而別立宗途，未免轉趣轉遠。良以摩訶止觀，的是如來大事因緣，的非世間和合粗相故也。	
12	靈峰宗論卷六之四序	合刻彌陀金剛二經序	……而四種淨土。並不離現前一念介爾之心。非橫非豎。亦橫亦豎。是故經云。莊嚴佛土者。即非莊嚴。是名莊嚴。此唯心淨土之誠證也。末世執迷。不達心性。本來無外。說唯心便撥淨土。說淨土便昧唯心。安知西方極樂。廣徹華藏。華藏莊嚴。不出心性也哉。	
13	靈峰宗論卷七之二題跋	題之菴凍雲圖	……予曰。吾人介爾一念。頓具十界百界千如。理具事造。無餘無欠。炳然齊現。而無事安排也。如一念。一切諸念亦如是。如心法。一切色法亦如是。如實法。一切假名亦如是。是謂。……	
14	淨信堂初集卷三序（靈峰宗論卷六之一序）	刺血書華嚴經疏	當知華藏莊嚴，豈唯在普賢一毛孔中明見，亦即於吾人介爾心內薦取。	

15	靈峰宗論卷七之二題跋	淨然沙彌化念佛疏	二念自佛者。觀此現前一念介爾之心。無體無性。橫徧豎窮。離過絕非。不可思議。具足百界千如。種種性相。與三世佛。平等無二。如此觀察。功深力到。圓伏五住。淨於六根。豁破無明。頓入祕藏。如西天四七。東土六祖。及南嶽大師。天台智者。即其證也。	
16	靈峰宗論卷九之一頌	大方廣佛華嚴經頌一百首（並序）	序：……佛則介爾凡心，即真常之妙覺。…… 華藏世界品。第五。頌曰 鼻孔下垂。眼睛橫布。毛竅玲瓏。皮膚連附。　地種無殊。森羅草樹。獅子全威。奚分象兔。　欲知華藏莊嚴。不離剎那安住。擬向心外覓玄。昧卻介爾性具。 阿僧祇品。第三十。頌曰 介爾心王絕數量。僧祇數量轉分明。微塵法界全成壞。五眼如何算得清。	
17	靈峰宗論卷九之三贊	普賢願王像贊二首	介爾一心，萬行具足。表以象王，支七牙六。除爾瞋心，便轉妙轂。法界宗師。昭彰耳目。遠證讀誦。近嚴幽獨。覓即不見。見即受毒。 十大願王。導歸極樂。塵塵華藏。從此彰爍。不昧因果。法界開拓。問取棗柏。玄珠在索。	
18	靈峰宗論卷九之四贊	涵初開士持法華經贊	介爾一心。三千性相。權實同歸。圓明絕障。文字離微。兔角柱杖。即此離此。依然兩樣。能施能開。積年店帳。認卻阿爺。當仁不讓十妙淋漓。今古如斯。若本若迹。觀心便知。三法融徹。六塵無別。教行理經。同輪共轍。卓哉開士。心解口持。醍醐潤渴。甘露療饑。七萬餘言。言言實相。一任思量。眉元眼上。梵音清雅。法界同熏。一字染識。法王之昆。	
19	靈峰宗論卷九之四贊	恆生法主血書法華經讚（並序）	如來一代教法。唯法華為究竟之詮。以其直明設教之意。不止辯說法門綱目故也。是故法華明。則一代教法俱明。十方三世一切權實本迹俱明。如是則現前一念介爾心性。乃究竟明矣。智者大師。親見靈山一會。儼然未散。正是自心現量境界耳。世之求法華者。既不知求諸自心。求自心者。又不知求諸法華。宗說分張。罔殆病等。求其教觀雙美。解行合一。捨天台誰歸哉。……	
	靈峰宗論卷十之一詩偈）	示寶所	著有落人天。著空墮三惡。惟有西方土。超出無縛。熾然求往生。莫復存疑想。介爾纔躊跱。偏邪見日長。思量分別法。謗於真智慧。永劫沈深坑。諸佛無能濟。種麥少踢土。亦勿乘空取。中行踐實地。疾得到寶所。 與原稿對照，《宗論》〈示寶所〉之「介爾」為成時所改，爰僅列出不計入數量	淨信堂初集卷八詩偈原稿： 著有落人天。著空墮三惡。惟有西方土。超出有無國。熾然求往生。莫復存疑想。設更謾躊跱。

				偏邪見日長。思量分別法。謗於真智慧。永劫沉深坑。諸佛無能救。好向事中求。勿從空中取。步步踐實地。疾得到寶所。
20	淨信堂初集卷八詩偈（靈峰宗論卷十之一詩偈）	卜居十八事（有序）	念佛 慈尊無量號。介爾有心含。生佛原非隔。深禪何必參。	三十五歲誅茅西湖所作
21	淨信堂初集卷八詩偈（靈峰宗論卷十之一詩偈）	入山四首之三	辯才如雨筆如雲。八兩依然是半斤。介爾一心誰信具。不如直下目聞熏。	三十八歲，三月，遁跡九華是年春輯《淨信堂續集》，卷八詩偈為此詩
22	絕餘編卷四詩偈（靈峰宗論卷十之二詩偈）	山居百八偈（有小引）	十二 我愛山中夏。心閒日逾暇。茅屋足清涼。何必登臺樹。介爾華欲敷。奚物堪酬價。一片白雲飛。雨似車輪下。 四十八 水氣每成虹。地蒸每作菌。介爾本無形。剎那已有朕。慎獨雖兢兢。豈達無生忍。一翳甫在晴。空華斯亂殞。欲令華相滅。莫向空中泯。 七十九 前際不可窮。後際不可極。現前介爾心，邊際渺難測。明明法界宗，妙觀胡墨墨。奮起金剛拳，打碎無生國。	
23	絕餘編卷四詩偈（靈峰宗論卷十之二詩偈）	丁丑季冬禮千佛於九華藏樓偈贈諸友	介爾靈明絕古今。摩尼豈被泪流侵。珠澄濁水清光露。映徹晴空萬像森。	絕餘編原詩有八首，此詩為第二首，宗論只收本詩其中五首，本首未收錄
24	靈峰宗論卷十之三詩偈	贈耦西	善財初發意。百城方盡南。一見普賢後。始知西更湛。十願導其往。深禪不用參。彌陀法界藏。介爾一念含。六字聲歷歷。皎月澄寒潭。未識岐塗苦。那知此道甘。上善共攜手。列祖朋盍簪。觀成一十六。生品列三三。任彼馳圓頓。方茲定有慚。	

25	靈峰宗論卷十之三詩偈	題謝在之扇頭	介爾心田足水草。隨他此外別尋討。君不見。大千三變土依然。龍女從茲出海島。	
26	靈峰宗論卷十之三詩偈	示昱巖	介爾一念心。橫豎不可盡。諦審復諦觀。本迹二俱泯。悟後亦非奢。迷時亦何窘。迷悟弗當情。乃達無生忍。	
27	靈峰宗論卷十之三詩偈	和荅張興公二首之一	僧祇豈是枉施功。獨怪郎王強異同。空界任從星布列。川流終向海渾融。分明萬物原非物。彷彿相逢卻未逢。介爾覓時雖不得。調心誰繼可師風。	

【表二十四】「釋論」整理之「介爾一念」（依注經時間順序排）

數量	釋論	卷次	內容	備註
1	佛說盂蘭盆經新疏		現前一切十界依正諸法。皆此介爾心中之所顯現。如彼夢中。所見諸法。終不離於夢心。現前諸法。亦復如是。雖妄謂在我心外。各各實有。而實非有。猶如夢未醒時。執夢為實。醒後尋覓。了不可得。⋯⋯此介爾一念心中。圓具如此三寶體性。無欠無餘。猶如金剛。不可壞滅。一念既爾。一切諸念。亦復如是。⋯⋯又曰。諸佛解脫。當於眾生心行中求。若能觀此介爾之心。則能具足一切佛法。故曰。諸佛正徧知海。從心想生。若不作此觀心辨體者。云何名為於念念中。常憶父母。而修孝慈耶。	三十七歲
2	首楞嚴經玄義卷上（並序）		初約心法略釋者。此大佛頂三字。直指眾生現前心性。全彰一經所談理體也。以吾人現前一念實無分劑。亦無方隅。無有初後。並無時劫。豎窮橫徧。當體絕待。不可思議故名為大經云。⋯⋯故無一法出過於中。三字共顯三德而非縱。一字各具三義而非橫。不縱不橫。名祕密藏。七趣迷此而沈淪。迷亦不失。二乘昧此而枯寂。昧亦不減。如來證此為極果。果亦非果。菩薩悟此為真因。因亦非因。善讀經者。能向此三字中識取自心。則無上寶王。不求自致。善觀心者。能向一介爾心中識此妙理。則無邊法藏。觸處洞明。故先約心法略釋也。	三十九歲
3	佛說梵網經菩薩心地品玄義		介爾有心。三千具足。謂一念心中。必具十界。於一一界。必各互含。便成百界。⋯⋯如一名。一切諸名亦復如是。如一塵。一切諸塵亦復如是。而但云介爾有心。三千具足者。以眾生太廣。佛法太高。故且令觀心。庶易悟入。只此介爾極微劣心。三千性相。炳然頓具。非前非後。不減不增。何以故。一念體圓。名為理具。隨起念時。即名事造。良繇介爾所起之心。於十界中必落一界。一界既現。九界同彰。⋯⋯十界無非佛界。又佛界亦能徧造十界。法性自爾。非關強造。只因此介爾一念之心。必全攬法界以為其體。而此法界。從來無有分劑。不可割裂。安得謂此介爾之心。止是少許法界理耶。又此介爾之心。既全具法界之理。必全具法界之事。以此法界。從來攝一切事罄無不盡。並無一事如微塵許。能出法界外者。倘謂介爾心	三十九歲

			中。但具法界全理。不具法界全事。不幾有理外之事耶。所以念體念用。同名為心。……故此事理兩重三千。皆即一念心中圓具。如帝網珠。光光融攝。重重無盡。難議難思。昏迷倒惑。此理常如。梵網理也。	
4	佛說梵網經菩薩心地品合註	卷第一	觀心釋者。介爾有心名爾時。此心與一切眾生同體名釋迦。此心本性空寂名牟尼。此心本自靈覺名佛。此心本自平等清淨。名四禪地。此心本來自在。無所係屬。名摩醯首羅宮。此心具一切清淨差別功德。名無量大梵天王。此心具一切無差別智慧不可窮盡。名不可說不可說菩薩眾。	三十九歲
		卷第二	爾真餞俗者。爾即真諦。餞即俗諦。俗即真故不斷。性無斷故。真即俗故不常。相無常故。又真即俗故不斷。非斷空故。俗即真故不常。性空寂故。謂一切法即生即住即滅。同在一世。同在一時。同在介爾一念有心。是故不常。然而種子各異。異於現行之各異故。又即不斷。如是因緣法之中道。當知非一。以雙照故。亦復非二。以雙泯故。乃至善惡凡聖。性不可得。故佛界凡界。一一皆是假名建立。	
		卷第六	觀解者。於真諦外別緣俗諦。名經復白衣。不知人命在呼吸間。名不敬好時。又不知十世古今不離當念。介爾一念橫徧豎窮。名不敬好時。	
5	大佛頂如來密因修證了義諸菩薩萬行首楞嚴經文句(上)	卷第三文句	(庚)二歷大別顯。此正顯示隨緣不變不變隨緣之藏性。方是七大實性。所謂性具法門。事事無礙 之法界也。……。即理之事。無有少許事相而不攝在理中。故得毛吞巨海。芥納須彌。介爾三千。剎那十世。心性妙理。至此已極。三諦一諦。更無餘蘊。故使阿難大悟。頓獲法身。下文滿慈騰問。不過別為法執重者破疑滯耳。諸家不達。或以此為次第三諦。或以此為空與不空兩藏。或但指此為空如來藏。下文方顯不空等藏。誣罔圓宗。謗毀佛語。哀哉哀哉。文分為七。初明藏性即地大性。(至)七明藏性即識大性。	四十一歲
		卷第三文句	(辛)二結屬真因　了然自知獲本妙心常住不滅 指彼十界依正色心等法。總不離我現前一念介爾之心。此心體本離過絕非。相本豎窮橫徧。用本具足恆沙。總三義而惟是一心。即一心而宛然三義。的是人人本有之妙心。從來常住不滅。所謂無始菩提涅槃元清淨體。依此修行。乃能得成無上菩提者也。如來最初即語阿難。一切眾生生死相續。皆由不知常住真心性淨明體。今乃了然知之。雖是故物。義如新獲矣。	
		卷第四文句	(子)三明隨緣不變遮照同時義　以是俱即世出世故。即如來藏妙明心元。離即離非。是即非即 此顯十界染淨諸法。隨拈一法。無不皆是圓融中諦。一切雙遮雙照。即藏性遮照同時義。正隨緣而常不變也。以是俱即句。亦是結上起下。由其俱非而又俱即。所以即是妙明心元。……又如心法之中。舉此現前一念介爾之心。此介爾心。非心非空乃至非我非淨。此介爾心。即心即空	

		乃至即我即淨。此介爾心。離即離非是即非即。其餘一切諸心心所。亦復如是。由此即事之理。具足即理之事。方成事事無礙法界。否則諸佛所證。非即眾生所有。何名三無差別。思之思之。又復應知。此中所顯圓融藏性。即是前三卷中所明。更非別義。……	
	卷第四文句	（午）六明意根相 諸法所生。唯心所現。現前一念介爾之心。本自豎窮橫徧。縱令昏迷倒惑。其體無變。故曰默容一切諸法。	
	卷第五文句	（壬）六目連觀意識 優樓頻螺。此云木瓜瘲。伽耶。山名。亦城名。此云象頭。那提。河名。兄弟三人。皆先事火。後受佛化。為常隨眾者也。境通別者。善識惡識。及無記識。或緣過去。或緣現在未來。或緣現量。或緣比量非量。隨其所起介爾之心。皆得為所觀境。是名為別。今但云旋湛。其境通也。觀盈縮者。觀此意識是因緣所生。無常無我。即藏教意。觀此意識。不自生。不他生。不共生。不無因生。因緣即空。是通教意。觀此意識因緣假名。能成十界種種因果。是別教意。觀此意識本如來藏。如來藏中。性識明知。覺明真識。妙覺湛然。徧周法界。含吐十虛。寧有方所。循業發現。即圓教也。……	
6	大佛頂如來密因修證了義諸菩薩萬行首楞嚴經文句（下）	卷第六文句	（癸）今初。 覺海性澄圓。圓澄覺元妙。 將明隨染淨緣以成迷悟。先頌不變之體者。……即所謂本覺明妙也。須知此不變體。即在隨緣之中。正隨緣時。全體不變。即指吾人現前一念介爾之心。一任昏迷倒惑。而妙明明妙。性無變壞。本自豎窮橫徧也。是故直指人心見性成佛。正是指此現前一念介爾之心。全真在妄。全妄即真。若捨卻現前一念。別指空劫已前。則真時無妄。妄時無真。真則本有今無。今無後有。妄則本無今有。今有後無。其為戲論甚矣。
		卷第六文句	（戊）今初。 佛言。阿難當知。妙性圓明。離諸名相。本來無有世界眾生。 妙性者。第一義諦之體。法身德也。圓明者。照窮法界之相。般若德也。離諸名相者。不可以一切名而名目之。不可以一切相而表示之。無障無礙之用。解脫德也。本來無有世界者。即是十界依正當體元不可得。……然此妙性。正是直指現前介爾心性本自如斯。非指最初以為本來。而謂在昔元無。於今妄有也。蓋現前一念介爾之心。本自不可思議。法爾恆然。故稱妙性。本自豎窮橫徧。了了常知。故稱圓明。本自具足十界依正諸法。而十界依正諸法均不可以名狀此心。故稱離諸名相。本來無有世界眾生也。倘不能直下薦取。歸諸空劫以前。則迷頭認影。辜負圓音甚矣。又復應知。約於心法。點示三德既爾。約諸佛法及眾生法。點示三德無不皆然。以一一佛法。一一眾生法。無不皆是妙性圓明。無不皆自離諸名相故也。思之。思之。

		卷第八文句	（辛）今初。　阿難。如是眾生一一類中。亦各各具十二顛倒。猶如捏目。亂華發生。顛倒妙圓真淨明心。具足如斯虛妄亂想。 猶如捏目二句。是先立喻。顛倒妙圓二句。是以法合也。顛倒二字。合上捏字。妙圓真淨明心。合上目字。具足如斯虛妄亂想。合上亂華也。現前一念介爾之心。不可思議故妙。豎窮橫徧故圓。本無虛妄故真。本無染汙故淨。洞徹虛靈昭明。雖在顛倒亂想之中。而其體如故。亦如雖由捏見亂華。而目體仍如故也。惟其目體如故。故一停其捏。依然清淨。惟其心體如故。故顛倒不生。斯則如來真三摩地。	
7	大乘止觀法門釋要	卷第一	先標一心。次列三別也。一心。即指吾人現前一念介爾之心。其性元與諸佛及眾生等。所謂三無差別。蓋既全真成妄。即復全妄是真。故名一心。非於妄心之外。別立一真心也。譬如指即波之水性。即漚之海性耳。	四十四歲
		卷第六	初從名字位中。了知現前一念介爾之心。及十界十如權實諸法。隨見有一法當情。悉是分別性法。此法當體無實。即是依他性法。依他亦復無性。但自法界實相。即為真實性法。故始發心時。便得俱行三止。	
8	佛說阿彌陀經要解		信理者。深信十萬億土實不出我今現前介爾一念心外。以吾現前一念心性實無外故。又深信西方依正主伴。皆吾現前一念心中所現影。全事即理。全妄即真。全修即性。全他即自。我心徧故。佛心亦徧。一切眾生心性亦徧。譬如一室千燈。光光互徧。重重交攝。不相妨礙。是名信理（以法界為理）。	四十九歲
9	妙法蓮華經台宗會義	信解品第四	觀心者。了達心外無法。名信。于現前一念介爾心中見一切法。名解。從名字信解。乃至究竟信解。	五十一歲
		提婆達多品第十二	所謂介爾有心。三千具足。三千即空。得位不退。三千即假。得行不退。三千即中。得念不退。了知不縱不橫。雙照橫豎。故辯才無礙。自悟心性與諸佛同。愍念眾生同體在迷。故慈念猶如赤子。既能上合諸佛。下同眾生。所以功德具足。能至菩提也。心念口演四句。皆是歎其圓行。	
		分別功德品第十七	夫一念者。即現前一念介爾之心也。信解者。信佛本地所證之理。是法界妙理。此理非實非權。而能實能權。自行冥理名實。化他種種方便名權。此理非本非迹。而能本能迹。初證權實體用名本。證後所施體用權實名迹。又信解此。既是釋尊之所久證。亦是眾生之所久迷。亦是現前介爾一念之所同具。故曰。如心佛亦爾。如佛眾生然。心佛及眾生。是三無差別。如是隨所聞處。豁爾開明。隨語而入。無有罣礙。信一切法。皆是佛法。	
		觀世音菩薩普門品第二十五	又秖此現前一念介爾之心。縱令昏迷倒惑。而能緣之見分。當體無非一心三觀。所緣之相分。當體無非一境三諦。雖復當體全是妙智妙境。境智不二。而眾生日用不知。枉受輪迴。雖復輪迴。性德無減。	

10	大乘起信論裂網疏	釋題名	初釋大者。絕待無外。強名曰大。即是直指眾生現前介爾心性。法爾具足體大相大用大三種義故。謂只此現前介爾之心。隨緣不變。全體真如。名為體大。只此全妄即真體中。本具恒沙稱性功德。在凡不滅。在聖不增。名為相大。……言用。則用外別無體相。如波外別無濕水。故用絕待。如此三大。不一不異。不可思議。唯是一心。故言大也。次釋乘者。約喻為名。運載為義。即是直指眾生現前介爾心性。……因果不二。故目此現前介爾心性以為乘也。初分釋竟。次合釋者。雖復眾生現前介爾心性。即是不可思議大乘。而迷悟因緣。染淨熏習。遂有十法界異。……若了達此現前介爾心性。即是不可思議大乘。深觀動心即不生滅。即得入於真如之門。……前以大揀小。約對待說。亦即生滅門義。後即小成大。約絕待說。亦即真如門義。一切眾生現前介爾之心。法爾具此二門。不相離故。故名為大乘也。……或於現前介爾心性不可思議絕待大乘起信。則成無上圓頓法門。名一乘善。今正起此一乘不思議信。故云起信紹佛種也。……若聞此論。能知現前介爾心性。即是大乘。是謂起名字信。若能念念觀此心性。	五十五歲
		卷第一	三寶體性。即眾生現前介爾心性。由無始來背覺合塵。甘自逃背。今背塵合覺。復本心源。故名返還也。……盡十方者。總顯無窮無盡三寶境也。以眾生現前介爾心性。本自豎無初後。橫絕邊涯。十方虛空。並不出於介爾心之分際。究竟證此心性者。名之為佛。秖此心性。即名為法。詮此心性者。亦名為法。信解修證此心性者。名之為僧。所以三寶。同於心性。盡十方也。又復現前介爾之心。體大即法寶。相大即佛寶。用大即僧寶。又介爾心。圓具三大理性。總名法寶。……此三佛寶。即是一切眾生現前介爾心性本具之體相用。	
			今舉眾生現前介爾心法。則攝一切眾生法及佛法。故云攝一切世間出世間法也。依此眾生現前介爾心法。顯示摩訶衍義。則一示。一切顯示。隨舉一一眾生法。一一佛法。無不皆是摩訶衍義矣。故法華云。七寶大車。其數無量也。	
			即此現前介爾之心。不在內。不在外。不在中間。過去無始。未來無終。現在無際。非有相。非無相。非亦有亦無相。非非有非無相。非生死相。非涅槃相。非二邊相。非中道相。非可說相。非不可說相。非亦可說亦不可說相。非非可說非不可說相。不得已故。強名為真如相。即此真如。是大乘體。	
			然則現前介爾心體。即大乘體。現前心中惑相。即大乘相。現前心中業用。即大乘用。而眾生迷染因緣。日用不知。由有迷染因緣。方立悟淨因緣。由有悟淨因緣。方顯體相用大。故云此心生滅因緣相。能顯示大乘體相用也。譬如水結成冰。則濕體融相潤用。皆不可見。若知冰原是水。方便令泮。方能顯示濕體融相潤用耳。	

			此謂眾生現前介爾之心。即是如來藏也。夫真如不變隨緣。舉體而為眾生介爾之心。則介爾心。便是真如全體。今又名為如來藏者。是約生滅門中。隱名如來藏。顯名法身故也。然法身與如來藏。雖有二名。終無二體。
			只此眾生現前介爾之心。無法不具。無法不造。所謂隨於染淨緣。具造十法界。能出生十界因果。……。知此現前介爾之心。體即真如。具無邊德。便能觀察一切妄念無相。自愍愍他。發大誓願。稱性修習。滅無始無明。……。夫眾生現前介爾生滅之心。體即真如。相即如來藏。
		卷第二	一心。即指眾生現前介爾心也。言二種門者。非是前後左右名為二也。秖是隨緣不變。即此生滅心名真如門。不變隨緣。即此真如心名生滅門。
			心。即指眾生現前介爾之心。真。謂其性不妄。以非肉團。亦非緣影。非有內外中間過現未來分劑方隅等妄相故。如。謂其性不異。無生無滅。無垢無淨。無增無減。無別異故。蓋真如不變隨緣。舉體而為眾生現前介爾之心。此心隨緣不變。仍即真如法界全體。故云即是一法界大總相法門體也。從來無二。強名為一。諸法本源。強名法界。絕待無外。強名曰大。一相無相。無差別相。強名總相。可軌可持。強名為法。無所不通。強名為門。譬如大海。舉體成漚。研此一漚。別無自體。唯攬大海濕性為體。只此一漚濕性。便是大海全體濕性更非有二性。更非有別相故。又如日光舉體入隙。研此隙光。別無自體。唯攬日輪光明為體。只此一隙明性。便是日輪全體明性。更非有二性。更非有別相故。以心本性下。釋成此義。謂以眾生現前介爾心之本性。前無始。故不生。後無終。故不滅。譬如虛空。非是暫有。非可暫無。而亦不同虛空對色所顯之相。故不得已強名之為不生不滅相也。
			只此眾生現前介爾心性。本無實我實法。亦無五位百法百界千如差別幻相。故云究竟遠離不實之相。由此顯示心性全妄即真。真常獨露。故云顯實體也。
			現前介爾心性。從本已來。覓了不可得。如何得與染法相應。如何得有差別法相。何處可容虛妄分別。是故有無四相。一異四相。無不皆空。
			心者。即指眾生現前介爾心也。第一義性者。指無漏種子。無始成就。不改名性也。
			自性清淨心。即指現前介爾心性。體即真如。本來清淨。非成佛而始淨也。因無明風動者。無始已來從未悟故。法爾有八種識。第八識中。法爾有無明種子。如水含動性。前七識現行。法爾與無明相應。如波有動相也。起識波浪者。如海水舉體作波也。如是三事皆無形相者。譬如指波所依名水。指水所起名波。指波之動名風。水外別無波動形相。波外別無水動形相。動外別無波水形相。
		卷第三	此諸相之中。隨拈一相。無不還具體相用三大義。可以意知。不可言盡。而皆不離眾生現前介爾之心。故依此心。顯示摩訶衍也。初正釋悟淨次第竟。

		卷第四	真如。指本識中無漏種子。及佛菩薩果中勝用。此二並順真如法性。故皆名真如也。種子內熏為因。諸佛菩薩外熏為緣。只此內因外緣。並不離於眾生現前介爾之心。以此心性。實無外故。以無始無漏種子。不離現前心性故。以十方諸佛菩薩。皆證眾生心性。不在眾生心性外故。言熏於無明者。	
			以眾生心豎窮橫徧。更無外故。約我只今現在介爾心言。則一切佛。一切眾生。並是我心內之佛生。以現前介爾之心。豎窮橫徧。更無外故。是謂心佛眾生。三無差別也。所以阿賴耶中本具無漏種子。即我心真如之體。	
			只此現前介爾之心。性即真如。眾生於真如中妄見生滅。猶如迷人謂東為西。則真如之外無生滅也。迷人雖復謂東為西。而東仍自東。則迷人之所謂西。原即悟人之東。可譬生滅之外無真如也。謂心為動。合前謂東為西。是即真如而成生滅。心實不動。合前東仍自東。是離生滅更無真如。	
		卷第六	根本者。真如即是一切三寶根本。謂我現前介爾心性。離虛妄相。平等平等。即真如體大。名為法寶。雖復覓之了不可得。而性自神解。靈明不昧。即真如相大。名為佛寶。一切色心依正。十方虛空。千如百法。並此介爾心中所現之影。與能現心無是非是。不可分離剖析。即真如用大。	

從上開兩表格整理出一些新發現：

（一）最早見於《淨信堂初集》

其三十五歲誅茅西湖所作〈卜居十八事（有序）〉第十四首〈念佛〉：「慈尊無量號，介爾有心含。生佛原非隔，深禪何必參。」最早出現「介爾有心」一詞，若是「介爾一念」，最早見於在三十七歲所註釋之《佛說盂蘭盆經新疏》。

（二）出現次數最多的是《大乘起信論裂網疏》

在五十五歲所撰《大乘起信論裂網疏》出現四十次，在「釋名」就出現九次，且用了七次「現前介爾心性」。在「釋名」之合釋說「次合釋者，雖復眾生現前介爾心性，即是不可思議大乘」，卷第二又言「心者，即指眾生現前介爾心也。第一義性者，指無漏種子，無始成就，不改名性也」。智旭是以「現前介爾心性」、「現前介爾之心」釋「大乘」、釋「心」。

智旭對「心」的解釋，在《佛說阿彌陀經要解》為：

> 信我現前一念之心，本非肉團，亦非緣影。豎無初後，橫絕邊涯。終日隨緣，終日不變。十方虛空微塵國土，元我一念心中所現物。〔註125〕

〔註125〕〔明〕蕅益智旭：《佛說阿彌陀經要解》，《蕅益大師全集》第四冊（臺北：佛教出版社，2014 年），頁 2184。

在《大乘起信論裂網疏》在卷第二釋「心真如者，即是一法界大總相法門體」，也有同樣的話：

> 心，即指眾生現前介爾之心。真，謂其性不妄。以非肉團，亦非緣影。非有內外中間過現未來分劑方隅等妄相故。如，謂其性不異，無生無滅，無垢無淨，無增無減，無別異故。蓋真如不變隨緣，舉體而為眾生現前介爾之心。此心隨緣不變，仍即真如法界全體。〔註126〕

此心「非肉團」，不是我們所說的心臟。而「非緣影」，智旭在註解《大佛頂萬行首楞嚴經文句》引《圓覺經》云：「妄認六塵緣影為自心相」〔註127〕，所以此心也不是第六識能攀緣的心。此眾生現前介爾之「心」為「真如」，「真如」是「不變隨緣，舉體而為眾生現前介爾之心。此心隨緣不變，仍即真如法界全體」，其性「豎無初後，橫絕邊涯。終日隨緣，終日不變。十方虛空微塵國土，元我一念心中所現物」，即「真如實相」。

（三）「介爾一念」是實相之一體異名

整理上開表格列之「介爾一念」名相，有：現前介爾一念、現前一念介爾之心、介爾有心、介爾心、介爾凡心、介爾、介爾心田、介爾一念心、介爾極微劣心、介爾所起之心、介爾一念之心、介爾之心、介爾一念有心、介爾三千、現前介爾心性、現前介爾一念、現前介爾之心、現前介爾心法、現前介爾心體、現前介爾生滅之心、現前介爾心等，含「介爾一念」共二十二種。

而此「介爾一念」為何，智旭有言：「法華一乘妙旨，惟令一切眾生開示悟入佛之知見。然佛之知見非他，即諸法實相是也。諸法實相非他，即現前一念心性是也」。是故，名相有二十二種，係以名相權巧方便顯第一義諦，所指都是「諸法實相」之理體。

（四）「介爾一念」即現前一念心

從智旭言「心者，即指眾生現前介爾心也」，可知他以「介爾心」釋「心」，且將天台觀心法門之「一念三千」說成「介爾三千」。觀上開表格，在提到「介爾一念」時，通常也會述及「現前一念」。其更是以「現前介爾一念、現前一

〔註126〕〔明〕蕅益智旭：《大乘起信論裂網疏》卷二，《蕅益大師全集》第十五冊（臺北：佛教出版社，2014年），頁9244～9245。

〔註127〕〔明〕蕅益智旭：《大佛頂萬行首楞嚴經文句》，《蕅益大師全集》第六冊（臺北：佛教出版社，2014年），頁3758。

念介爾之心、現前介爾心性、現前介爾一念、現前介爾之心、現前介爾心法、現前介爾心體、現前介爾生滅之心、現前介爾心」，來代替「現前一念」、「現前一念心」。故而，其發明之「介爾一念」即現前一念心，此是佛陀「欲令眾生開佛知見，使得清淨故」出現於世之一大事因緣，也是眾生修學佛法所要了達之最終目的。

（五）「介爾」隱有華嚴「事事無礙法界」之旨

「介爾」，介，比喻微小的東西；「爾」是助詞，無義；「介爾」形容至微至小。智旭以「介爾」來表達以現前一念具三千之「心」，隱有「須彌納芥子，芥子納須彌」〔註128〕之「事事無礙法界」意旨。

二、智旭圓融佛法思想：立一心為宗，照萬法如鏡

智旭曾言：「惟達心外別無佛法，方可熾然求於佛法」〔註129〕、「法華一乘妙旨，惟令一切眾生，開示悟入佛之知見。然佛之知見非他，即諸法實相是也。諸法實相非他，即現前一念心性是也」〔註130〕，又說「佛語心為宗」：

> 佛語心為宗。心地法門，包含無際，或時建立一切法，而建立不外一心；或時泯絕一切法，而泯絕亦不外一心。或時雙遮、或時雙照、或遮照同時，而總不外一心。故門庭施設不同，而一心旨歸不異。〔註131〕

永明延壽《宗鏡錄》言「舉一心為宗，照萬法如鏡」〔註132〕，智旭在〈示彙宗〉法語引《宗鏡錄》此言改為「立一心為宗，照萬法如鏡」〔註133〕，說明

〔註128〕〈唐廬山歸宗寺智常傳〉：「及到歸宗李問曰：『教中有言：須彌納芥子，芥子納須彌。如何芥子納得須彌？』常曰：『人言博士學覽萬卷書籍，還是否耶？』李曰：『忝此虛名。』常曰：『摩踵至頂只若干尺身，萬卷書向何處著？』李俛首無言。再思稱歎。」〔宋〕通慧贊寧等奉勅撰：〈唐廬山歸宗寺智常傳〉《宋高僧傳》卷第十七《大正藏》第 50 冊，CBETA, T50, no2061, p. 0817b11。

〔註129〕〔明〕蕅益智旭：〈除夕答問〉《靈峰宗論》卷四之一，《蕅益大師全集》第十七冊（臺北：佛教出版社，2014 年），頁 10813。

〔註130〕〔明〕蕅益智旭：〈示迦提關主〉《絕餘編》卷二，明學主編：《蕅益大師全集》第七冊（四川：巴蜀書社，2018 年），頁 546。

〔註131〕〔明〕蕅益智旭：〈答卓左車彌陀疏鈔二十四問〉《淨信堂初集》卷四，頁 350。

〔註132〕〔北宋〕楊傑撰：〈宗鑑錄序〉《宗鏡錄》卷首《大正藏》第 48 冊，CBETA, T19, no2016, p. 0415a07。

〔註133〕〔明〕蕅益智旭：〈示彙宗〉《靈峰宗論》卷二之三，《蕅益大師全集》第十六冊（臺北：佛教出版社，2014 年），頁 10464。

「能觀心性，則具一切佛法」之理。因心地法門具「包含無際，或時建立一切法，而建立不外一心；或時泯絕一切法，而泯絕亦不外一心」內涵。不論在文字上用雙遮、雙照、或遮照來闡明，總不外此介爾一心之義。而且，即使各宗派之門庭施設不同，但「一心旨歸」不異。

智旭曾言「吾每謂真不負己靈者，須盡翻近時宗教窠臼，方可徧入古來宗教堂奧」〔註134〕，而「堂奧」豈有他哉，不過「發明吾人本有心性而已」，並闡明慈恩宗、法性宗、禪宗之心性說：

> 心性無法不具、無法不造，而所具所造一切諸法，皆悉無性。明此無性之法，一一皆非實我實法者，謂之慈恩宗。明此諸法無性，一一皆能徧具徧造者，謂之法性宗。直指現前妄法妄心，悉皆無性，令見性成佛者，謂之禪宗。〔註135〕

而此「可徧入古來宗教堂奧」之一念心性，智旭曾闡釋《中論》〈四句偈〉〔註136〕以明之，以下即討論一念心性「既舉體全空，亦復即假即中」之義。

（一）一念心性：既舉體全空，亦復即假、即中

智旭在〈教觀要旨答問十三則（原問附）〉第十二則闡發《中論》〈四句偈〉是「攝權實事理」〔註137〕，且「深談諦理，不涉觀照工夫。諦理明白，觀照在其中矣」，又中論四句是「先分為二，初句舉事境，下三句顯三諦。舉事境，不論色心假實，皆仗因託緣而生，徧指十界十如、百界千如、三千性相，一一皆名因緣所生法」〔註138〕。而天台依立四教，「前不具後，後必具前」〔註139〕，若「隨類各解，復各四別」〔註140〕。歷來對《中論》四句有四說，智旭一一闡明並評論，今依其解說製表對照〔註141〕如下：

〔註134〕〔明〕蕅益智旭：〈示何德坤〉《靈峰宗論》卷二之五，《蕅益大師全集》第十六冊（臺北：佛教出版社，2014年），頁10564～10565。

〔註135〕〔明〕蕅益智旭：〈示何德坤〉《靈峰宗論》卷二之五，頁10564～10565。

〔註136〕〈四句偈〉「眾因緣生法，我說即是無。亦為是假名，亦是中道義」。龍樹菩薩造，〔姚秦〕鳩摩羅什譯：《中論》卷第四《大正藏》第30冊，CBETA, T30, no1564, p.0033b10。

〔註137〕〔明〕蕅益智旭：〈教觀要旨答問十三則（原問附）〉第十二則《靈峰宗論》卷三之三，頁10750。

〔註138〕〔明〕蕅益智旭：〈答徐仲弢問〉《靈峰宗論》卷三之三，頁10754。

〔註139〕〔明〕蕅益智旭：〈教觀要旨答問十三則（原問附）〉第十二則，頁10750～10751。

〔註140〕〔明〕蕅益智旭：〈教觀要旨答問十三則（原問附）〉第十二則，頁10751。

〔註141〕〔明〕蕅益智旭：〈教觀要旨答問十三則（原問附）〉第十二則，頁10751～10754。

【表二十五】智旭闡釋《中論》〈四句偈〉四說對照表

中論四句	第一說	第二說	第三說	第四說
眾因緣生法	有人聞之，便謂諸法仗因託緣，展轉生起，別無梵天微塵等以為因緣，亦非無因無緣而有諸法。	又人知因無實因，緣無實緣，生無實生。法無實法，如空華夢物，說名因緣所生。	又人知無明為因，境界為緣，出生十界因果差別。	又人知一心具足三千性相為因，隨於迷悟具成十界染淨為緣。
智旭評之：	覈實秖成因緣所生法一句耳。			
我說即是空	有人聞之，便謂諸法無我、我所，故空。	又人謂法體自空非滅，故空。	又人謂法無實性，體不可得故空。	又人謂法法非空非假非中，三諦俱破故空。
智旭評之：	無我我所之空，生死非即涅槃，空義不成。	覈實秖成因緣即空句耳。		
亦為是假名	有人聞之，便謂俗諦是有，故稱假名。	又人謂諸法如幻，故稱假名。	又人謂法法出生十界因果差別，故稱假名。	又人謂法法即空即假即中，三諦俱立，故稱假名。
智旭評之：	俗諦是有之假，法法不相融攝，假義不成。	諸法如幻之假，不知幻復作幻，假義不成。	覈實秖成因緣即空即假句耳。	
亦是中道義	又人謂非空非假故中。	有人聞之，便謂離斷離常，故名中道。	又人謂真俗不二，故中。	又人謂法法無非實相實性假空皆中。不見有法異於法界故中。
智旭評之：	離斷離常之中，不證法身應本，中義不成。	真俗不二之中，不知中體不空，中義不成	人非空非假之中，不知中道具一切法、徧一切法，不知法法無非中道。	

　　智旭評第一說「覈實秖成因緣所生法一句」，第二說「覈實秖成因緣即空句」，第三說「覈實秖成因緣即空即假句」，只有第四說了知「因即法界，攝一切法更無一法出過於因。緣即法界，乃至能生所生。罔非法界，空亦法界，假亦法界，中亦法界」，為「既舉體全空，亦復即假即中」：

> 且如此心，不在內外中間諸處，亦非過去現在未來，亦非自生他生
> 共生無因緣生，豈非「即空」。而十界十如，三千性相，炳然齊現，

> 無欠無餘，豈非「即假」。心外無法，法外無心，於其中間，無是非
> 是，豈非「即中」。〔註142〕

若迷此一念即空，則沉淪為六道。倘一念迷即假，則落為二乘偏空。如一念迷於即中，因「不達三觀只是一心，三諦只是一境。一心法爾三觀，一境宛具三諦」，則稱為別教。未能如圓教了知現前一念，當下即空假中，即是法界，則「十界無非即空假中，不於九法界外別趣佛界，亦不於佛界外別有九界，是謂三千果成，咸稱常樂矣」。

（二）但得本莫愁末：以「先開圓解」為根本

智旭為文一以貫之所闡明的只有此現前介爾一念心即空、即假、即中之「圓頓止觀」，因為此「圓頓止觀」是根本法門，從根本為下手處則可以對治所有妄念煩惱。而「圓頓止觀」之關鍵在於「正見」，他在法語直截了當指出「學道所最嚴者，在毫釐心術之辨」之修學根本，所謂「因地不真，果招紆曲」，修行之初所發因地，會影響到未來果報。所謂「正見」之內涵即為開「圓解」：

> 顯密圓通，皆以解行雙進為要。解者，達我現前一念心性，全體三
> 德秘藏，與諸佛所證，眾生所具，毫無差別。十方三世，顯密契經
> 惟為發明此一念心性。達此一念心性，即顯密二詮之體，從此起於
> 顯密二行。〔註143〕

智旭首先以《大佛頂萬行首楞嚴經》之「首楞嚴大定」的「圓、通、常」來總持大乘法之功德，大乘法「圓解」之理，在「達我現前一念心性，全體三德秘藏」，在修行的因地正見即必須了達你的現前一念心性的體性是佛三種圓滿功德相：法身德、般若德之「全體三德秘藏」，以此一念心性之實相來起於顯密法之修行。

智旭在〈示念日〉〔註144〕法語中繼續闡明顯教修行是依經隨文修觀，廣說如二十五圓通法門，略說則以「惟心識觀」、「真如實觀」二種收盡。他以舉耳根圓通法門為例來說明，先從「徵心處破妄，惟心識觀也。圓解既開，即於

〔註142〕〔明〕蕅益智旭：〈示彙宗〉《靈峰宗論》卷二之三，《蕅益大師全集》第十
　　　　六冊（臺北：佛教出版社，2014 年），頁 10464。

〔註143〕〔明〕蕅益智旭：〈示念日〉《靈峰宗論》卷二之二，《蕅益大師全集》第十
　　　　六冊（臺北：佛教出版社，2014 年），頁 10439。

〔註144〕〔明〕蕅益智旭：〈示念日〉《靈峰宗論》卷二之二，頁 10439～10440。

聞中入圓通常流，真如實觀也」。密教修行亦以此二觀「達字字句句無非法界者，真如實觀也。心無異緣專持此咒，悟知音聲如響，能持之心如幻者，惟心識觀也」，由此觀之，顯密二教修學次第皆由「惟心識進真如實」，即先修「唯心識觀」。因修學行人通常無始習氣和流俗知見深厚，故先以「四念處」之觀身不淨、觀受是苦、觀心無常、觀法無我來對治惑、業、苦的妄念。待妄念漸漸調伏後，即能進一步諦信「諸佛是已成之佛，自己是當成之佛」〔註145〕，其體無二，而達到「真如實觀」。

　　對於修行，智旭是以「先開圓解為最初方便」〔註146〕為根本，因「但得本莫愁末」〔註143〕。故而，他所重視的是根本法門：「真如實觀」，即「圓頓止觀」。其言「應知非行之艱，知之更艱。不知而行，墮坑落塹」，又舉佛頂十卷、圓覺經、文殊普賢二章、大乘止觀、摩訶止觀等書，無不皆先開解為證，又復以「參於學問思辨篤行之旨，若合符節矣」為證。〔註148〕是以，本文在以下第三點將討論「圓頓觀心要旨」。

三、智旭圓頓觀心要旨：即「介爾一念」之性具含藏

　　前已論述其發明之「介爾一念」，即「現前一念心」，即「真如實相」，即「真如實相」之一體異名，在本章第一節「三、超越三教的「根本源頭」」已整理各種一體異名之名相。

　　智旭在《性學開蒙》說「然此大道，全率於性，全凝於德，故名之曰德性。猶之釋稱如來藏性，以性雖十界所同，惟如來為能合之，故以如來藏稱，而不稱為地獄藏性、人天藏性等也」〔註149〕，又言如來藏性之中「具有染淨善惡一切種子」〔註150〕，與「如來藏」一體異名之「現前介爾一念」，智旭亦如是解。以下是智旭以絕待圓融之法，來闡明各宗各教分別說「名異實同」

〔註145〕〔明〕蕅益智旭：〈又示邵伯誠〉《淨信堂初集》卷三，明學主編：《蕅益大師全集》第七冊（四川：巴蜀書社，2018年），頁339。

〔註146〕〔明〕蕅益智旭：〈復闊淨土〉《靈峰宗論》卷五之二，《蕅益大師全集》第十七冊（臺北：佛教出版社，2014年），頁10967。

〔註147〕〔明〕蕅益智旭：〈答卓左車彌陀疏鈔二十四問（原問附）〉第六答《淨信堂初集》卷三，明學主編：《蕅益大師全集》第七冊（四川：巴蜀書社，2018年），頁346。

〔註148〕〔明〕蕅益智旭：〈復闊淨土〉《靈峰宗論》卷五之二，頁10967。

〔註149〕〔明〕蕅益智旭：《性學開蒙》第三條，明學主編：《蕅益大師全集》第九冊（四川：巴蜀書社，2018年），頁525。

〔註150〕〔明〕蕅益智旭：《性學開蒙》第八條，頁532。

的現前介爾一念，其「真妄元一」之性具含藏。

（一）介爾一念：全體即是「無明」，又全體即是「法性」

有關「現前介爾一念」之性具含藏，智旭在〈示慧幢上座〉也是說「全體即是無明，又全體即是法性」：

> 予讀子輿氏書。至舜盡事親之道，而瞽瞍底豫，忽見圓頓觀心要旨焉。夫父雖至頑，不可捨之而別覓他父，雖頑父即我真父，不可如傲象之順命為惡，順命為惡非事親之道也，捨父別覓又可稱孝乎？現前介爾一念，亦復如是。全體即是無明，又全體即是法性。無明猶頑父也，法性猶真父也。〔註151〕

引文以「頑父」喻「無明」，以「真父」喻「法性」，說明一體異名之現前介爾一念、如來藏「具有染淨善惡一切種子」、「全體即是無明，又全體即是法性」，即「一切法不二，一切相不二」，沒有分別對待，因此，一切相都是佛的法身，一切無明也都是佛的法身，「諸佛法身，無處不現」，禪宗也有此話「青青翠竹，盡是真如；鬱鬱黃花，無非般若」。

他再以《孟子》書中「舜盡事親之道，而瞽瞍底豫」深入說明「順無明流造業流轉猶如傲象，捨妄覓真別觀法性猶如背父」，捨妄覓真有如逃逝背父者，雖與隨無明流造業者是善惡途轍稍殊，但行為均為不孝，意即在修道上之果都非能得究竟極果。其再六道凡夫和藏、通、別三種行人作細說：

> 六道凡夫，順無明而為惡者也。藏、通、別三種行人，捨無明而逃逝者也。若知焚廩掩井之瞽瞍，即是允若底豫之瞽瞍，則必盡事親之道於己躬，而肯作順逆兩法，以虧天性耶。〔註152〕

以下所言「盡事親之道」之理，實又可證東坡居士云：「惟吾學佛，然後知儒」之義：

> 所謂盡事親之道者，亦只是深信父實生我，除此父外別無真父。然斷斷不可從命為惡，直須竭怨慕之誠以格之。則頑如瞽瞍，亦可回心。況未必如瞽瞍者哉。〔註153〕

接著以「盡事親之道」之理喻「圓頓觀心」之法：

〔註151〕〔明〕蕅益智旭：〈示慧幢上座〉《絕餘編》卷四，明學主編：《蕅益大師全集》第七冊（四川：巴蜀書社，2018 年），頁 543～544。

〔註152〕〔明〕蕅益智旭：〈示慧幢上座〉《絕餘編》卷四，頁 544。

〔註153〕〔明〕蕅益智旭：〈示慧幢上座〉《絕餘編》卷四，頁 544。

觀心亦爾，深信現前一念，全體法界，離波覓水，終不可得。然斷斷不可隨其生滅，不事觀察。直須以不思議一心三觀深體達之，則縱令惡無記心，尚成不思議境，況善心哉。知一念中，圓具三德祕藏、事理兩重三千、互遍互融，深生信解，名之為慕。此境若不現前，只是止觀力微。發勤精進，誓以十法成乘，名之為怨。若能如此努力，縱鈍逾般陀，也須發明有日。倘悠悠忽忽，縱利逾藍弗敏過達多，的的無濟也。〔註154〕

結合二段引文以「盡事親之道」之理喻「圓頓觀心」，如何達「圓頓觀心」之旨，以三點闡發：

1. 深信現前一念即全體法界：離波覓水，終不可得

現前一念全體即是無明，又全體即是法性，「無明」和「法性」同源。智旭有言「三界無別法，惟是一心作」，然，畢竟心是何物，能作三界諸法邪？若是一物，既成一物，何能徧作諸物。若畢竟非有，自既無體，又何能徧作諸物哉。爰舉水與波之例以明之：「如無水決無波，然水既舉體作波矣，捨波別覓水體可乎？於波中分別何波是水，何波非水，又可乎？」

「無明」與「法性」之理亦是如此，以水喻現前一念心實相本體，本體動念生無明有如水生波，而波不是其他物，波之形相是從水本體而生，所以，波就是水，故曰「離波覓水，終不可得」，離實相本體而覓妄，終不可得。

2. 以不思議一心三觀深達全體法界之生滅

然，他又提醒「斷斷不可隨善波惡波之生滅而不事觀察」，對種種外境直須以不思議一心三觀之即空、即假、即中深體達之，即深觀善波惡波之生滅，從中了達波生波滅，本體之水仍然是水之本體，湛然清徹。亦如種種外相在明鏡前而如實顯種種相，朗朗分明，然而相離開後，鏡仍是鏡，鏡不留任何相。

倘能以此了知一心三觀之實相真理，不再念念隨波而逐波，使「惡無記心」，尚成不思議境，何況發菩提心之善心，能自然達無作而作之善，功德更是不可異議。

3. 教以「慕」、「怨」二法達「圓頓觀心」之旨

智旭將孟子所言「怨慕也」之典故，轉而為以「慕」、「怨」二法達「圓頓

〔註154〕〔明〕蕅益智旭：〈示慧幢上座〉《絕餘編》卷四，明學主編：《蕅益大師全集》第七冊（四川：巴蜀書社，2018 年），頁 544。

觀心」之旨。因一念心所具之實相真如，有如「怨」而所「慕」者，故以「知
一念中，圓具三德秘藏、事理兩重三千、互遍互融，深生信解」，名之為「慕」。

又說此一念心之實相境若不現前，只是止觀力微。而「怨」不得所「慕」
之心倘深重，自會發勤精進努力以達之。所以將發勤精進，誓以「十法成乘
觀」〔註155〕達之，名之為「怨」。

引文最後，智旭舉例說明，若能以如此「發勤精進，誓以十法成乘」之
法努力，縱鈍逾周利般陀，對「圓頓觀心」之旨也須發明有日。倘悠悠忽忽，
縱利逾鬱頭藍弗、敏過提婆達多，也是無濟於事。

（二）真妄元一：凡夫情見亦即諸佛根本不動智體

智旭嘗說明「名異而實同者，如台宗謂之一心三觀，賢首謂之一真法界，
相宗謂之勝義惟識，禪宗謂之向上一著，蓋未始少異也」，皆是指眾生本具之
佛性。此佛性之「名異」，在本文第貳章已依智旭著述整理，不再贅言。而以
上「名異而實同者」，亦實同於此「介爾一心」異名。而對「介爾一心」心法
之「不一不異」，他以「不變隨緣，隨緣不變」之理，以及絕待圓融華嚴之「事
事無礙法界」來闡明，且說此介爾一念之佛性真如「原在吾人日用閒頭頭爾、
法法爾」：

> 諸法俱非實有，心亦非有，又胡可得也，此皆不變隨緣之理，當下
> 離過絕非者也。而自其隨緣不變者言之，既舉心性全體幻成依正名
> 色凡聖諸法，於中隨舉一法，無不仍是心性全體大用。如舉水作波，
> 無一一波，非水之溼性。舉金作器，無一一器，非金之堅性貴性，
> 又如舉日輪全體，光射一隙，無一一隙中不具見日之全體大用者也。
> 由此言之，事事無礙法界，原在吾人日用閒頭頭爾、法法爾。〔註156〕

引文以日常生活所見之「舉水作波」、「舉金作器」、「舉日輪全體」三例分別
說明，水本具溼性舉體生一一波，真金本具貴性舉體造一一器具，而太陽本
具光性舉體射出一一光線，此即「一即是多」。又每一波皆具水全體之溼性，
而以真金所打造的金器，每一器皆具真金全體之貴性，而每一隙光線皆具太

〔註155〕《摩訶止觀》卷五上有云：「觀心具十法門，一觀不可思議境，二起慈悲心，
三巧安止觀，四破法遍，五識通塞，六修道品，七對治助開，八知次位，九
能安忍，十無法愛。」〔唐〕般剌蜜帝譯：《大佛頂萬行首楞嚴經》卷第五《大
正藏》第46冊，CBETA, T46, no1911, p. 0052b01。

〔註156〕〔明〕蕅益智旭：〈示達心〉《靈峰宗論》卷二之三，《蕅益大師全集》第十
六冊（臺北：佛教出版社，2014年），頁10489。

陽全體之光性，此即「多即是一」。而「一即是多，多即是一」，即華嚴事事無
礙法界之理。

因介爾一念心「不在內、不在外。不屬過去、現在、未來。不可謂有，不
可謂無故」，爰「諸法俱非實有，心亦非有」之不變隨緣之理，故其言「豈必
高推聖境，謂凡夫絕分哉」〔註157〕，因為，只此「妄謂凡夫絕分之情見」，亦
仍不可思議，亦是「法界全體大用」。〔註158〕有關此介爾一心之「不一不異，
不可思議」全體大用，在智旭所著《大乘起信論裂網疏》對「介爾之心」全體
大用之「隨緣不變，不變隨緣」的「大」義釋名極詳：

> 初釋大者。絕待無外。強名曰「大」，即是直指眾生現前介爾心性，
> 法爾具足體大、相大、用大三種義故。謂只此現前介爾之心，隨緣
> 不變，全體真如，名為「體大」。只此「全妄即真」體中，本具恒沙
> 稱性功德，在凡不減、在聖不增，名為相大。只此心性體相，不變
> 隨緣，出生十界染淨因果，達此緣生無性，便能翻染成淨，名為用
> 大。〔註159〕

引文直指眾生此現前介爾心性，自然具足「體大、相大、用大」三種義，「體
大」之義為，此現前介爾之心，「隨緣不變，全體真如」，意即介爾之心以真如
實相為本體，故為「體大」。又「只此全妄即真體中，本具恒沙稱性功德，在
凡不減、在聖不增，故名為「相大」。因真妄元一，都是真如實相本體，而「全
妄即真，全真即妄」，所以具有十方三世一切諸佛的功德、和十方三世一切眾
生的功德，故言「恒沙稱性功德」，此真如法性又名「稱性」。

而「用大」，因此心性之「體、相」之理，是「不變隨緣」，故能「出生十
界染淨因果」，事造生十方三世種種境界，倘能通達「此緣生無性」之理，則
能「翻染成淨」，即妄盡還源，故名「用大」。對介爾心之「體大、相大、用
大」，智旭又舉水波濕性之例總說：

> 言體，則體外別無相用，如濕外別無水波，故體絕待。
>
> 言相，則相外別無體用，如水外別無濕波，故相絕待。
>
> 言用，則用外別無體相，如波外別無濕水，故用絕待。

〔註157〕〔明〕蕅益智旭：〈示達心〉《靈峰宗論》卷二之三，頁10489。

〔註158〕〔明〕蕅益智旭：〈示達心〉《靈峰宗論》卷二之三，頁10489～10490。

〔註159〕〔明〕蕅益智旭：《大乘起信論裂網疏》，《蕅益大師全集》第十五冊（臺北：
佛教出版社，2014年），頁9207。

如此三大，不一不異、不可思議，唯是一心，故言「大」也。〔註160〕
引文以例總結介爾心之真如實相是絕待圓融之「體大、相大、用大」，一心以「三大」分別說明，但此「三說」唯是一心，是以此介爾一心真如實相「不一不異、不可思議」，是全體大用。智旭又舉其他日用之例說明「真妄元一」之一念心的真如實相，以及如何「坐斷妄源，以達「翻染成淨」：

> 如燒糞埽火，即燒栴檀火，亦即徧燒大地之火。故知凡夫情見，即
> 出世智慧之體，亦即諸佛根本不動智體。設無此情見，亦無出世智、
> 不動智矣。情即智體，業即解脫，苦即法身，亦復何疑。如拳即手、
> 冰即水、華即空、蛇即繩、繩即麻。如是了達，方名達心，亦名達
> 一切法，亦名無達無不達，雙照達與不達。如是達得，便能特立千
> 古，決不被眼前活計所區局矣。〔註161〕

他先以「燒糞埽火，即燒栴檀火，亦即徧燒大地之火」來說明「凡夫情見，即出世智慧之體，亦即諸佛根本不動智體」之一心三智，復再舉「如拳即手、冰即水、華即空、蛇即繩、繩即麻」五例，釋明「情即智體，業即解脫，苦即法身」，即以「一心三惑」明「一心三德」。以此實相如是了達，「方名達心，亦名達一切法，亦名無達無不達，雙照達與不達」之圓解。如是達得，便能「特立千古」，決不被眼前活計妄念影響而使一念心再隨波逐波。

然此圓頓法門，非一般人所能擬議，爰此，智旭言南嶽大乘止觀法門，誠初心者「不得即觀圓成實性，惟以四性簡責，深達徧計本空，依他如幻」，待「徧計本空，依他如幻」之一念觀成，轉令餘念「自然契實」，即「實心繫實境，實緣次第生」，是則「前念為能觀，後念為所觀」，故能「坐斷妄源，無以波逐波之失」。

（三）以「不變隨緣，隨緣不變」之如來藏說「真妄同源」之理

智旭言「圓解之人，門門透徹，法法貫通」〔註162〕，又說「研真窮妄名之為學，蓋能深造自得，則左右逢其源，故愈博而愈約。否則愈博愈無頭緒，

〔註160〕〔明〕蕅益智旭：《大乘起信論裂網疏》，《蕅益大師全集》第十五冊（臺北：佛教出版社，2014 年），頁 9207。

〔註161〕〔明〕蕅益智旭：〈示達心〉《靈峰宗論》卷二之三，《蕅益大師全集》第十六冊（臺北：佛教出版社，2014 年），頁 10490。

〔註162〕〔明〕蕅益智旭：〈答卓左車彌陀疏鈔二十四問（原問附）〉第二十一答《淨信堂初集》卷四，明學主編：《蕅益大師全集》第七冊（四川：巴蜀書社，2018 年），頁 353。

去道亦愈遠矣」〔註163〕。佛法修學之根本即「研真窮妄」，所謂「研真」，為了達「真如實相」；所謂「窮妄」，是窮盡「無明妄想」。智旭常言「圓人受法，無法不圓」，倘能從根本「研真窮妄」，法法銷歸一念自心，則能法法都可以左右逢此一念心真如實相本源，以此根本對諸法互融互攝，即使遍閱三藏十二部，諸宗諸法，都能「愈博而愈約」，反之，則是「愈博愈無頭緒，去道亦愈遠」。

智旭是以此介爾之心融貫諸法，以此介爾實相心之「正眼」觀諸法則是「圓融自在」，而佛法是「圓融絕待」的。故而，他說心性不一不異之「不變隨緣，隨緣不變」，即華嚴事事無礙法界之「一即是多，多即是一」之理，此也是如來藏性「不變隨緣，舉體而為一切心王心所。而此一切心王心所，隨緣不變，一一無非全體如來藏性」。並以「信」之一字為例，說明「信」雖有俗諦分別，只是諸善心所之一，但實即是「藏性全體」，非是「藏性少分」，進而說明「雖一切諸染心所，皆亦並是藏性全體」〔註164〕。是以，若能具圓解，行諸善心之一，但具「藏性全體」。倘能至心懺一惡，具能返清淨「藏性全體」。此即如來藏，「全妄即真，全真即妄」之理。

介爾一念心性具「全真起妄，即不變而隨緣。全妄是真，即隨緣而不變也」，而如來藏「不變隨緣，舉體為善惡。善惡隨緣不變，舉體即如來藏」，智旭舉例釋明如來藏的「不變隨緣，隨緣不變」之「不變」有如「日出天下明，日沒天下暗。虛空隨明隨暗，非明暗能增減也」，是不增不減。〔註165〕在《大方等如來藏經》亦說明「不變隨緣，隨緣不變」之「如來藏」不受隨緣之種種煩惱染污，恆常「德相備足」不變，與佛無異：

> 如是善男子，我以佛眼觀一切眾生，貪欲恚癡諸煩惱中，有如來智
> 如來眼如來身，結加趺坐儼然不動。善男子，一切眾生，雖在諸趣
> 煩惱身中，有如來藏常無染污，德相備足如我無異。〔註166〕

在《金剛經》，佛就曾問須菩提如來是否有肉眼、天眼、慧眼、法眼、佛眼等

〔註163〕〔明〕蕅益智旭：〈示予正〉《靈峰宗論》卷二之四，《蕅益大師全集》第十六冊（臺北：佛教出版社，2014年），頁10522。

〔註164〕〔明〕蕅益智旭〉《大乘起信論裂網疏》卷第一，《蕅益大師全集》第十五冊（臺北：佛教出版社，2014年），頁9209。

〔註165〕〔明〕蕅益智旭：〈去病公書大佛頂經跋〉《靈峰宗論》卷七之二，《蕅益大師全集》第十八冊（臺北：佛教出版社，2014年），頁11290～11291。

〔註166〕〔東晉〕佛陀跋陀羅譯：《大方等如來藏經》，《大正藏》第16冊 CBETA, T16, no0666, p. 0457b25。

五眼，有佛眼便兼有前面四種眼，能無事不知，無事不見。佛以其佛眼看見眾生在貪、瞋、愚癡三毒的種種煩惱之中，有如來的智慧、眼目和如來的身，在其中跏趺坐，儼然不動。這煩惱與那本具是如來藏不相干，「如來藏」不受種種煩惱染污，是「德相備足」的。

此即是釋迦牟尼佛在菩提樹下悟道之事：「一切眾生皆具如來智慧德相，唯以妄想執著不能證得」，這也是諸佛出世教化的一大事因緣，開示眾生悟入佛的知見。這個佛知見就是：即使是身在種種煩惱染污之中、六趣在纏的眾生，但本性所具之「如來藏」沒有染污，而且是一切德相是完全具備圓滿，如佛無異。

（四）理事一體：介爾一念为「理具、事造」二重三千

智旭言「無法不從心造，無法不即心具」，爰識取自心，則「佛祖道盡矣」。在本文前面數段內容已論述此介爾一心管貫通慈恩宗、法性宗、禪宗之心性說根本堂奧，復以介爾一念、事事無礙法界、如來藏互攝互融說明現前一念心為「理具、事造」兩重三千。此再援引一段智旭以天台和唯識論證何謂「心造」、「心具」之「全事即理」、「全理成事」：

> 心造者，即理恒事也。心具者，即事恒理也。即理而事，謂之百法。即事而理，謂之大乘。百法是理家之事，全事即理，故云一切法無我，無我即二空真如，欲不謂之大乘，不可得也。大乘是事家之理，全理成事，故以止觀所依等五番建立，攝盡三千性相，百界千如，欲不謂之百法，不可得也。〔註167〕

引文再以「唯識事觀」說「心造者，即理恒事也」，以「真如理觀」說「心具者，即事恒理也」。以「即理而事」，謂之「百法」。而「百法是理家之事」，「全事即理」之義，即一切事相的本體是「理」，每一事相當下就都是具足全部真如本體且本體和事相不可分，舉水生波事相之例，水本體生起種種波事相，這全部波的事相的本體就是水。故云「一切法無我」，「無我」即我空及法空二真如。

以「即事而理」，謂之「大乘」。而「大乘是事家之理」，「全理成事」之義，全部真如理體成就每一事相，故以止觀依止、止觀境界、止觀體狀、止觀

〔註167〕〔明〕蕅益智旭：〈示吳景文〉《靈峰宗論》卷二之五，《蕅益大師全集》第十六冊（臺北：佛教出版社，2014年），頁10575～10576。

斷得、止觀作用等五番建立,是「攝盡三千性相,百界千如」。在上述論證之後,智旭說明「欲透唯識玄關,須善台衡宗旨。欲得台衡心髓,須從唯識入門。未有日用尋常分劑頭數,尚未了了分明,而漫擬玄妙者」。〔註 168〕

　　故而,他復引《法華經》言,「諸法如是相,如是性、乃至如是本末究竟等」〔註 169〕,「相」在最初,因為其「攬而可別」,即內動而顯於外在之「相」。是以:

> 設現前心起之相,尚不知是王是所、是善不善、有覆無覆?於三量
> 中為是何量?於三境中為緣何境?彼若性若體,乃至果報,何由洞
> 然明白。設於「事造」一界十如,尚未能了,又何由即「事造」而
> 達「理具」之百界千如?又何由即「事造」之「理具」,遂洞照了達
> 即「理具」之「事造」百界千如?〔註 170〕

最後,智旭以天台智者大師《淨名疏》闡發,此疏是純引天親唯識釋義,且曾流傳高麗。而傳法智者大師之南嶽慧思大師所著《大乘止觀法門》,亦約唯識「八識辨修證門」,說明「正謂捨現前王所,別無所觀之境。所觀既無,能觀安寄。辨境方可修行止觀,是台衡真正血脈,不同他宗泛論玄微」,以證天台宗拒法相宗於山外,不知「會百川歸大海者」,實誤也。

四、將佛法入生活日用間:如何離妄想煩惱

　　自古至今,世出世間任何學問或思想的發明,都是要解決世出世間的問題。問題層次不同,所發明之學問或思想層次自然不同。層次有不同,但沒有好壞。只是在人想要解決的問題層次不同,就會選擇不同層次但適合的學問或思想來學習,以解決問題。人的思想決定行為,但,不論學問或思想的層次多深或多淺,若只停留在文字解,或只到思辨解,而未能躬行實踐,則永遠無法達到解決問題的目的。

　　諸佛出世之大事因緣開示眾生入佛知見,歷代祖師依當世之機開演教法義理之目的也在於此。智旭以其「名字位中真佛眼」所為之文字般若,亦是教眾生成佛,因為既能成佛,自然究竟解決「生命究竟之憂患——生死輪迴大事」。而在通往覺悟的修行過程,「心雖隨緣具成十界」,眾生染淨諸緣

〔註 168〕〔明〕蕅益智旭:〈示吳景文〉《靈峰宗論》卷二之五,頁 10576。
〔註 169〕〔明〕蕅益智旭:〈示吳景文〉《靈峰宗論》卷二之五,頁 10576。
〔註 170〕〔明〕蕅益智旭:〈示吳景文〉《靈峰宗論》卷二之五,頁 10576～10577。

而境遇不同，惟「其性仍非十界」，本性真如一心仍是不增不減的。在眾生還未徹悟至「一心即達摩直指之禪」時，不免還要面對生命流轉過程的憂患。

以學術研究佛法，不是讓學術脫離生活，而是以學術所研究之佛法義理來解決生命中的問題，將佛法、學術和生活做連結，創造佛法和學術的價值。本節探討智旭發明之「介爾一念」，實是為了以此義理來解決在現實生活之煩惱，在本段依序論述之。

（一）知真妄同源，了妄無性

前已說明一切顛倒執著、無明煩惱都是諸佛的法身，而「如來者，無所從來亦無所去」〔註171〕，即諸佛的法身常恆，離開生滅是究竟堅固的，不會被煩惱所染。而諸佛法身，也就是「如來藏」是常自寂滅（寂滅又稱涅槃），無所從來亦無所去，所以，眾生一切顛倒執著、無明煩惱也是無所從來亦無所去，覓之了不可得。

對此，智旭也說「深信現前一念，全體法界，離波覓水，終不可得」〔註172〕。以「水上生波」之喻再說明眾生一切顛倒執著、無明煩惱，也是無所從來亦無所去，覓之了不可得。清淨水代表本心，波代表妄念煩惱、顛倒執著，而水上隨處生波，隨處消滅，沒有痕跡，最終還是清淨水本體。波的全體是水，所以離開水沒有波，波就是水。水不動時寂朗朗照見萬事萬物，水一動生波就是心妄動生分別起煩惱，有波即無法照用顯明。因此，水生波，波是水，正如煩惱就是菩提，煩惱菩提也不二。

故而，水生波，波是水，波不是另外的東西，所以不是從水去除波，而煩惱菩提也是不二，因此煩惱也不是用去除的，是「轉」，唯識的「轉識成智」。由此，能知道無明煩惱就是佛的法身，是消滅無明煩惱最直接最好的方法，因為只要離妄想煩惱，自顯清淨圓滿自性。所以，智旭又說：

> 從上佛祖，本無實法與人。拈花微笑乃至達摩初來，雖云傳佛心印，豈離眾生心外更有佛心可傳？不過為人解黏去縛，令達妄想無性耳。達得妄想無性，則二種生住滅當下寂然。若欲向生住滅處截斷，

〔註171〕 〔姚秦〕天竺三藏鳩摩羅什譯：《金剛般若波羅蜜經》《大正藏》第 8 冊，CBETA, T08, no0235, p. 0752b03。

〔註172〕 〔明〕蕅益智旭：〈示慧幢上座〉《絕餘編》卷四，明學主編：《蕅益大師全集》第七冊（四川：巴蜀書社，2018 年），頁 544。

　　　正恐一番劃刷，倍增一番執著。〔註173〕

佛法「不過為人解黏去縛，令達妄想無性」，佛法是為人解去世間一切外在黏
縛，使能了達本性所具真如實相。所以，修學佛法不是要加上什麼神通或東
西，而是要學習放下妄念執著，和種種習氣。所謂「妄想無性」也就是前所言
妄想常自寂滅，無所從來亦無所去。能知妄想無性，則諸識之二種生住滅當
下寂然，妄想沒有來去處，只要不執著則妄念會有如水上生波隨處生隨處消
滅，沒有痕跡。

　　但，若欲向妄想生住滅處要強力截斷妄念，可能反而會造成「正恐一番
劃刷，倍增一番執著」的反效果。因為，這「截斷」本身就是在妄念上再倍增
一番妄想執著，就如同當水因外力擾動生成波時，不能再以外力的攪動叫波
不動，因為越攪動水越動反而會一直生波，只能以般若的觀照，自然而然讓
水不動不起波。

　　而這般若的觀照，就是明白無明煩惱即佛的法身，妄想生起就如水上隨
處生波，隨處消滅，沒有痕跡，無所從來亦無所去，自然不執於妄想，讓妄
想自然消滅，離妄想自然無煩惱。再者，知道一個妄念，就是一尊佛出現，
對妄念也不再因恐懼害怕而想壓制，因恐懼害怕本身便是妄念，若僅是壓制
而未能達「了妄元一，了妄無性」究竟義，僅壓制煩惱最終妄念煩惱反而會
如火山爆發。故而智旭言「真妄元一，了妄無性，便與拈花微笑不相違背，
金礦俱掃，實與不實俱拈」、「真妄同源，了妄無性，便是出礦之金」，此「金
礦俱掃」、「出礦之金」，即是以「真金」喻如來藏、真如實相和現前介爾一
念心，而被煩惱妄念包圍之「真金」則有如「真金墮不淨處」之喻，以下再
引此喻加以說明。

（二）但盡凡情，別無聖解

　　在佛經及諸釋論著述中常以「真金」喻為真如實相，智旭於《大乘起信
論裂網疏》在說明實相心性「隨緣不變」之理時，即以「譬如真金，雖復用作
種種穢器，及諸雜器，而金性不改，貴重如故」〔註174〕為喻來解說。

　　而在《大方等如來藏經》中，佛陀即以「彼淳蜜在于巖樹，為諸煩惱之

〔註173〕〔明〕蕅益智旭：〈擬荅忘所書〉《淨信堂初集》卷四，明學主編：《蕅益大
　　　　師全集》第七冊（四川：巴蜀書社，2018 年），頁 365。
〔註174〕〔明〕蕅益智旭：《大乘起信論裂網疏》，《蕅益大師全集》第十五冊（臺北：
　　　　佛教出版社，2014 年），頁 9209。

所覆蔽，亦如彼蜜群蜂守護」〔註175〕、「煩惱糠覆蔽如來無量知見」〔註176〕和「真金墮不淨處」三個譬喻，來說明被煩惱纏縛眾生的「如來藏」有如樹洞裏的好蜜、包著稻殼的米、掉到髒污地的真金，現因煩惱有如螫人的蜂子、有如稻子的穀子皮、有如髒污地，眾生就無法受用跟如來德相一樣的寶藏。

第一個譬喻「彼淳蜜在于巖樹」，佛陀是要告訴眾生，好蜜本在樹中，有如眾生本具如來智慧德相，要相信自己本具「如來藏」。第二個譬喻「煩惱糠覆蔽如來無量知見」，稻穀去殼成米，米就能煮飯，是要說明學佛修行不是要得什麼，而是要像稻穀去殼，去顛倒執著顯現自性本具如來德相。而第三個譬喻是：

> 復次善男子。譬如真金墮不淨處，隱沒不現經歷年載，真金不壞而莫能知。有天眼者語眾人言，此不淨中有真金寶，汝等出之隨意受用。如是善男子。不淨處者無量煩惱是，真金寶者如來藏是，有天眼者謂如來是。是故如來廣為說法。令諸眾生除滅煩惱。悉成正覺施作佛事。〔註177〕

在這個譬喻中，髒污就是指眾生的煩惱，真金就是眾生的如來本性，真金掉到髒污地，隱沒在髒污中多年無人知，但在髒污中的金子不壞，不論時間過了多久，只要把金子拿出來洗乾淨，真金還是真金，不受染污的。因為「如來藏」就是《大佛頂萬行首楞嚴經》經題的「首楞嚴」之義：「一切事究竟堅固」〔註178〕，諸佛法身常恆，離開生滅是究竟堅固的，不會被煩惱所染。

此處「如來藏」譬如真金，只是，眾生的如來本性被煩惱蒙蔽，有如真金掉在髒污裏，所以，佛陀告訴眾生，要將自性本具如來藏真金從髒污裡拿出來清洗，回復原來乾淨的、完備的真金，也就是盡銷煩惱，自然頓顯如來藏妙明實相本體。

是以，智旭言「終日在妄之性靈，即終日恆真之性靈」，故而，欲使妄念盡而還真如實相本源，只有「但盡凡情，別無聖解」、「有除翳法，無與明法也」，意即凡情盡處即頓顯本具佛之知見，有如除去眼翳，則現本具之眼明性，

〔註175〕〔東晉〕佛陀跋陀羅譯：《大方等如來藏經》《大正藏》第 16 冊，CBETA, T16, no0666, p. 0457c23。
〔註176〕〔東晉〕佛陀跋陀羅譯：《大方等如來藏經》，CBETA, T16, no0666, p. 0458a10。
〔註177〕〔東晉〕佛陀跋陀羅譯：《大方等如來藏經》，CBETA, T16, no0666, p. 0458a24。
〔註178〕〔唐末五代〕永明延壽集：《宗鏡錄》卷第十九，CBETA, T48, no2016, p. 0521a10。

並引《大佛頂首楞嚴經》云：「狂心頓歇，歇即菩提」證明此理。而使凡情盡之法，就是觀現前介爾一念心緣起無生，妄念自涸。

另外一個至圓至頓法為持名念佛，以一念持名念佛頓入佛海，即以念者始覺念佛之智合佛者本覺之理，一念相應一念佛。念念相應念念佛。自然能使凡情盡而顯本具真如佛性。

真如和妄念同源，要妄盡還源，可以「如從地倒，還從地起」為喻，就像跌倒在地，要按著地才能站起來，只是跌倒和站起來的方向不同了。有如我們因為妄念起煩惱，要用第六識依文字般若來觀照妄念，而看破放下煩惱。雖然還是用分別識，但，原來是「背覺合塵」，是跟外界的色聲香味觸之塵相合，背離覺了真如本性，迷了就會生煩惱。當一念覺醒，依文字般若來觀照妄念，知道無明煩惱就是佛的法身，妄想生起就如水上隨處生波，隨處消滅，無所從來亦無所去，讓妄想自然消滅，不被煩惱所控制，則是「背塵合覺」，方向不同了。

但，在妄動中要一直生起觀照般若觀照煩惱不容易，因此，併用持咒念佛等修行法門，念到相續不斷，心把一切放下，無所住，心就不住在煩惱，而是生起妙明真心，暗合道妙，修行就是如此，逐漸的就證入實相般若。

五、總結「介爾一心」思想義涵

智旭以發明之「介爾一心」為金錍，以此出入諸經諸宗之說，在著述隨引隨用左右逢源，諸法平等無有分別。在本段探討後，以三點總結作為「介爾一心」思想義涵。

（一）以「介爾一心」之名為圓融絕待佛法之根本

本節梳理了智旭如何以「介爾一心」入天台、華嚴（賢首）、法性、慈恩（法相、唯識）各宗之「堂奧」，使各宗各教互攝互融，讓千經萬論同條共貫。他立此「介爾一心」之名為圓融絕待佛法之根本，且一以貫之的在文稿及著述中表現。

（二）「介爾一念心」含藏「佛之知見」與「眾生情見」

智旭在淨信堂初集原稿，指出知「真妄元一」、「真妄同源」，又「了妄無性，便是出礦之金」，之後於絕餘編法語以援引孟子談「現前介爾一念，全體即是無明，又全體即是法性」，此義亦同「介爾一念心」含藏「佛之知見」與「眾生情見」之圓解。

（三）而眾生知見佛知見，如水結冰冰還泮

以佛之知見換眾生情見，開悟的人能超凡情，所說的「有」、「無」，是不二，不是未開悟的人所用的眾生情見所體會的二見，那種矛盾的「有」、「無」對立，意即不是「有」，就是「無」。所以，讀經體會要離「有」、「無」四句，若依眾生情見之絕對相待的「有」、「無」解經，就會有矛盾。

真如根本的心是寂知，不動而知。眾生凡情是起心動念的苦思苦想，動念才知，就是妄動妄想，所以，《大佛頂萬行首楞嚴經》說「汝與眾生，亦復如是，寶覺真心，各各圓滿。如我按指，海印發光；汝暫舉心，塵勞先起」〔註179〕。在《佛說四十二章經》也說「慎勿信汝意，汝意不可信」〔註180〕，因為眾生動念都是塵勞先起的妄念，妄念無明就是起識智的思量分別對立，不是真如的「不一不異」，故而眾生對凡夫知見之起心動念要謹慎觀照。而以佛之知見換眾生情見，開悟的可貴就在，能夠不是塵勞先起。雖然悟的境界各不相同，有的人悟的徹底，有如見十五的月亮，若悟不徹底，或許見的是初一的弦月，但，得悟者，能見一見法身，動念就能夠不是塵勞先起。因為，塵勞先起的人，理解都是片面的，是無法真正理解塵勞未起的人所知所寫之文字般若。

但，眾生知見和佛知見不在心外，而要觀照自心，智旭說：

> 佛知佛見無他，眾生現前一念心性而已。現前一念心性，本不在內外中間、非三世所攝、非四句可得。只不肯諦審諦觀，妄認六塵緣影為自心相，便成眾生知見。若仔細觀此眾生知見，仍不在內外中間諸處、不屬三世、不墮四句，則眾生知見，當體元即佛知佛見矣。〔註181〕

儻不能直下信入「眾生知見，當體元即佛知佛見」，亦不必別起疑情，更不必錯下承當，只要「深心持戒念佛」。果能戒持得清淨，佛念得親切，自然能「驀地信去」。若要更以其他勝異方便，助顯第一義，則此有如「棒打石人頭，嚗嚗論實事」。智旭又言，倘「若要之乎者也，有諸方狐涎在，非吾所知也」。

〔註179〕〔唐〕般剌蜜帝譯：《大佛頂萬行首楞嚴經》卷第四《大正藏》第 19 冊，CBETA, T19, no0945, p. 0120c29。

〔註180〕〔後漢〕迦葉摩騰、竺法蘭同譯：《佛說四十二章經》《大正藏》第 39 冊，CBETA, T39, no1794, p. 0664a06。

〔註181〕〔明〕蕅益智旭：〈示玄著〉《靈峰宗論》卷二之二，《蕅益大師全集》第十六冊（臺北：佛教出版社，2014 年），頁 10495～10496。

其最後以其一偈說明「眾生知見，當體元即佛知佛見」之絕待圓解：

> 眾生知見佛知見，如水結冰冰還泮。
>
> 戒力春風佛日暉，黃河坼聲震兩岸。
>
> 切莫癡狂向外求，悟徹依然擔板漢。〔註182〕

眾生現前生妄念之心和佛知見之心是當體元一的，二者的本體關係以「水和冰的關係」為譬喻，就像水和冰的關係，二者本體同屬「濕性」。心受雜染生妄念起煩惱，有如「水遇寒冷而結冰」。當妄念煩惱之心受清淨佛法的熏習，就像冰遇熱變回原來的水。所以，要轉變這現前一念心，非心外求法，而是要返回自性，開顯自性本具真如實相功德。這是在修學一切法門前，須具備的觀念。

本偈引自〈示玄著〉，在此法語內文提出「深心持戒念佛」為勝異方便法門，說明果能戒持得清淨，佛念得親切，自然能驀地相信「佛知佛見無他，眾生現前一念心性而已」、「眾生知見，當體元即佛知佛見矣」之第一義諦。〔註183〕文末此詩偈以「戒力春風佛日暉」，來譬喻「持戒」和「念佛」。以持戒力和念佛力就可以把妄念煩惱「冰」溶解變成「水」本體，而持戒和念佛化解妄念煩惱的力量有如「黃河坼聲震兩岸」，形容這兩個法門是最直捷圓頓之法。在本文第肆章將對持戒和念佛法門之修學法要做一討論。

詩偈最後總結：「切莫癡狂向外求，悟徹依然擔板漢」，關鍵在「莫向外求」，也就是之前所述「修學佛法不是要加上什麼神通或東西」，否則即使開悟還向外求，依舊還是「擔板漢」，「多向句中死卻」，則只能見有限之文字理解，不能通達真如實相。

（四）學問之道無他，求其放「心」

智旭在《宗論》三篇文稿〔註184〕中引《孟子》：「學問之道無他，求其放心而已」，來說明修學「研真窮妄、真窮妄盡」佛法所指之「心」，乃指本節之「現前一念介爾之心」。

文稿中提出「心是何物？云何名放？云何而求？」三問，以世間文字解會是「若放則馳散六合，求則還歸一腔」，所得只是「緣影心」、「肉團心」。但

〔註182〕〔明〕蕅益智旭：〈示玄著〉《靈峰宗論》卷二之二，頁10496。
〔註183〕〔明〕蕅益智旭：〈示玄著〉《靈峰宗論》卷二之二，頁10496。
〔註184〕《宗論》三篇文稿依時間順序為〈示聽月〉、〈示夏薲臣〉、〈示九牧法主〉。

是，觀過去、未來、現在，心不可得。假設心有可得，「與雞犬同是一物」，然而，「心豈一物哉？」。所以，智旭說「真求放心者，必須覓心了不可得」，因，「惟心了不可得，方知天地日月山河國土，皆妙明心中所現物，亦無能現所現之分」，並以此解「是謂天下歸仁，是謂明明德於天下」。

他續說明「心者覓之了不可得而非無，豎窮橫遍而非有。本離四句，如何可放？本無可放，如何可求？」只因尚未達離過絕非之實相本體，才會妄認「緣影、或肉團為心」。是故，能了達「無生無住之體究竟現前」，乃名「真窮」。而「肉團緣影之執，究竟蕩盡」，方為「惑盡」。

為何以此「心」為研真窮妄學問之道？其原因為：「諸法者，廣言之百界千如，略言之佛法、眾生法、心法也。雖心佛眾生三無差別，但佛法太高，生法太廣」，對初機之人，「觀心為易」。智旭又以「現前一念介爾之心」對「求其放心」之義做了完整的解說：

> 但諦觀現前一念介爾之心，若自生何藉境？若他生何關自？各既不生，合云何有？合尚叵得？離何能生？仔細簡責，心之生相安在。心既無生，豈非覓不可得。心不可得，豈可喚作一物？心既非物，求豈有人。無物無人，何收何放。盡大地是簡自己，心外更無別法，方知萬物皆備於我。十方虛空悉消殞，皆不得已而有言，言所不能盡也。〔註185〕

在〈示慧幢上座〉法語中，智旭指出慧幢上座「久種善根信力牢固」，但平日學問，「不知除卻求放心外更無餘訣」，所以「千經萬論，不能同條共貫」。他與上座在山中聚首一載，復欲相別，惟「此一味單方相贈」，又說「能服此藥實為千里同風，若謂此外別有則是自欺自誑，雖歷劫同住終是未曾覿面矣」。〔註186〕

智旭稱「未登佛地，皆名學人」〔註187〕，並再指出「學不求心，徒增虛妄。千經萬論、少室天台，真實指歸，唯此一事而已」，又說能「觀此者，名觀不思議境」，「發此者，名發真菩提心」，「安此者，名安圓頓止觀」。最後總

〔註185〕〔明〕蕅益智旭：〈示聽月〉《靈峰宗論》卷二之三，《蕅益大師全集》第十六冊（臺北：佛教出版社，2014年），頁10501。

〔註186〕〔明〕蕅益智旭：〈示慧幢上座〉《絕餘編》卷二，明學主編：《蕅益大師全集》第七冊（四川：巴蜀書社，2018年），頁544。

〔註187〕〔明〕蕅益智旭：〈示九牧法主〉《靈峰宗論》卷二之五，《蕅益大師全集》第十六冊（臺北：佛教出版社，2014年），頁10595～10596。

結：「但向此中破一切惑，即塞成通。自然道品調適，事理悉備；不被名利所牽，得少為足。自當心心流入薩婆若海也。」〔註188〕

〔註188〕〔明〕蕅益智旭：〈示九牧法主〉《靈峰宗論》卷二之五，頁10596。